本書の使い方

　「財務会計論（理論）肢別チェック」（本書）は，テキストの補助教材です。まずはテキストを読み込み，内容を理解した上で本書の問題を解くようにしてください。

　本書の問題には，A・B・Cのランクが付いています。

A … テキストの「本文」で学習している内容
B … テキストの「脚注」で学習している内容
C … テキストの「研究」で学習している内容

　短答式試験では，「本文」だけでなく「脚注」からも多く出題されています。したがって，**短答式試験突破のためには，Aランクの問題だけでなく，Bランクの問題も解くことが必要不可欠です。**
　講義の実施期間中（宿題時）にAランクの問題を1回転させ，短答演習期にB・Cランクを含むすべての問題を1回転させるというように，徐々に解く問題数を増やしていくのもよいでしょう。

　本書を使用する際の流れは以下の図の通りです。

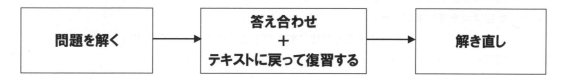

※　肢別チェックの問題を解くことを通じて，短答式試験で問われる論点や短答対策のために時間をかけて復習すべき論点が明確になります。これを踏まえてテキストの復習（読み込み）を行うことにより，より効率的な学習を進めることができるようになります。

　各段階について，以下，具体的に説明します。

I　問題を解く。

　まずは，順番に問題を解いていきましょう。**解答時間は，一肢30秒程度を目安にしてください。**

II　答え合わせをする。

　初めての問題で，できなかったものがあってもがっかりすることはありません。ここからが，実力アップのスタートです。答え合わせのときには，以下の点に注意してください。
① 問題ページのチェックボックスを使って，足跡を残しましょう。
・ 正解できた肢には「○」を記入
・ 不正解だった肢には「×」を記入
・ 正解できたけど，次も正解できるか不安だと思ったら「△」を記入

② 不正解だった，または判断できなかった場合には，次のことを実行しましょう。

・　まずは，解説をしっかりと読んでください。

・　**解答に「テキストの参照ページ」が記載してありますので，必ずテキストの該当箇所を確認しましょう。**

③ 解答ページのチェックボックスを使いましょう。

解答ページのチェックボックスは，解答（〇または×）の理由が本当に理解できているかどうかの確認に使ってください。

・　理由まで理解できていた肢には「〇」を記入

・　不正解だった肢および正解できたけど，理由は理解できていなかった肢には「×」を記入

・　**理由が理解できていなかった肢については，解説やテキストの該当箇所をしっかり読み，必ず理由まで理解し，解き直し時には「〇」を付けられるようにしましょう。**

III　解き直しをする。

すべての問題を一回解いたら，次は解き直しです。以下の点に注意して行ってください。

① 不正解だった肢から優先的に解き直しましょう。

・　答え合わせのとき，問題ページのチェックボックスに「×」や「△」を付けた肢から優先的に解き直してください。

② 2回は解き直しましょう。

・　全部の肢に「〇」が付くことを目標に解き直しを行いましょう。理想は2回目に全部の肢の問題ページおよび解答ページのチェックボックスに「〇」が付くことです。

なお，短答演習の復習も，本書と同様の方法で行いましょう。短答演習では，肢別チェックにない形式の問題も出題されます。しかし，ほとんどの問題が肢毎の正誤判定問題ですから，短答演習の復習も本書を使った学習と同じように進めることができます。

本書の使い方について，できるだけ具体的に説明をさせていただきましたが，お分かりいただけましたでしょうか。本試験で重要なことは，正誤の判断における正確性とスピードです。本書によって，その力を身につけることができます。是非，本書を足掛かりにして，短答式試験突破のための基礎体力を養っていただきたいと存じます。

令和6年2月

資格の大原　公認会計士受験講座　財務会計論 理論スタッフ

本教材は令和6年1月12日現在公表・施行されている法令等に基づいて作成しております。

［ 目 次 ］

第1章　財務会計の意義と機能

第2章　企業会計制度と会計基準

第3章　財務会計の基礎概念

第4章　収益と費用

第5章　資産と負債

第6章　棚卸資産

第7章　固定資産

第8章　繰延資産と引当金

第9章　負債

第10章　純資産

第11章　財務諸表

第12章　金融商品

第13章　ストック・オプション等

第14章　リース

第15章　退職給付

第16章　研究開発とソフトウェア

第17章　固定資産の減損

第18章　法人税等

第19章　連結財務諸表

第20章　企業結合と事業分離

第21章　外貨換算

第22章　四半期財務諸表

第23章　収益認識に関する会計基準

財務会計の意義と機能

第1節　財務会計の意義

第2節　財務会計の機能

第1章　財務会計の意義と機能

第1節　財務会計の意義

A　□□□　1　財務会計は，企業内部の利害関係者に対して，会計情報を提供する企業会計の領域である。

第2節　財務会計の機能

A　□□□　1　財務会計の目的には，会計責任説と意思決定有用性説という2つの考え方がある。情報提供機能は会計責任説に基づく財務会計の機能であり，利害調整機能は意思決定有用性説に基づく財務会計の機能である。

A　□□□　2　利益の性格には処分可能性と業績表示性があるが，利害調整機能を遂行するために利益が備えるべき性格は業績表示性である。

□□□ 1 :【×】**企業内部ではなく，企業外部である**（テキスト p. 24 参照）

　　財務会計は，企業外部の利害関係者（株主，債権者など）に対して，会計情報を提供する企業会計の領域である。

　　企業内部の利害関係者（経営者や経営内部の管理者など）に対して，会計情報を提供する企業会計の領域は管理会計である。

□□□ 1 :【×】**組み合わせが逆である**（テキスト p. 25, 26 参照）

　　利害調整機能は会計責任説に基づく財務会計の機能であり，情報提供機能は意思決定有用性説に基づく財務会計の機能である。

□□□ 2 :【×】**業績表示性ではなく，処分可能性である**（テキスト p. 26 参照）

　　利益の性格には処分可能性と業績表示性があるが，利害調整機能を遂行するために利益が備えるべき性格は業績表示性ではなく，処分可能性である。

第2章

企業会計制度と会計基準

第2章　企業会計制度と会計基準

第1節　企業会計制度

A　□□□　1　会社法における計算書類には，貸借対照表，損益計算書，株主資本等変動計算書，キャッシュ・フロー計算書が含まれる。

B　□□□　2　大会社で有価証券報告書を提出する会社は，会社法の連結計算書類として，連結貸借対照表，連結損益計算書，連結包括利益計算書，連結株主資本等変動計算書，連結注記表の作成が要求される。

A　□□□　3　株主・債権者の間に存在する利害対立関係の調整は，会社法による会計を通じて遂行される。

A　□□□　4　会社法は，債権者と株主の利害調整機能や債権者保護を重視しており，株主に対する情報提供機能は重要な目的の1つとは位置付けていない。

A　□□□　5　会社法会計において，会社法および会社計算規則に規定されていない会計に関する事項については，「一般に公正妥当と認められる企業会計の慣行」に基づき処理されることとなる。これには，企業会計審議会または企業会計基準委員会から公表された会計基準や，日本公認会計士協会から公表された実務指針などが含まれる。

A　□□□　6　金融商品取引法は，各種利害関係者間の利害の調整を行うためにディスクロージャー制度を設けている。

□□□ 1：【×】**キャッシュ・フロー計算書は含まれない**（テキストp. 28参照）

　　会社法における計算書類には，貸借対照表，損益計算書，株主資本等変動計算書が含まれるが，キャッシュ・フロー計算書は含まれない（「会社法」第435条2項，「会計計算規則」第59条1項）。

□□□ 2：【×】**連結包括利益計算書の作成は要求されていない**（テキストp. 29参照）

　　会社法の連結計算書類には，連結貸借対照表，連結損益計算書，連結株主資本等変動計算書，連結注記表が含まれるが，連結包括利益計算書は含まれない（「会社法」第444条1項，3項，「会計計算規則」第61条1号）。

□□□ 3：【○】（テキストp. 28参照）

　　会社法は，主として企業をめぐる個々の経済主体相互間の利害の調整を目的として制定されている。したがって，財務会計のもつ利害調整機能，すなわち株主・債権者の間に存在する利害対立関係の調整は，会社法による会計を通じて遂行されることになる。

□□□ 4：【×】**株主に対する情報提供機能も重要な目的の1つである**（テキストp. 28参照）

　　会社法における会計目的は，債権者と株主の利害調整機能または債権者保護を中心としていると一般にいわれているが，株主に対する情報提供機能も重要な目的の1つとされている。

□□□ 5：【○】（テキストp. 28, 29, 31, 32参照）

　　会社法会計において，会社法および会社計算規則に規定されていない会計に関する事項については，「一般に公正妥当と認められる企業会計の慣行」に基づき処理されることとなる（「会社法」第431条）。これには，企業会計審議会または企業会計基準委員会から公表された会計基準や，日本公認会計士協会から公表された実務指針などが含まれる。

□□□ 6：【×】**投資家の意思決定に有用な情報を提供するためである**（テキストp. 28参照）

　　金融商品取引法は，各種利害関係者間の利害の調整を行うためではなく，投資家の意思決定に有用な情報を提供するためにディスクロージャー制度を設けている。

A　□□□　7　会社法会計と金融商品取引法会計は，会計計算面（貸借対照表価額や期間損益等）において基本的に一致するよう調整が図られてきている。

A　□□□　8　金融商品取引法上の財務諸表は，株式会社単位の財務諸表が中心的な財務書類として位置づけられており，連結ベースの財務諸表は補足的な財務書類として位置づけられている。

A　□□□　9　連結財務諸表作成会社のうち会計監査人設置会社（別記事業会社等を除く）は特例財務諸表提出会社とされ，会社法の要求水準に合わせた個別財務諸表の様式によることができる。

第2節　会計基準

A　□□□　1　企業会計原則は，企業会計基準委員会において設定されたわが国最初の本格的な会計基準である。

A　□□□　2　企業会計原則は，企業会計の実務の中に慣習として発達したもののなかから，一般に公正妥当と認められたところを要約して作成されたものであり，すべての企業がその会計処理をするにあたって従わなければならない法令である。

B　□□□　3　企業会計原則は1982年以来修正されておらず，現在では「一般に公正妥当と認められる企業会計の基準」には含まれない。（平成23年第Ⅱ回本試験）

A　□□□　4　現在，わが国では，公的な機関である企業会計基準委員会により，会計基準が公表されている。

□□□ 7 :【○】（テキストp．28参照）
　　会社法会計と金融商品取引法会計は，その目的が異なるため，要求される情報については差異があるが，会計計算面（貸借対照表価額や期間損益等）においては基本的に一致するよう調整が図られてきている。

□□□ 8 :【×】**連結ベースの財務諸表が中心である**（テキストp．30参照）
　　金融商品取引法上の財務諸表は，株式会社単位の財務諸表ではなく，連結ベースの財務諸表が中心的な財務書類として位置づけられている。

□□□ 9 :【○】（テキストp．30参照）
　　金融商品取引法における単体開示については簡素化が図られており，連結財務諸表作成会社のうち会計監査人設置会社（別記事業会社等を除く）は特例財務諸表提出会社とされ，会社法の要求水準に合わせた個別財務諸表の様式によることができる（「財務諸表等規則」第1条の2，第127条1項）。

□□□ 1 :【×】**企業会計基準委員会ではなく，企業会計審議会である**（テキストp．31, 32参照）
　　企業会計原則は，企業会計基準委員会（ＡＳＢＪ）ではなく，企業会計審議会において設定されたわが国最初の本格的な会計基準である。

□□□ 2 :【×】**企業会計原則は法令ではない**（テキストp．31参照）
　　企業会計原則は，すべての企業がその会計処理をするにあたって従わなければならない基準であり，法令ではない（「企業会計原則の設定について」二1)。

□□□ 3 :【×】**一般に公正妥当と認められる企業会計の基準に含まれる**（テキストp．32参照）
　　企業会計原則は1982年以来修正されておらず，実質的に死文化している定めもあるが，一般原則のようにすべての企業がその会計を処理するにあたって従わなければならない有効な定めもあり，現在でも「一般に公正妥当と認められる企業会計の基準」に含まれる。

□□□ 4 :【×】**公的な機関ではなく，民間の機関である**（テキストp．32参照）
　　現在，わが国では，企業会計基準委員会（ＡＳＢＪ）により，会計基準が公表されているが，当該機関は民間の会計基準設定機関である財務会計基準機構の下に設置された機関であり，公的な機関ではない。

A □□□ 5　企業会計基準委員会は，論点整理や公開草案等の審議や議決，公表および意見の聴取といったデュープロセスを経て会計基準等を公表する。

A □□□ 6　会計基準のコンバージェンスとは，国際会計基準審議会（ＩＡＳＢ）が定める企業会計の基準である国際財務報告基準（ＩＦＲＳ）を強制的に適用することを意味する。（平成22年第Ⅱ回本試験）

A □□□ 7　企業会計基準委員会（ＡＳＢＪ）を中心とする関係者が，会計基準の国際的コンバージェンスを推進した結果，2008年に，わが国の会計基準は欧州連合（ＥＵ）から国際財務報告基準（ＩＦＲＳ）と同等であると評価された。

A □□□ 8　指定国際会計基準特定会社については，国際的な比較可能性の観点から，連結財務諸表の作成にあたって，指定国際会計基準を適用しなければならない。

B □□□ 9　指定国際会計基準特定会社とは，国際的な財務活動または事業活動を行う会社として一定の要件を満たす株式会社である。

A □□□ 10　指定国際会計基準特定会社は，連結財務諸表を作成していない場合に限り，日本の会計基準に基づく個別財務諸表に代えて，指定国際会計基準によって個別財務諸表を作成することができる。

□□□ 5：【○】（テキストp. 32参照）

　　企業会計基準委員会（ＡＳＢＪ）は，論点整理や公開草案等の審議や議決，公表およ
び意見の聴取といった正規の手続き（デュープロセス）を経て会計基準等を公表する。

□□□ 6：【×】**ＩＦＲＳを強制的に適用することではない**（テキストp. 33, 34参照）

　　会計基準のコンバージェンスとは，国内基準と国際基準の主要な差異を調整すること
により，どちらの基準に基づく財務諸表を利用しても同一の意思決定結果に到達するレ
ベルにまで，国内基準と国際基準を実質的に合致させることをいう。

　　ＩＡＳＢが定めるＩＦＲＳを適用することを意味するのは，会計基準のコンバージェ
ンスではなく，アドプションである。

□□□ 7：【○】（テキストp. 33参照）

　　企業会計基準委員会（ＡＳＢＪ）を中心とする関係者が，会計基準の国際的コンバー
ジェンスを推進した結果，2008年に，わが国の会計基準は欧州連合（ＥＵ）から国際財
務報告基準（ＩＦＲＳ）と同等であると評価されたが，高品質かつ国際的に整合的な会
計基準およびその運用に向けたコンバージェンスの努力を継続していくことが必要であ
る。

□□□ 8：【×】**強制ではなく，容認である**（テキストp. 34参照）

　　指定国際会計基準特定会社については，連結財務諸表の作成にあたって，指定国際会
計基準の任意適用が認められている（「連結財務諸表規則」第1条の2，第93条）。

□□□ 9：【×】**国際的な財務活動等を行うことは要求されていない**（テキストp. 34参照）

　　指定国際会計基準特定会社とは，有価証券の発行者のうち，①有価証券届出書または
有価証券報告書において，連結財務諸表の適正性を確保するための特段の取組みに関わ
る記載を行っていること，②指定国際会計基準に関する十分な知識を有する役員または
使用人を置いており，当該基準に基づいて連結財務諸表を作成することができる体制を
整えていることという２つの要件を満たす株式会社（「連結財務諸表規則」第1条の2）
であり，国際的な財務活動または事業活動を行うことは要求されていない。

□□□ 10：【×】**日本の会計基準に基づく個別財務諸表の作成も必要である**（テキストp. 34参照）

　　指定国際会計基準特定会社は，連結財務諸表を作成していない場合，指定国際会計基
準によって個別財務諸表を作成することができるが，あわせて日本の会計基準に基づく
個別財務諸表の作成が必要である（「財務諸表等規則」第1条の2の2，第129条2項）。

A　□□□ 11　指定国際会計基準は企業会計基準委員会（ＡＳＢＪ）が定めるが，現在，国際会計基準審議会（ＩＡＳＢ）が策定したすべての基準がそのまま指定国際会計基準とされている。

A　□□□ 12　エンドースメントとは，ＩＡＳＢにより公表された会計基準等について，わが国で受け入れ可能か否かを判断したうえで，必要に応じて，一部の会計基準等について「削除または修正」して採択する仕組みをいう。

A　□□□ 13　エンドースメント手続は指定国際会計基準の指定とは別の制度として行われるものであり，企業会計審議会が個々の会計基準等を「削除または修正」するか否かを判断する部分を担う。

A　□□□ 14　エンドースメント手続を行う上では，「削除または修正」を最小限とすることが適切と考えられている。

A　□□□ 15　エンドースメント手続を行う上で「削除または修正」が行われた項目は，開発費の条件付資産計上とその他の包括利益のノンリサイクリング処理の２つである。

A　□□□ 16　連結財務諸表を作成していない修正国際基準特定会社については，個別財務諸表の作成にあたって修正国際基準の任意適用が認められる。

B　□□□ 17　米国証券取引委員会に連結財務諸表を登録しているなど一定の要件を満たす会社は，米国基準に準拠した連結財務諸表（米国式連結財務諸表）を有価証券報告書に記載して提出することが認められているが，会社法上の連結計算書類については，米国基準によって作成することは認められていない。

A　□□□ 18　ＩＦＲＳはルール・ベース（細則主義）によっており，詳細かつ具体的な規定を設けることにより，財務諸表の比較可能性を確保している。

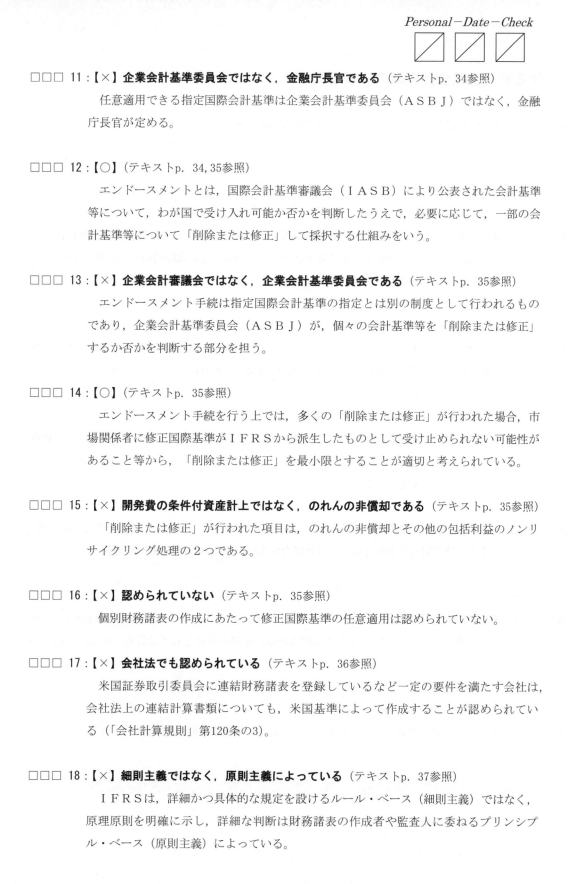

□□□ 11：【×】**企業会計基準委員会ではなく，金融庁長官である**（テキストp．34参照）

　　　任意適用できる指定国際会計基準は企業会計基準委員会（ＡＳＢＪ）ではなく，金融庁長官が定める。

□□□ 12：【○】（テキストp．34, 35参照）

　　　エンドースメントとは，国際会計基準審議会（ＩＡＳＢ）により公表された会計基準等について，わが国で受け入れ可能か否かを判断したうえで，必要に応じて，一部の会計基準等について「削除または修正」して採択する仕組みをいう。

□□□ 13：【×】**企業会計審議会ではなく，企業会計基準委員会である**（テキストp．35参照）

　　　エンドースメント手続は指定国際会計基準の指定とは別の制度として行われるものであり，企業会計基準委員会（ＡＳＢＪ）が，個々の会計基準等を「削除または修正」するか否かを判断する部分を担う。

□□□ 14：【○】（テキストp．35参照）

　　　エンドースメント手続を行う上では，多くの「削除または修正」が行われた場合，市場関係者に修正国際基準がＩＦＲＳから派生したものとして受け止められない可能性があること等から，「削除または修正」を最小限とすることが適切と考えられている。

□□□ 15：【×】**開発費の条件付資産計上ではなく，のれんの非償却である**（テキストp．35参照）

　　　「削除または修正」が行われた項目は，のれんの非償却とその他の包括利益のノンリサイクリング処理の２つである。

□□□ 16：【×】**認められていない**（テキストp．35参照）

　　　個別財務諸表の作成にあたって修正国際基準の任意適用は認められていない。

□□□ 17：【×】**会社法でも認められている**（テキストp．36参照）

　　　米国証券取引委員会に連結財務諸表を登録しているなど一定の要件を満たす会社は，会社法上の連結計算書類についても，米国基準によって作成することが認められている（「会社計算規則」第120条の3）。

□□□ 18：【×】**細則主義ではなく，原則主義によっている**（テキストp．37参照）

　　　ＩＦＲＳは，詳細かつ具体的な規定を設けるルール・ベース（細則主義）ではなく，原理原則を明確に示し，詳細な判断は財務諸表の作成者や監査人に委ねるプリンシプル・ベース（原則主義）によっている。

第3節　企業会計原則の一般原則

A　□□□　1　企業会計原則の7つの一般原則は並列的な関係にある。

A　□□□　2　企業会計原則に規定する一般原則（真実性の原則を除く。）を，認識および測定に関する実質原則と，会計帳簿および財務諸表表示にかかわる形式原則の2つに分類する場合，継続性の原則は後者に含まれる。

A　□□□　3　今日の財務諸表は，「記録された事実と会計上の慣習と個人的判断の総合的表現」と特徴づけられており，会計上の真実は絶対的真実といわれる。

B　□□□　4　経済社会の発展変化に伴い，報告を受け取る利害関係者の企業に対する関心内容は推移する。したがって，企業会計が利害関係者のための報告を目的とする限り，真実な報告もそれに応じて変化することになる。

A　□□□　5　正規の簿記の原則は秩序性のある記録を要請するものであるから，会計帳簿から誘導する方法で財務諸表を作成しなければならない。（平成9年本試験一部改題）

B　□□□　6　正規の簿記とは一定の規則に従って秩序ある方法で記録されている複式簿記をいい，それ以外の簿記法は不完全なものであるから，正規の簿記としては認められない。（平成9年本試験）

A　□□□　7　資本取引と損益取引を区別するのは，適正な期間損益計算を担保するためである。

□□□ 1：【×】**並列的な関係にはない**（テキストp. 38参照）

　　　７つの一般原則は並列的な関係にはない。そこでは，真実性の原則を頂点に，他の６つの一般原則は，真実性の原則を支えるもの，すなわち真実な会計報告を保証するための原則と位置づけられる。

□□□ 2：【×】**後者ではなく，前者に含まれる**（テキストp. 38参照）

　　　前者の認識および測定に関する実質原則には，資本・利益区別の原則，継続性の原則および保守主義の原則が含まれ，後者の会計帳簿および財務諸表表示にかかわる形式原則には，正規の簿記の原則，明瞭性の原則および単一性の原則が含まれる。

□□□ 3：【×】**絶対的真実ではなく，相対的真実である**（テキストp. 39参照）

　　　今日の財務諸表は，「記録された事実と会計上の慣習と個人的判断の総合的表現」と特徴づけられており，会計上の真実は絶対的真実ではなく，相対的真実といわれる。

□□□ 4：【○】（テキストp. 39参照）

　　　企業会計が利害関係者のための報告を目的とする限り，経済社会の発展変化に伴う利害関係者の企業に対する関心内容の変化に応じて，報告内容も変化することになる。

□□□ 5：【○】（テキストp. 40参照）

　　　正規の簿記の原則は，一般に会計帳簿から誘導する方法で財務諸表を作成することをも含んでいると解される。

□□□ 6：【×】**正規の簿記は複式簿記に限られない**（テキストp. 40参照）

　　　正規の簿記とは，一定の要件に従って秩序ある方法で記録されている簿記をいう。したがって，複式簿記以外の簿記法，たとえば単式簿記によっても，秩序性があれば正規の簿記として認められる。

□□□ 7：【○】（テキストp. 41参照）

　　　適正な期間利益の金額は，損益取引から生じた株主資本の増加分だけに限定させるべきであり，資本取引による株主資本の増減分を利益に混入させないために，資本取引と損益取引とを区別する必要がある。

A　□□□ 8　資本剰余金・利益剰余金区別の原則によれば，資本剰余金と利益剰余金を混同すべきで
　　　　　はないとされるが，払込資本の一部であるその他資本剰余金が配当可能である現在におい
　　　　　ても，この剰余金区別の原則は機能している。（平成24年第Ⅱ回本試験一部改題）

A　□□□ 9　財務諸表は企業を取り巻く多様な利害関係者に対する必要不可欠な情報手段である。
　　　　　このような利害関係者の多様なニーズに応えるため，財務諸表は明瞭性の原則に基づき，
　　　　　企業における会計的事実を細大漏らさず完全かつ詳細に表示する必要がある。

A　□□□ 10　継続性の原則は，会計処理の原則および手続を毎期継続して適用すべきことを要請す
　　　　　るものであり，1つの会計事実について2つ以上の会計処理の原則または手続の選択適
　　　　　用が認められている場合にのみ存在意義がある。

A　□□□ 11　継続性の原則は，財務諸表の期間比較性の確保並びに経営者の利益操作の排除のため
　　　　　に必要とされる。

A　□□□ 12　継続性の原則の適用対象は，一般に公正妥当と認められた会計処理の原則または手続
　　　　　から，他の一般に公正妥当と認められた会計処理の原則または手続への変更が行われる
　　　　　ケースに限られる。

A　□□□ 13　減価償却における定額法の採用は，保守主義の原則の適用例である。

A　□□□ 14　資本的支出か収益的支出か不明確な場合に，収益的支出とすることは，保守主義の原則
　　　　　の適用例である。

A　□□□ 15　その他有価証券の評価差額の処理方法として，全部純資産直入法を採用することは保
　　　　　守主義の原則の適用例である。

□□□ 8 :【○】(テキストp. 41参照)

　　　払込資本の一部であるその他資本剰余金は配当可能であるが，会社法における配当に関する定めは，資本剰余金と利益剰余金の混同を禁止する企業会計の原則を変えるものではないと考えられており（「自己株式及び準備金の額の減少等に関する会計基準」第60項），資本剰余金・利益剰余金区別の原則は，現在でも企業資本の不当な社外流出を防止するための原則として機能している。

□□□ 9 :【×】**細大漏らさず完全かつ詳細に表示する必要はない**（テキストp. 42参照）

　　　企業における会計事実を細大漏らさず完全かつ詳細に表示すれば，財務諸表の詳細性は達成できるが，煩雑となり，概観性を犠牲にすることになる。明瞭性の原則は，財務諸表の詳細性と概観性をともに要請するものであるため，詳細性のみを追求した財務諸表は認められない。

□□□ 10 :【○】(テキストp. 43参照)

　　　「企業会計原則注解」注3

□□□ 11 :【○】(テキストp. 43参照)

　　　「企業会計原則注解」注3

□□□ 12 :【○】(テキストp. 43参照)

　　　継続性の原則の適用対象となる会計処理の原則または手続の変更は，一般に公正妥当と認められた会計処理の原則または手続から，他の一般に公正妥当と認められた会計処理の原則または手続への変更が行われるケースに限られる。

□□□ 13 :【×】**定額法ではなく，定率法である**（テキストp. 44参照）

　　　減価償却の方法として，定額法ではなく，定率法を採用することが保守主義の原則の適用例である。

□□□ 14 :【○】(テキストp. 44参照)

　　　資本的支出か収益的支出か不明確な場合に，収益的支出とすることは，利益を控えめに計上することを要請する保守主義の原則の適用例である。

□□□ 15 :【×】**全部純資産直入法ではなく，部分純資産直入法である**（テキストp. 44参照）

　　　その他有価証券の評価差額の処理方法として，全部純資産直入法ではなく，部分純資産直入法を採用することが保守主義の原則の適用例である。

A □□□ 16 保守主義の原則の適用は，一般に公正妥当と認められる会計基準の範囲内においてのみ認められる。

A □□□ 17 単一性には，実質的単一性と形式的単一性がある。現行の企業会計制度においては，一つの事実に対して複数の会計処理が容認されており，唯一絶対的な会計数値を得ることはできず，また異なる目的のためには異なる様式の財務諸表を作成することが望ましいことから，単一性の原則における単一性は，絶対的な単一性ではなく，実質的にも形式的にも多様性を認める相対的単一性である。

A □□□ 18 単一性の原則を遵守することにより，二重帳簿の作成は排除される。

A □□□ 19 重要性の原則の適用によって，本来の厳密な会計処理によらないで他の簡便な方法によることが認められるのは，企業にとっての簡便性の要請によるものであり，その場合，企業の状況に関する利害関係者の判断を誤らせるとしても一定範囲で許容される。

A □□□ 20 重要性の原則は一般原則に含まれる。

A □□□ 21 企業会計は，すべての取引につき，正規の簿記の原則に従って，正確な会計帳簿を作成しなければならない。ただし，金額的重要性が乏しい場合，項目の性質を問わず，簡便な会計処理の方法を採用してもよい。

A □□□ 22 現行の企業会計制度においては，企業の状況に関する利害関係者の判断を誤らせないようにするため，負債性引当金については重要性の乏しいものについても負債として計上しなければならない。

A □□□ 23 分割返済の定めのある長期の債権または債務のうち，期限が一年以内に到来するもので重要性の乏しいものについて，固定資産または固定負債として表示する場合，簿外資産または簿外負債が生じる。

□□□ 16：【○】（テキストp. 44参照）

「企業会計原則注解」注4

□□□ 17：【×】**実質的な多様性は認められない**（テキストp. 45参照）

　単一性の原則における単一性の概念は，いかなる利用目的に対しても財務諸表の実質は同一でなければならないが，表示形式については，その利用目的に応じた異なる形式の財務諸表の作成を認めるものである。すなわち，単一性の原則における単一性の概念は，実質一元形式多元である。

□□□ 18：【○】（テキストp. 45参照）

　単一性の原則は，実質一元形式多元を要請するものであり，この原則を遵守することにより，二重帳簿の作成は排除される。

□□□ 19：【×】**利害関係者の判断を誤らせるとすれば認められない**（テキストp. 45参照）

　ある項目について，理論的に厳格な会計処理や表示の方法によらない簡便な方法の採用は，企業の状況に関する利害関係者の判断を誤らせない範囲だけに限定される。

□□□ 20：【×】**一般原則に含まれていない**（テキストp. 45参照）

　重要性の原則は，一般原則中の正規の簿記の原則，明瞭性の原則および貸借対照表完全性の原則の注解として位置しており，一般原則に含まれていない。

□□□ 21：【×】**項目の性質が問われることもある**（テキストp. 45参照）

　重要性の原則において，重要性が乏しいかどうかの判断は，利害関係者における意思決定に影響を及ぼすか否かにより判断されるが，その具体的な判断基準としては，ある項目の金額の大小から判断する量的重要性と，ある項目の内容から判断する質的重要性とがある。したがって，簡便な会計処理の採用には，項目の性質が問われることもある。

□□□ 22：【×】**重要性の乏しいものは負債として計上しないこともできる**（テキストp. 46参照）

　引当金のうち，重要性の乏しいものについては，これを計上しないことができる（「企業会計原則注解」注1(3)）。

□□□ 23：【×】**簿外資産または簿外負債は生じない**（テキストp. 46参照）

　分割返済の定めのある長期の債権または債務のうち，期限が一年以内に到来するもので重要性の乏しいものについて，固定資産または固定負債として表示する場合，表示区分が変わるのみで簿外資産または簿外負債は生じない。

第3章
財務会計の基礎概念

第3章 財務会計の基礎概念

第1節 会計公準

A □□□ 1 企業実体の種類としては法人としての一企業と統一的な意思の下に指揮命令されている企業集団があるが，一企業を細分化した単位は企業実体とはならない。

A □□□ 2 連結財務諸表は，企業実体の公準でいう法的実体に合致したものといえる。（平成26年第Ⅰ回本試験一部改題）

A □□□ 3 減価償却は固定資産の原価配分手続であるが，その基礎にある費用配分の原則は，継続企業の公準を前提に導き出される。（平成18年本試験）

A □□□ 4 継続企業の公準は，企業の解散や倒産を予定することなく事業を継続的に行っていくという前提であり，一定の会計期間を単位とした会計計算が行われる前提条件となる。

A □□□ 5 貨幣的測定の公準は，会計の計算は貨幣額を用いて行うという公準である。したがって，この公準のもとでは，それがいかに重要なものであるとしても貨幣額による測定が不可能な企業の経済事象が会計上認識されることはない。

☐☐☐ 1：【×】**一企業を細分化した単位が企業実体となることもある**（テキストp. 48参照）

　　　法人としての一企業を細分化して，本店・支店ごと，または事業部ごとなど，さらに小さな範囲を対象にすることもある。この場合に作成される財務諸表は本店財務諸表や支店財務諸表，あるいは事業部財務諸表である。

☐☐☐ 2：【×】**法的実体ではなく，経済的実体である**（テキストp. 48参照）

　　　連結財務諸表は，企業実体の公準でいう法的実体ではなく，経済的実体に合致したものといえる。

☐☐☐ 3：【○】（テキストp. 48, 49参照）

　　　減価償却の基礎にある費用配分の原則（取得原価を費消原価と未費消原価とに期間配分する考え方）は，企業が予見可能な将来にわたって存続するという仮定，すなわち継続企業の公準を前提に導き出されるものである。

☐☐☐ 4：【○】（テキストp. 49参照）

　　　継続企業の公準により，無限に継続する企業活動を人為的に区切った一定の会計期間を設定し，定期的に利害関係者に会計情報を報告するという制度が確立される。このため，継続企業の公準は会計期間の公準ともよばれる。

☐☐☐ 5：【○】（テキストp. 49参照）

　　　会計の計算が貨幣額を用いて行われるということは，同時に，貨幣額で測定しえないものは，たとえそれが企業の経済活動に直接役立つ要素（例えば従業員の技能など）であっても，企業会計の対象になりえないということを意味する。

第2節　会計主体論

B　□□□　1　企業実体の公準は，企業主とは区別された企業それ自体の存在を仮定する公準である。したがって，この公準は，会計主体論として企業主体理論をとる場合の前提とされるものであって，この公準のもとで資本主理論は成立しないものといえる。

A　□□□　2　会計の主体を資本主，すなわち株主とみる理論を資本主理論という。この理論によれば，企業の積極財産たる資産と消極財産たる負債はすべて株主に帰属するものととらえられることから，「資産＝負債＋資本」という貸借対照表等式で表現される。

A　□□□　3　資本主理論によれば，利益は企業自体の利益であって，決定された配当額だけが資本主に帰属することになる。

A　□□□　4　現行制度上，債権者に対する支払利息が費用項目とされ，株主に対する支払配当金が利益分配項目とされている。これは，企業主体説に立脚していることの表れである。

A　□□□　5　株式会社を資金提供者から独立した主体ととらえ，株主と債権者をともに外部者として位置づけた場合，支払配当金と支払利息の性格は同一と考えることができる。（平成23年第Ⅰ回本試験）

□□□ 1：【×】**資本主理論も成立する**（テキストp．50参照）
　　会計公準における企業実体は会計の対象または客体を示す概念であり，会計主体論は会計を行うにあたっての立場を問題とするものである。したがって，どのような会計主体論をとる場合にも，企業実体の公準が前提とされることでは異なるところはない。

□□□ 2：【×】**貸借対照表等式ではなく，資本等式で表現される**（テキストp．50参照）
　　「資産＝負債＋資本」という貸借対照表等式で表現されるのは企業主体理論であり，資本主理論は，「資産－負債＝資本」という資本等式で表現される。

□□□ 3：【×】**利益は発生した時点で資本主に帰属する**（テキストp．50参照）
　　資本主理論によれば，利益はそれが発生した時点で資本主に帰属することになる。
　　なお，企業主体理論によれば，利益は企業自体の利益であって，決定された配当額だけが資本主に帰属することになる。

□□□ 4：【×】**当該処理は企業主体説に立脚していることの表れではない**（テキストp．51参照）
　　現行制度上，債権者に対する支払利息が費用項目とされ，株主に対する支払配当金が利益分配項目とされているのは，企業主体説（企業主体理論）ではなく資本主説（資本主理論）に立脚していることの表れである。

□□□ 5：【○】（テキストp．51参照）
　　株式会社を資金提供者から独立した主体ととらえる企業主体理論によれば，株主と債権者はともに外部者として位置づけられる。したがって，支払配当金も支払利息も外部者である株主および債権者から調達した資金に対する報酬としての費用であり，その性格は同一と考えることができる。

第3節　利益概念

A　□□□　1　包括主義により利益を求める場合，商品の販売によるものであれ，固定資産の売却によるものであれ，また災害によるものであれ，結果として処分可能利益を増減させるものは，その計算に含めるべきことになる。

A　□□□　2　当期業績主義の利益は企業の短期的収益力を示すものであるのに対し，包括主義の利益は企業の長期的収益力を示すものであるといえる。

A　□□□　3　企業の成立から解散までの期間利益の合計は，全体利益に一致するという一致の原則に照らし妥当であるのは，当期業績主義である。

A　□□□　4　現行制度における損益計算書は基本的には包括主義損益計算書ではあるが，段階的に算定表示する利益の1つとして経常利益の算定表示を要求していることから，当期業績主義の利点をも有しているといえる。

B　□□□　5　多くの日本の企業は，損益計算書において，当期業績主義に基づく利益である経常利益を表示しているが，包括主義に基づく利益である包括利益を表示している企業もある。
（平成22年第Ⅰ回本試験）

A　□□□　6　現金主義会計によれば，掛取引が発達し，また，相当の固定設備や棚卸資産を常時保有する今日の継続企業においては，適正な期間損益計算を行うことができない。

□□□　1 :【○】(テキストp. 52参照)

　　損益計算書において処分可能利益の当期増加額（期間的処分可能利益）を求める考え方のことを，包括主義という。包括主義においては，商品の販売によるものであれ，固定資産の売却によるものであれ，また災害によるものであれ，結果として処分可能利益を増減させるものは，すべてその計算に含めるべきことになる。

□□□　2 :【○】(テキストp. 52参照)

　　当期業績主義の利益は，毎期反復的に生じる損益項目だけで算定されるため，企業の短期的収益力を示す。一方，包括主義の利益は，毎期反復的に生じる損益項目だけでなく，数期間に1度しか生じないような損益項目をも含めて算定されるため，企業の長期的収益力を示す。

□□□　3 :【×】**当期業績主義ではなく，包括主義である**(テキストp. 52参照)

　　企業の成立から解散までの期間利益の合計は，全体利益に一致するという一致の原則に照らし妥当であるのは，当期業績主義ではなく包括主義である。

□□□　4 :【○】(テキストp. 53参照)

　　現行制度における損益計算書は，臨時損益をもその計算対象に含めていることから，基本的には包括主義損益計算書といえる。しかしながら，経常利益の算定表示により，企業の正常収益力を知ることもできるため，当期業績主義の利点をも有しているといえる。

□□□　5 :【×】**包括主義に基づく利益と包括利益は異なる**(テキストp. 53参照)

　　多くの日本の企業は，損益計算書において，包括主義に基づく利益である当期純利益を表示している。包括主義の損益計算書は，包括利益を開示する包括利益計算書とは別の概念である。

□□□　6 :【○】(テキストp. 54参照)

　　現金主義会計によれば，掛取引が発達し，また，相当の固定設備や棚卸資産を常時保有する今日の継続企業においては，現金収支と収益および費用の発生との間に時間的な食い違いが生じ，適正な期間損益計算を行うことができない。

A　□□□ 7　財産法は，ある会計期間の期末純資産額から期首純資産額を差し引くことにより損益
　　　　　　　計算を行う計算方式であり，損益の原因分析による経営効率の判定のために有効である
　　　　　　　という長所を有する。

A　□□□ 8　損益法の基礎となる収益と費用は収益費用アプローチにおいて会計上の中心概念とさ
　　　　　　　れ，他方，純資産の計算要素である資産と負債は，資産負債アプローチにおいて会計上
　　　　　　　の中心概念とされている。（平成24年第Ⅰ回本試験）

A　□□□ 9　資産負債アプローチによれば，資産は換金性のある財産と定義され，負債は確定債務
　　　　　　　と定義される。

A　□□□ 10　資産負債アプローチによれば，収益は資産の増加または負債の減少，費用は資産の減
　　　　　　　少または負債の増加に基づいて把握される。

B　□□□ 11　資産負債アプローチにおける会計の主要課題は，利益の計算よりも企業の豊かさ（富）
　　　　　　　を示す純資産額の計算にある。

B　□□□ 12　収益費用アプローチによれば，修繕引当金は負債として認められない。

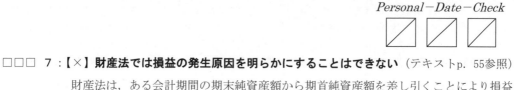

□□□ 7 :【×】**財産法では損益の発生原因を明らかにすることはできない**（テキストp. 55参照）

　　　財産法は，ある会計期間の期末純資産額から期首純資産額を差し引くことにより損益計算を行う計算方式である。この方法は，期間損益をストックの面から総括的に計算する方法であるから，その金額を総額として把握するにとどまり，その発生原因を明らかにすることができない。そのため，損益の原因分析による経営効率の判定のためには有効ではないという欠点を有する。

□□□ 8 :【○】（テキストp. 56参照）

　　　企業活動の効率性の把握を会計課題とする収益費用アプローチにおいては，努力の数値である費用と成果の数値である収益の差額である純利益が効率性の尺度であるため，損益法の基礎となる収益と費用が会計上の中心概念とされている。他方，企業の豊かさ（富）の把握を会計課題とする資産負債アプローチにおいては，決算日という一定時点の富の量は，富のプラス要因である資産と，富のマイナス要因である負債の在り高の差額，すなわち純資産額として把握されるため，純資産の計算要素である資産と負債が会計上の中心概念とされている。

□□□ 9 :【×】**資産は経済的資源，負債は経済的資源を将来犠牲にする現在の義務と定義される**（テキストp. 56参照）

　　　資産負債アプローチによれば，資産は経済的資源と定義され，負債は経済的資源を将来犠牲にする現在の義務と定義される。

□□□ 10 :【○】（テキストp. 56参照）

　　　資産負債アプローチによれば，財務諸表要素は資産・負債を中心に定義され，収益は資産の増加または負債の減少，費用は資産の減少または負債の増加とされる。

□□□ 11 :【○】（テキストp. 56参照）

　　　資産負債アプローチにおいて，利益は期首と期末の純資産額の変動として把握されるが，あくまでも会計の主要課題は企業の豊かさ（富）を示す純資産額の計算であり，利益は豊かさ（富）の計算に付随して副産物として計算されるに過ぎないものとされる。

□□□ 12 :【×】**負債として認められる**（テキストp. 56, 57参照）

　　　修繕引当金は経済的資源を将来犠牲にする現在の義務に該当しないが，収益費用アプローチによれば，固定資産の稼働による収益と修繕費を同一の会計期間で対応させる観点から負債として計上される。

A 　□□□ 13　名目資本維持概念と実体資本維持概念は貨幣資本維持の考え方に属する点で共通して
　　　　　　　いるが，前者は貨幣の購買力の変動を無視するのに対して，後者は貨幣の購買力の変動
　　　　　　　を考慮し，維持すべき資本を物価指数によって修正する点で異なる。

A 　□□□ 14　物価変動がもたらす資産の増減変動額は，原則として売却時に損益として処理される。
　　　　　　　これは，現行制度が名目資本維持概念を前提としているためである。

A 　□□□ 15　インフレーションを前提とした場合，名目資本維持を求める利益計算の結果と実質資
　　　　　　　本維持を求める利益計算の結果とを比較したとき，前者における売上総利益は後者にお
　　　　　　　ける売上総利益よりも必ず小さくなる。（平成24年第Ⅱ回本試験）

□□□ 13：【×】**実体資本維持概念は，貨幣資本維持ではなく，物的資本維持の考え方に属する**（テキストp．58参照）

　　名目資本維持概念と実質資本維持概念は維持すべき資本を貨幣とみる貨幣資本維持の考え方である点で共通しているが，前者は貨幣の購買力の変動を無視するのに対して，後者は貨幣の購買力の変動を考慮し，維持すべき資本を物価指数によって修正する点で異なる。一方，実体（実物）資本維持概念は，維持すべき資本を貨幣とみるのではなく，企業に投下された個別具体的な物的資産とみる物的資本維持の考え方である。

□□□ 14：【○】（テキストp．58参照）

　　物価変動がもたらす資産の増減変動額は，これを資本修正とする見方と損益とする見方とがある。前者は，実質資本維持もしくは実物（実体）資本維持の概念に基づき，後者は名目資本維持概念に基づくものである。現行制度は名目資本維持概念に基づくことから，当該差額は損益とされる。

□□□ 15：【×】**小さくなるのではなく，大きくなる**（テキストp．59参照）

　　インフレーションを前提とした場合，名目資本維持を求める利益計算の結果と実質資本維持を求める利益計算の結果とを比較したとき，前者における売上総利益は後者における売上総利益よりも必ず小さくなるのではなく，大きくなる。

第4節　概念フレームワーク

A　□□□　1　企業会計原則は，討議資料「財務会計の概念フレームワーク」の考え方に基づき演繹的に形成された原則である。

A　□□□　2　討議資料「財務会計の概念フレームワーク」は，既存の基礎的な前提や概念を要約しただけのものではないから，現行の会計基準の一部を説明できないものが含まれている。（平成26年第Ⅰ回本試験一部改題）

A　□□□　3　概念フレームワークだけでは，個別の会計基準の具体的な内容を直接定めることはできない。

A　□□□　4　討議資料「財務会計の概念フレームワーク」では，公開企業を中心とする証券市場への情報開示が前提とされている。したがって，この概念フレームワークの下で開発された会計基準は，公開企業以外の企業の情報利用者にとって有用ではない。（平成26年第Ⅰ回本試験一部改題）

A　□□□　5　証券市場において，証券の発行企業と投資者の間に情報の非対称性が存在する。投資者への情報提供が不十分である場合には，証券市場が機能しなくなる可能性がある。この問題は，財務会計の情報提供機能を通じて緩和される。（平成22年第Ⅰ回本試験）

B　□□□　6　情報の非対称性は，証券の発行市場で問題となり，流通市場では問題とならない。

A　□□□　7　わが国の討議資料「財務会計の概念フレームワーク」によれば，財務報告の目的は，投資家の意思決定に資するディスクロージャー制度の一環として，投資のポジションとその成果を測定して開示することとされているため，財務会計の機能のうち，情報提供機能が重視されているといえる。

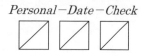
□□□ 1：【×】**企業会計の実務に基づき帰納的に形成された原則である**（テキストp. 60参照）

　　　企業会計原則は，討議資料「財務会計の概念フレームワーク」の考え方に基づき演繹的に形成された原則ではなく，企業会計の実務に基づき帰納的に形成された原則である。

□□□ 2：【○】（テキストp. 61参照）

　　　討議資料「財務会計の概念フレームワーク」前文

□□□ 3：【○】（テキストp. 61参照）

　　　討議資料「財務会計の概念フレームワーク」前文

□□□ 4：【×】**財務諸表の様々な利用者にとっても，有用であり得る**（テキストp. 61参照）

　　　概念フレームワークでは，公開企業を中心とする証券市場への情報開示が前提とされているが，証券市場への情報開示を前提とする概念フレームワークの下で開発された会計基準は，財務諸表の様々な利用者にとっても，有用であり得る（討議資料「財務会計の概念フレームワーク」前文）。

□□□ 5：【○】（テキストp. 62参照）

　　　討議資料「財務会計の概念フレームワーク」第1章・第1項

□□□ 6：【×】**流通市場においても問題となる**（テキストp. 62参照）

　　　情報の非対称性は，証券の発行市場のみならず流通市場においても問題となる（討議資料「財務会計の概念フレームワーク」第1章・第13項）。

□□□ 7：【○】（テキストp. 62参照）

　　　わが国の討議資料「財務会計の概念フレームワーク」によれば，財務報告の目的は，投資家の意思決定に資するディスクロージャー制度の一環として，投資のポジションとその成果を測定して開示することとされている（討議資料「財務会計の概念フレームワーク」第1章・第2項）ため，財務会計の機能のうち，情報提供機能が重視されているといえる。

A □□□ 8 財務報告において提供される情報の中で,投資の成果を示す利益情報は基本的に過去の成果を表すので,企業価値評価の基礎となる将来キャッシュ・フローの予測には役立たない。(平成26年第Ⅰ回本試験)

A □□□ 9 経営者は本来,投資家の保守的なリスク評価によって企業価値が損なわれないよう,自分の持つ私的な企業情報を自発的に開示する誘因を有している。

A □□□ 10 会計基準の役割は,経営者が開示する情報に虚偽情報が含まれないようにし,情報に一定の等質性を確保するために,最小限のルールを定めることである。

B □□□ 11 市場が効率的であれば,情報の非対称性を緩和するための会計情報や,その内容を規制する会計基準は不要になる。

B □□□ 12 会計情報は技術的な制約や環境制約のもとで作成されるものであり,会計情報だけで投資家からの要求のすべてに応えることはできない。

B □□□ 13 財務会計の情報提供機能の観点からは,情報の受け手は,株式や社債を現に保有している者であり,将来保有する可能性のある者ではない。(平成22年第Ⅰ回本試験)

B □□□ 14 財務報告の役割は投資家に対する情報提供であるので,投資家が意思決定に利用しているといわれている企業価値を推定計算し,提供することが財務報告の目的である。(平成20年本試験)

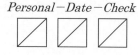
□□□ 8：【×】**将来キャッシュ・フローの予測に広く用いられている**（テキストp. 62参照）

　　　財務報告において提供される情報の中で，投資の成果を示す利益情報は基本的に過去の成果を表すが，企業価値評価の基礎となる将来キャッシュ・フローの予測に広く用いられている（討議資料「財務会計の概念フレームワーク」第1章・第3項）。

□□□ 9：【○】（テキストp. 63参照）

　　　討議資料「財務会計の概念フレームワーク」第1章・第4項

□□□ 10：【○】（テキストp. 63参照）

　　　討議資料「財務会計の概念フレームワーク」第1章・第4項

□□□ 11：【×】**会計基準が不要になるわけではない**（テキスト p. 63 参照）

　　　市場の効率性は，提供された情報を市場参加者が正しく理解しているか否か，市場価格はそれを速やかに反映するか否かに関わる問題であり，何を開示するのかという情報の中身は効率性とは別問題である。市場参加者の合理的な行動と効率的市場を前提としても，開示すべき会計情報の内容については，なお会計基準による規制が必要である。したがって，市場が効率的であっても会計基準が不要になるわけではない（討議資料「財務会計の概念フレームワーク」第1章・第14項）。

□□□ 12：【○】（テキストp. 63参照）

　　　討議資料「財務会計の概念フレームワーク」第1章・第15項

□□□ 13：【×】**将来保有する可能性のある者も含まれる**（テキスト p. 64 参照）

　　　情報の受け手となる投資家とは，証券市場で取引される株式や社債などに投資する者をいい，これらを現に保有する者だけでなく，これらを保有する可能性のある者も含まれる（討議資料「財務会計の概念フレームワーク」第1章・第7項）。

□□□ 14：【×】**財務報告の目的は，企業価値を推定計算して提供することではない**（テキストp. 62, 64参照）

　　　財務報告の目的は，投資家による企業成果の予測と企業価値の評価に役立つような，企業の財務状況の開示にある。会計情報は企業価値の推定に資することが期待されているが，企業価値それ自体を表現するものではない。企業価値を主体的に見積るのは自らの意思で投資を行う投資家であり，会計情報には，その見積りにあたって必要な，予想形成に役立つ基礎を提供する役割だけが期待されている（討議資料「財務会計の概念フレームワーク」第1章・第16項）。

B □□□ 15 投資家の中には会計情報の分析能力に優れた者のほか，自らは十分な分析能力を持た
ず専門家の助けを必要とする者も含まれているため，討議資料「財務会計の概念フレー
ムワーク」は，十分な分析能力を持たない投資家を情報の主要な受け手として想定して
いる。

A □□□ 16 会計基準が遵守されることで，ディスクロージャー制度の当事者はそれぞれ便益を享
受することになる。一般に，投資者は信頼できる情報を低いコストで入手できるという
便益を得る。それにより投資者の要求する資本のコストが下がり，企業価値が高まれば，
経営者も便益を得ることになる。（平成21年本試験）

A □□□ 17 わが国の討議資料『財務会計の概念フレームワーク』においては，投資家の意思決定
に資するディスクロージャー制度の一環として，投資のポジションとその成果を測定し
て開示することに財務報告の目的を見いだしている。したがって，『財務会計の概念フレー
ムワーク』では財務会計の役割は情報提供機能に特化され，企業関係者間の利害を調
整することまで期待されていない。（平成24年第Ⅰ回本試験）

A □□□ 18 財務報告の目的を達成するにあたり，会計情報に求められる最も基本的な特性は，意思
決定との関連性である。

A □□□ 19 内的整合性は，意思決定との関連性，信頼性とともに，会計情報が利用者の意思決定に
とって有用であるか否かを直接判定する規準として機能する。

A □□□ 20 内的整合性と理解可能性の2つは，意思決定との関連性や信頼性が満たされているか否
かを間接的に推定する際に利用される。そのため，討議資料「財務会計の概念フレームワ
ーク」は，これら2つを階層全体を支える一般的制約となる特性として位置づけ，独立の
特性として採り上げている。

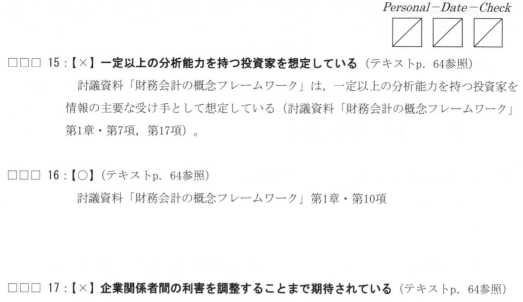

□□□ 15：【×】**一定以上の分析能力を持つ投資家を想定している**（テキストp. 64参照）

討議資料「財務会計の概念フレームワーク」は，一定以上の分析能力を持つ投資家を情報の主要な受け手として想定している（討議資料「財務会計の概念フレームワーク」第1章・第7項，第17項）。

□□□ 16：【○】（テキストp. 64参照）

討議資料「財務会計の概念フレームワーク」第1章・第10項

□□□ 17：【×】**企業関係者間の利害を調整することまで期待されている**（テキストp. 64参照）

ディスクロージャー制度において開示される会計情報は，企業関係者の間の私的契約等を通じた利害調整にも副次的に利用されている（討議資料「財務会計の概念フレームワーク」第1章・第11項，第12項）。そのため，わが国の討議資料『財務会計の概念フレームワーク』では財務会計の役割は情報提供機能に特化されているわけではなく，副次的な利用として企業関係者間の利害を調整することまで期待されている。

□□□ 18：【×】**意思決定との関連性ではなく，意思決定有用性である**（テキストp. 65参照）

財務報告の目的を達成するにあたり，会計情報に求められる最も基本的な特性は，意思決定有用性である（討議資料「財務会計の概念フレームワーク」第2章・第1項）。

□□□ 19：【×】**内的整合性は意思決定有用性を直接判定する規準ではない**（テキストp. 65参照）

内的整合性は，会計情報が利用者の意思決定にとって有用であるか否かを直接判定する規準ではなく，会計情報が有用であるために必要とされる最低限の基礎的な条件であり，意思決定との関連性や信頼性が満たされているか否かを間接的に推定する際に利用される（討議資料「財務会計の概念フレームワーク」第2章・第16項）。

□□□ 20：【×】**理解可能性ではなく，比較可能性である**（テキストp. 65参照）

階層全体を支える一般的制約となる特性として位置づけられているのは，内的整合性と比較可能性の2つである。諸外国では一般的な制約条件などに位置づけられている理解可能性，重要性，コストとベネフィットの斟酌などについては自明であることから，質的特性を簡潔な体系として記述するため，討議資料「財務会計の概念フレームワーク」では，これらを独立の特性として採り上げていない（討議資料「財務会計の概念フレームワーク」第2章・第16項，第22項）。

A　□□□ 21　会計情報が投資者の意思決定に貢献するか否かは，それが情報価値を有しているか否か
に関わっている。新たな会計基準に基づく会計情報が情報価値を有しているか否かは不確
かな場合も多い。そのケースでは，投資者による情報ニーズの存在が，情報価値を期待さ
せることになる。（平成21年本試験）

A　□□□ 22　信頼性とは，中立性・検証可能性・重要性などに支えられ，会計情報が信頼に足る情
報であることを指す。

A　□□□ 23　会計情報の基本的な特性である意思決定有用性は，意思決定との関連性と信頼性の2
つの下位の特性により支えられているが，意思決定有用性を高めるためには，この2つの
下位特性を同時に高める必要はない。（平成21年本試験）

A　□□□ 24　意思決定との関連性と信頼性は同時に満たすことが可能な場合もあれば，両者の間に
トレードオフが生じることもある。両特性間にトレードオフの関係がみられる場合は，
意思決定との関連性の確保が信頼性の確保に優先される。

B　□□□ 25　意思決定有用性を支える特性として，意思決定との関連性と信頼性があるが，信頼性
は意思決定との関連性から完全に独立した特性といえる。

B　□□□ 26　会計基準は，監査上の判断の基礎を提供する機能を果たし，監査人にも便益を与える
ことになるため，監査のコストを抑えることも会計基準を設定する目的とされる。

□□□ 21 :【○】(テキストp. 66参照)

討議資料「財務会計の概念フレームワーク」第2章・第4項

□□□ 22 :【×】**重要性ではなく，表現の忠実性である**（テキストp. 66参照）

信頼性とは，中立性・検証可能性・表現の忠実性などに支えられ，会計情報が信頼に
足る情報であることを指す（討議資料「財務会計の概念フレームワーク」第2章・第6項）。

□□□ 23 :【○】(テキストp. 66参照)

討議資料「財務会計の概念フレームワーク」第2章・第8項

□□□ 24 :【×】**意思決定との関連性の確保が優先されるわけではない**（テキストp. 66参照）

意思決定との関連性と信頼性との間にトレードオフの関係がみられる場合は，双方の
特性を考慮に入れたうえで，新たな基準のもとで期待される会計情報の有用性を総合的
に判断することになる（討議資料「財務会計の概念フレームワーク」第2章・第8項）。し
たがって，意思決定との関連性の確保が信頼性の確保に優先されるわけではない。

□□□ 25 :【×】**完全に独立しているわけではない**（テキストp. 67参照）

意思決定有用性を支える特性として，意思決定との関連性と信頼性があるが，信頼性
は意思決定との関連性から完全に独立しているわけではない。例えば信頼性を支える表
現の忠実性に関して，事実を会計データにどう置き換えるのかという問題は，意思決定
との関連性を支える会計情報の情報価値を左右する問題でもある（討議資料「財務会計
の概念フレームワーク」第2章・第4項，第7項，脚注2）。

□□□ 26 :【×】**監査のコストを抑えること自体は目的とはなり得ない**（テキストp. 64, 67参照）

会計基準は，監査上の判断の基礎を提供する機能を果たし，監査人にも便益を与える
ことになる（討議資料「財務会計の概念フレームワーク」第1章・第10項）が，会計基準
の設定は，あくまでも財務報告の目的を効率的に達成するという観点から行われるべき
ものであり，監査のコストを抑えること自体は目的とはなり得ない（討議資料「財務会
計の概念フレームワーク」第2章・第15項）。

B ☐☐☐ 27 個別の会計基準が会計基準全体を支える基本的な考え方と矛盾しないとき，その個別基準は内的整合性を有するとされている。概念フレームワークは，現行の会計基準の基礎にある前提や概念を記述しているので，会計基準が概念フレームワークに準拠して設定されていれば，内的整合性は満たされる。（平成21年本試験）

B ☐☐☐ 28 内的整合性は，現行基準の体系と矛盾しない個別基準を採用するよう要請するものであり，いわゆる首尾一貫性と同じ内容である。

B ☐☐☐ 29 会計情報の質的特性の1つである内的整合性は，現行基準の体系と矛盾しない個別基準を採用するよう要請するものであり，慣行の維持，継続を目的とするものである。

A ☐☐☐ 30 会計情報の比較を行う場合には，同一企業の会計情報を時系列で比較する場合と，同一時点の会計情報を企業間で比較する場合とがあるが，前者は継続性の原則の領域であり，後者は比較可能性の領域である。

A ☐☐☐ 31 会計情報が比較可能であるためには，同じ取引や事象には同じ会計処理が行われ，異なる取引や事象には異なる会計処理が行われなければならない。

B ☐☐☐ 32 比較可能性を確保する観点からは，2つの取引の法的形式が同じ場合，同一の会計処理を適用しなければならない。

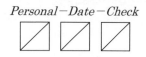

□□□ 27：【×】**概念フレームワークに準拠するだけでは内的整合性を満たすとはいえない**（テキストp. 68参照）

　　基本的な考え方とは，会計基準，会計実務，会計研究などについての歴史的経験と集積された知識の総体である。そのうち，会計基準設定にとって重要な部分は，概念フレームワークに記述されているが，経験の集積の中には記述できないものもあり，概念フレームワークにおいて基本的な考え方の全貌が示されているわけではない。それゆえ，概念フレームワークに準拠して会計基準を設定することは，内的整合性を満たすうえでの必要条件であっても，十分条件ではない（討議資料「財務会計の概念フレームワーク」第2章・第17項）。

□□□ 28：【×】**首尾一貫性とは異なる**（テキストp. 68参照）

　　内的整合性は，現行基準の体系と矛盾しない個別基準を採用するよう要請するものであり，いわゆる首尾一貫性とは異なっている（討議資料「財務会計の概念フレームワーク」第2章・第19項）。

□□□ 29：【×】**慣行の維持，継続を目的とするものではない**（テキストp. 68参照）

　　内的整合性が最も有効に機能するのは，既存の会計基準の体系が有用な会計情報を生み出しているという合意がある状況であり，その合意が崩れ，有用な会計情報を作成するために従来とは異なる体系を必要とする状況では，既存の体系に代わる新たな体系の構築が求められることになる。したがって，内的整合性は，慣行の維持，継続を目的とするものではない（討議資料「財務会計の概念フレームワーク」第2章・第18項）。

□□□ 30：【×】**比較可能性の領域は前者も含む**（テキストp. 68参照）

　　比較可能性とは，同一企業の会計情報を時系列で比較する場合，あるいは，同一時点の会計情報を企業間で比較する場合，それらの比較に障害とならないように会計情報が作成されていることを要請するものであり，後者（同一時点の会計情報を企業間で比較する場合）のみを領域とするものではない（討議資料「財務会計の概念フレームワーク」第2章・第11項）。

□□□ 31：【○】（テキストp. 68参照）

　　討議資料「財務会計の概念フレームワーク」第2章・第11項

□□□ 32：【×】**法的形式ではなく，実質が同じ場合である**（テキストp. 68参照）

　　比較可能性を確保する観点からは，2つの取引の実質が同じとみられる場合には同一の会計処理を適用しなければならない（討議資料「財務会計の概念フレームワーク」第2章・第20項）。

B　□□□ 33　討議資料「財務会計の概念フレームワーク」では，投資のポジションと成果を表すため，財務諸表の構成要素として，資産や負債，純資産，株主資本，包括利益，純利益，収益，費用，現金および現金同等物が定義されている。

A　□□□ 34　財務諸表の構成要素の中には，他から独立しているものもあれば，他に従属しているものもある。討議資料「財務会計の概念フレームワーク」では，資産と負債に独立した定義を与え，そこから純資産と包括利益の定義を導いている。また，投資家の利用目的との適合性を考慮して，包括利益とは別に純利益に独立した定義を与え，純利益と関連させて収益と費用の定義を導いている。

A　□□□ 35　財務報告の目的と財務諸表の役割に適合しないものは，たとえ構成要素の定義を充足しても，財務諸表の構成要素とはならない。

A　□□□ 36　自己創設のれんの開示は，投資のポジションとその成果を測定し開示するという財務報告の目的に資するものである。その際，自己創設のれんは，過去の取引または事象の結果として報告主体が支配している経済的資源という要件を充足しているので，資産として表示される。（平成23年第Ⅱ回本試験）

B　□□□ 37　資産とは，過去の取引または事象の結果として，報告主体が支配している経済的資源をいうが，ここでいう支配とは，法的な所有権を有していることを指す。

B　□□□ 38　経済的資源とは，キャッシュの獲得に貢献する便益の源泉をいい，実物財に限られる。

□□□ 33：【×】**現金および現金同等物は定義されていない**（テキストp. 69参照）

　　　投資のポジションと成果を表すため，財務諸表の構成要素として，資産や負債，純資産，株主資本，包括利益，純利益，収益，費用が定義されているが，キャッシュ・フロー計算書における現金および現金同等物は定義されていない（討議資料「財務会計の概念フレームワーク」第3章・第2項，脚注1）。

□□□ 34：【〇】（テキストp. 69参照）

　　　討議資料「財務会計の概念フレームワーク」第3章・序文

□□□ 35：【〇】（テキストp. 69参照）

　　　討議資料「財務会計の概念フレームワーク」第3章・第3項

□□□ 36：【×】**自己創設のれんの開示は，財務報告の目的に反する**（テキストp. 69, 70参照）

　　　自己創設のれんは，過去の取引または事象の結果として報告主体が支配している経済的資源という要件を充足する。しかし，自己創設のれんの計上は，経営者による企業価値の自己評価・自己申告を意味するため，投資のポジションとその成果を測定し開示するという財務報告の目的に反することになり，資産として表示することは認められない（討議資料「財務会計の概念フレームワーク」第3章・脚注14）。

□□□ 37：【×】**所有権の有無にかかわらず，経済的便益を享受できる状態をいう**（テキストp. 70 参照）

　　　資産とは，過去の取引または事象の結果として，報告主体が支配している経済的資源をいう。ここでいう支配とは，所有権の有無にかかわらず，報告主体が経済的資源を利用し，そこから生み出される便益を享受できる状態をいう（討議資料「財務会計の概念フレームワーク」第3章・第4項，脚注2）。

□□□ 38：【×】**実物財に限られない**（テキストp. 70参照）

　　　経済的資源とは，キャッシュの獲得に貢献する便益の源泉をいい，実物財に限らず，金融資産およびそれらとの同等物を含む（討議資料「財務会計の概念フレームワーク」第3章・脚注2）。

B □□□ 39 繰延資産は，費用収益対応の原則などの観点から認められる発生費用の繰延項目である。しかし，それを理由にして資産の定義からその資産性が否定されるわけではない。（平成20年本試験）

B □□□ 40 負債とは，過去の取引または事象の結果として，報告主体が支配している経済的資源を放棄もしくは引き渡す義務，またはその同等物をいうが，ここでいう義務の同等物には，法律上の義務に準ずるものが含まれる。

B □□□ 41 わが国の概念フレームワークによれば，ヘッジ会計を適用した場合にヘッジ手段であるデリバティブを時価評価することにより認識された貸方評価差額は，原則として，負債となる。

C □□□ 42 法的な債務は負債の定義を充たすが，推定的債務は負債の定義を充たさない。

A □□□ 43 純資産は資産と負債から従属的にのみ導かれる概念である。

A □□□ 44 連結財務諸表における株主資本とは，純資産のうち報告主体の所有者である企業集団のすべての株主に帰属する部分をいう。

A □□□ 45 純資産のうち株主資本に属さないその他の部分は，すべて報告主体の所有者以外に帰属するものとされる。

A □□□ 46 純資産には，純利益を生み出すストックとしての意味づけがなされる。（平成19年本試験）

□□□ 39：【○】（テキスト p. 70 参照）

　　繰延資産は，収益と費用の対応という考え方等に基づいて，発生費用の一部を繰り延べたものであるが，将来の便益が得られると期待できるのであれば，それは，資産の定義には必ずしも反していない。その資産計上がもし否定されるとしたら，資産の定義によるのではなく，認識・測定の要件または制約による（討議資料「財務会計の概念フレームワーク」第3章・脚注3）。

□□□ 40：【○】（テキスト p. 70 参照）

　　討議資料「財務会計の概念フレームワーク」第3章・第5項，脚注4

□□□ 41：【×】**負債ではなく，純資産の部の株主資本以外となる**（テキスト p. 70 参照）

　　わが国の概念フレームワークによれば，ヘッジ会計を適用した場合にヘッジ手段であるデリバティブを時価評価することにより認識された貸方評価差額（繰延ヘッジ利益）は繰延収益であるため，原則として，負債ではなく，純資産のうち株主資本以外の部分となる（討議資料「財務会計の概念フレームワーク」第3章・脚注5）。

□□□ 42：【×】**推定的債務も負債の定義を充たす**（テキスト p. 70, 71 参照）

　　法的な債務のみならず，将来，経済的価値の流出が避けられない推定的債務も法律上の義務に準ずるものとして負債の定義を充たす。

□□□ 43：【○】（テキスト p. 72 参照）

　　討議資料「財務会計の概念フレームワーク」第3章・第6項

□□□ 44：【×】**企業集団のすべての株主ではなく，親会社株主である**（テキスト p. 72参照）

　　連結財務諸表における株主資本とは，純資産のうち報告主体の所有者である親会社株主に帰属する部分をいう（討議資料「財務会計の概念フレームワーク」第3章・第7項）。

□□□ 45：【×】**いずれにも帰属しないものが含まれる**（テキスト p. 72, 73参照）

　　純資産のうち株主資本に属さないその他の部分は，報告主体の所有者以外に帰属するもの（株式引受権，新株予約権，非支配株主持分）と，いずれにも帰属しないもの（評価・換算差額等）が含まれる（討議資料「財務会計の概念フレームワーク」第3章・第20項）。

□□□ 46：【×】**純資産ではなく，株主資本である**（テキスト p. 72参照）

　　純利益を生み出すストックとしての意味づけがなされるのは，純資産ではなく株主資本である（討議資料「財務会計の概念フレームワーク」第3章・第18項）。

A □□□ 47 純資産のうち，株主資本が特に定義づけられているのは，包括利益が情報として高い有用性を有していることを考慮して，包括利益を生み出す投資の正味ストックを財務諸表の構成要素として位置づけるためである。

B □□□ 48 わが国の討議資料『財務会計の概念フレームワーク』は，資産負債アプローチを重視しているため，当期純利益概念を排除して包括利益概念を採用している。（平成24年第Ⅱ回本試験）

A □□□ 49 わが国の討議資料『財務会計の概念フレームワーク』によれば，包括利益とは，特定期間の期末までに生じた純資産の変動額のうち，報告主体の所有者である株主，子会社の非支配株主，および将来それらになり得るオプションの所有者との直接的な取引によらない部分をいう。

B □□□ 50 わが国の討議資料『財務会計の概念フレームワーク』によれば，純利益は，収益から費用を控除した後，非支配株主に帰属する純利益を控除して求められる。

B □□□ 51 企業の投資の成果は，最終的には，投下した資金と回収した資金の差額にあたるネット・キャッシュフローであり，各期の利益の合計がその額に等しくなることが，利益の測定にとって基本的な制約になる。純利益はこの制約を満たすが，包括利益はこの制約を満たさない。

B □□□ 52 非支配株主に帰属する純利益のようにリスクから解放されていない投資の成果は，純利益から除かれる。

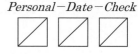

□□□ 47：【×】**包括利益ではなく，純利益である**（テキストp. 72参照）

　　純資産のうち，株主資本が特に定義づけられているのは，純利益が情報として高い有用
性を有していることを考慮して，純利益を生み出す投資の正味ストックを財務諸表の構成
要素として位置づけるためである（討議資料「財務会計の概念フレームワーク」第3章・
第18項，「貸借対照表の純資産の部の表示に関する会計基準」第29項）。

□□□ 48：【×】**純利益と包括利益を併存させている**（テキストp. 74参照）

　　わが国の討議資料『財務会計の概念フレームワーク』は，包括利益が純利益に代替し
得るものとは考えておらず，純利益と包括利益を併存させている（討議資料「財務会計
の概念フレームワーク」第3章・第21項，第22項）。

□□□ 49：【×】**特定期間の期末までに生じたではなく，特定期間における純資産の変動額である**
（テキストp. 74参照）

　　包括利益とは，特定期間における純資産の変動額のうち，報告主体の所有者である株
主，子会社の非支配株主，および将来それらになり得るオプションの所有者との直接的
な取引によらない部分をいう（討議資料「財務会計の概念フレームワーク」第3章・第8
項）。

□□□ 50：【○】（テキストp. 74参照）

　　討議資料「財務会計の概念フレームワーク」第3章・第11項

□□□ 51：【×】**包括利益もこの制約を満たす**（テキストp. 74参照）

　　企業の投資の成果は，最終的には，投下した資金と回収した資金の差額にあたるネッ
ト・キャッシュフローであり，各期の利益の合計がその額に等しくなることが，利益の
測定にとって基本的な制約になる。純利益と包括利益はともにこの制約を満たす（討議
資料「財務会計の概念フレームワーク」第3章・第10項）。

□□□ 52：【×】**リスクから解放された投資の成果に該当する**（テキストp. 74参照）

　　非支配株主に帰属する純利益とは，特定期間中にリスクから解放された投資の成果の
うち，子会社の非支配株主に帰属する部分をいう（討議資料「財務会計の概念フレーム
ワーク」第3章・第11項）。したがって，非支配株主に帰属する純利益はリスクから解放
された投資の成果に該当する。

A　□□□ 53　わが国の討議資料『財務会計の概念フレームワーク』によると，当期の包括利益の額から，当期のその他の包括利益の額を控除すれば，当期の純利益の額が計算される。（平成20年本試験一部改題）

A　□□□ 54　収益の認識に「実現」概念を用いる場合，算定される利益は純利益であるが，収益の認識に「投資のリスクからの解放」という概念を用いる場合，算定される利益は包括利益である。

A　□□□ 55　わが国の討議資料『財務会計の概念フレームワーク』によれば，投資のリスクとは，投資の成果の不確定性をいい，投資の成果がリスクから解放されるというのは，投資にあたって期待された成果が事実として確定することをいう。

A　□□□ 56　売買目的有価証券については，経営者の事前の期待は証券価格の上昇にある。したがって，市場価格が上昇した時点で投資のリスクから解放されたと判断され，収益の計上が認められる。

B　□□□ 57　棚卸資産を，当該棚卸資産と別の事業にかかわる固定資産と交換に引き渡した場合には，事業のリスクに拘束されない資産を獲得したとはいえない。したがって，投資のリスクから解放されたとは判断されず，収益の計上は認められない。

□□□ 53 :【×】**その他の包括利益を控除するだけでは計算されない**（テキストp. 74参照）

　　包括利益のうち，投資のリスクから解放されていない部分を除き，過年度に計上された包括利益のうち期中に投資のリスクから解放された部分を加え，非支配株主に帰属する純利益を控除すると，純利益が求められる（討議資料「財務会計の概念フレームワーク」第3章・第12項）。したがって，当期の包括利益の額から，当期のその他包括利益の額を控除するだけで，当期の純利益の額が計算されるのではない。

□□□ 54 :【×】**包括利益ではなく，純利益である**（テキストp. 77参照）

　　「投資のリスクからの解放」という概念は，リスクから解放された投資の成果を純利益として定義するものであって，収益の認識に「投資のリスクからの解放」という概念を用いる場合，算定される利益は包括利益になるわけではない。

□□□ 55 :【○】（テキストp. 77参照）

　　討議資料「財務会計の概念フレームワーク」第3章・第23項

□□□ 56 :【○】（テキストp. 77参照）

　　売買目的有価証券のように，事業の目的に拘束されず，保有資産の値上りを期待した金融投資に生じる価値の変動は，そのまま期待に見合う事実として，リスクから解放された投資の成果に該当する。したがって，市場価格が上昇した時点で投資のリスクから解放されたと判断され，収益の計上が認められる（討議資料「財務会計の概念フレームワーク」第4章・第57項）。

□□□ 57 :【×】**収益の計上は認められる**（テキストp. 77参照）

　　棚卸資産を，当該棚卸資産と別の事業にかかわる固定資産と交換に引き渡した場合には，いったん投資のリスクから解放され，あらためて別の事業リスクに拘束されたと解釈される。したがって，棚卸資産と交換に固定資産を受け入れた場合でも，収益の計上は認められる（討議資料「財務会計の概念フレームワーク」第4章・脚注16）。

A　□□□ 58　実現可能な成果を，現金またはその同等物への転換が容易である成果（あるいは容易になった成果）と意味づけた場合，実現可能な成果とリスクから解放された投資の成果は同一の内容となる。

C　□□□ 59　リサイクリングとは，その他の包括利益に計上した後に，包括利益に組替調整する会計処理をいう。

A　□□□ 60　その他の包括利益に含まれている項目は，わが国の討議資料「財務会計の概念フレームワーク」において定義されている収益や費用に該当する。

A　□□□ 61　概念フレームワークでは，費用の認識に際して，投資のリスクからの解放は要求されていない。

B　□□□ 62　収益の計上には，必ず同時に資産の増加や負債の減少を伴う。

B　□□□ 63　討議資料「財務会計の概念フレームワーク」は，利益を増加させる要素を収益と利得に分け，利益を減少させる要素を費用と損失に分ける考え方を採用している。

□□□ 58：【×】**同一の内容とはいえない**（テキストp. 78参照）

　　　実現可能な成果を，現金またはその同等物への転換が容易である成果（あるいは容易になった成果）と意味づけた場合，実現可能な成果の中には，リスクから解放された投資の成果に該当しないものも含まれているため，両者は同一の内容とはいえない。例えば，上場している子会社関連会社株式やその他有価証券は，現金あるいはその同等物への転換が容易であり，その時価評価差額は実現可能な成果と解釈することもできるが，これらの有価証券の売却処分には事業上の制約が課されており，その時価評価差額はリスクから解放された投資の成果とはいえない（討議資料「財務会計の概念フレームワーク」第4章・第58項，脚注17）。

□□□ 59：【×】**包括利益ではなく，純利益である**（テキストp. 79参照）

　　　リサイクリングとは，その他の包括利益に計上した後に，純利益に組替調整する会計処理をいう。

□□□ 60：【×】**収益や費用に該当しない**（テキストp. 80参照）

　　　わが国の討議資料「財務会計の概念フレームワーク」では，純利益および非支配株主に帰属する純利益を増減させる項目として収益と費用を定義している（討議資料「財務会計の概念フレームワーク」第3章・第24項）。したがって，その他の包括利益に含まれている項目は，ここでいう収益や費用には該当しない。

□□□ 61：【×】**投資のリスクからの解放は要求されている**（テキストp. 80参照）

　　　費用とは，純利益または非支配株主に帰属する純利益を減少させる項目であり，特定期間の期末までに生じた資産の減少や負債の増加に見合う額のうち，投資のリスクから解放された部分をいう（討議資料「財務会計の概念フレームワーク」第3章・第15項）。

□□□ 62：【×】**必ず同時に資産の増加や負債の減少を伴うわけではない**（テキストp. 80参照）

　　　収益の計上には，多くの場合，同時に資産の増加や負債の減少を伴うが，そうでないケースには，純資産を構成する項目間の振替と同時に収益が計上される場合（新株予約権が失効した場合や過年度の包括利益をリサイクリングした場合など）がある（討議資料「財務会計の概念フレームワーク」第3章・脚注12）。

□□□ 63：【×】**採用していない**（テキストp. 80参照）

　　　討議資料「財務会計の概念フレームワーク」では，収益と利得，費用と損失を特に区別することなく一括して収益，費用と称している（討議資料「財務会計の概念フレームワーク」第3章・第25項）。

A　□□□ 64　わが国の討議資料「財務会計の概念フレームワーク」によれば，財務諸表における認識とは，収益・費用を把握し，特定の期間に記録することと定義されている。（平成25年第Ⅰ回本試験）

B　□□□ 65　資産の定義を充足した各種項目の認識は，基礎となる契約の少なくとも一方の履行を契機とするため，双方が未履行の段階にとどまるものを財務諸表上で認識することは認められない。

B　□□□ 66　わが国の討議資料『財務会計の概念フレームワーク』によれば，貸借対照表上で資産または負債を認識するには，蓋然性が求められる。しかし，資産または負債を認識するかどうかの蓋然性に関する判断は，必ずしも対称的になされるわけではない。

A　□□□ 67　財務報告の目的を達成するためには，資産と負債の測定値をいわゆる原価なり時価なりで統一することが有用と考えられることから，討議資料「財務会計の概念フレームワーク」では，市場価格や利用価値をすべてのケースにおいて優先的に適用すべき測定値と位置づけ，原始取得原価や未償却原価を市場価格などによる測定が困難な場合に限って適用が許容される測定値として位置づけている。

B　□□□ 68　毎期一定額の利息収入が予定されている貸付金を当初の貸付額で測定した場合，これは取得原価，割引価値，入金予定額などとして意味づけることができる。

B　□□□ 69　わが国の討議資料「財務会計の概念フレームワーク」によれば，過去に消費された労働サービスに見合って計上される退職給付引当金は，投資の成果を計算した結果として測定値が付されており，負債の測定値として独立した意味を持たない。

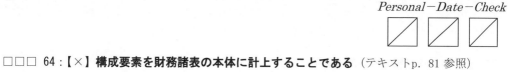

□□□ 64：【×】**構成要素を財務諸表の本体に計上することである**（テキストp. 81 参照）

　　　財務諸表における認識とは，収益・費用を把握し，特定の期間に記録することではなく，構成要素を財務諸表の本体に計上することと定義されている（討議資料「財務会計の概念フレームワーク」第4章・第1項）。

□□□ 65：【×】**双務未履行の段階でも認識が認められるものもある**（テキストp. 81 参照）

　　　資産の定義を充足した各種項目の認識は，基礎となる契約の原則として少なくとも一方の履行を契機とするため，双方が未履行の段階にとどまるものは，原則として，財務諸表上で認識しない。ただし，例えば決済額と市場価格との差額である純額を市場で随時取引できる金融商品への投資のように，その純額の変動そのものがリスクから解放された投資の成果とみなされる場合，その変動額を未履行の段階で財務諸表上において認識することもある（討議資料「財務会計の概念フレームワーク」第4章・第3項〜第5項）。

□□□ 66：【○】（テキストp. 81参照）

　　　討議資料「財務会計の概念フレームワーク」第4章・第6項，第7項，脚注1

□□□ 67：【×】**測定値を統一することが財務報告の目的の達成に役立つわけではない**（テキストp. 81参照）

　　　財務報告の目的を達成するためには，投資の状況に応じて多様な測定値が求められるのであり，資産と負債の測定値をいわゆる原価なり時価なりで統一すること自体が，財務報告の目的に役立つわけではない。そのため，討議資料「財務会計の概念フレームワーク」では，市場価格や利用価値をすべてのケースにおいて優先的に適用すべき測定値とは考えておらず，また，原始取得原価や未償却原価を市場価格などによる測定が困難な場合に限って適用が許容される測定値として消極的に考えるのではなく，それらを積極的に並列させている（討議資料「財務会計の概念フレームワーク」第4章・第53項）。

□□□ 68：【○】（テキストp. 82参照）

　　　討議資料「財務会計の概念フレームワーク」第4章・第54項

□□□ 69：【○】（テキストp. 82参照）

　　　討議資料「財務会計の概念フレームワーク」第4章・第55項

A　□□□ 70　原始取得原価の一部を費用に配分した結果の資産の残高は，未償却原価と呼ばれる。この未償却原価は，取得原価の範疇に含まれない。

A　□□□ 71　未償却原価による測定値は，継続利用している資産のその時点における資産価値を表す。

A　□□□ 72　購買市場と売却市場とが区別されない場合の市場価格とは，購買市場と売却市場とが区別されない場合において，流通市場で成立している価格をいうが，この測定値が意味を持つ典型例は，収益性が低下している商品である。

A　□□□ 73　再調達原価は，保有する資産を測定時点で改めて調達するのに必要な資金の額を表す。

A　□□□ 74　正味実現可能価額とは，購買市場と売却市場とが区別される場合において，売却市場で成立している価格から見積販売経費および正常利益を差し引いたものをいう。

A　□□□ 75　正味実現可能価額の変動額は，資産の調達時期を遅らせていたならば生じたはずの損益として意味づけられている。

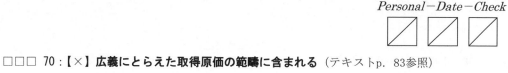

□□□ 70：【×】**広義にとらえた取得原価の範疇に含まれる**（テキストp. 83参照）
　　　未償却原価は，原始取得原価を基礎としていることから，広義にとらえた取得原価の範疇に含まれる（討議資料「財務会計の概念フレームワーク」第4章・第8項）。

□□□ 71：【×】**その時点における資産価値を表すのではない**（テキストp. 83参照）
　　　未償却原価による測定値は，継続利用している資産のその時点における資産価値を表すのではなく，将来に回収されるべき投資の残高を表す。つまり，この測定は，資産価値の測定方法としてよりも，資産の利用に伴う費用を測定するうえで重要な意味を持つ（討議資料「財務会計の概念フレームワーク」第4章・第10項）。

□□□ 72：【×】**収益性が低下している商品ではなく，売買目的有価証券である**（テキストp. 83参照）
　　　購買市場と売却市場とが区別されない場合の市場価格とは，購買市場と売却市場とが区別されない場合において，流通市場で成立している価格をいうが，この測定値が意味を持つ典型例は，売買目的有価証券である（討議資料「財務会計の概念フレームワーク」第4章・第12項，脚注4）。

□□□ 73：【○】（テキストp. 83参照）
　　　討議資料「財務会計の概念フレームワーク」第4章・第16項

□□□ 74：【×】**正常利益は差し引かない**（テキストp. 84参照）
　　　正味実現可能価額は，購買市場と売却市場とが区別される場合において，売却市場で成立している価格から見積販売経費を差し引いたものをいい，正常利益は差し引かない（討議資料「財務会計の概念フレームワーク」第4章・第17項）。

□□□ 75：【×】**正味実現可能価額ではなく，再調達原価の変動額である**（テキストp. 83, 84参照）
　　　正味実現可能価額は，保有する資産を測定時点で売却処分することによって回収できる資金の額を表し，その変動額は，資産を期末に売却したら生じたはずの損益（の一部）として意味づけられている（討議資料「財務会計の概念フレームワーク」第4章・第18項）。
　　　なお，資産の調達時期を遅らせていたならば生じたはずの損益として意味づけられているのは，再調達原価の変動額である（討議資料「財務会計の概念フレームワーク」第4章・第16項）。

A 　□□□ 76　市場で平均的に予想されているキャッシュ・フローと市場の平均的な割引率を測定時点で見積り，前者を後者で割り引いた測定値を利用価値という。

A 　□□□ 77　利用価値は，報告主体の主観的な期待価値であり，測定時点の市場価格と，それを超える無形ののれん価値とを含んでいる。

B 　□□□ 78　わが国の討議資料「財務会計の概念フレームワーク」によれば，固定資産の減損処理に際して資産を利用価値で測定した場合には，自己創設のれんが計上されることになる。

B 　□□□ 79　利用価値による測定が意味を持つ状況は，主観的な見積りを事実の代理とするしかない例外的なケースに限られる。

A 　□□□ 80　市場価格を推定するための割引価値は，時価または公正な評価額に該当しない。

A 　□□□ 81　現行制度上，市場価格を推定するための割引価値は適用が認められていない。

A 　□□□ 82　資産の測定における将来キャッシュ・フローのみを継続的に見積り直す場合の割引価値とは，資産の利用から得られる将来キャッシュ・フローを測定時点で見積り，その期待キャッシュ・フローを資産の測定時点における割引率で割り引いた測定値をいう。

□□□ 76：【×】**利用価値ではなく，市場価格を推定するための割引価値である**（テキストp. 84参照）

　　　利用価値（使用価値）とは，資産の利用から得られる将来キャッシュ・フローを測定時点で見積り，その期待キャッシュ・フローをその時点の割引率で割り引いた測定値である（討議資料「財務会計の概念フレームワーク」第4章・第20項）。

　　　なお，市場で平均的に予想されているキャッシュ・フローと市場の平均的な割引率を測定時点で見積り，前者を後者で割り引いた測定値は，市場価格を推定するための割引価値である（討議資料「財務会計の概念フレームワーク」第4章・第23項）。

□□□ 77：【○】（テキストp. 84参照）

　　　討議資料「財務会計の概念フレームワーク」第4章・第21項

□□□ 78：【×】**自己創設のれんは計上されない**（テキストp. 84参照）

　　　取得原価を超える利用価値で資産を測定した場合には，自己創設のれんが計上される（討議資料「財務会計の概念フレームワーク」第4章・第21項）。固定資産の減損処理に際して資産を利用価値で測定した場合には,当該利用価値は取得原価を上回らないため，自己創設のれんは計上されない。

□□□ 79：【○】（テキストp. 84参照）

　　　討議資料「財務会計の概念フレームワーク」第4章・第22項

□□□ 80：【×】**時価または公正な評価額に該当する**（テキストp. 84参照）

　　　市場価格を推定するための割引価値とは，市場で平均的に予想されているキャッシュ・フローと市場の平均的な割引率を測定時点で見積り，前者を後者で割り引いた測定値をいい，時価または公正な評価額に該当する（討議資料「財務会計の概念フレームワーク」第４章・第23項）。

□□□ 81：【×】**適用が認められている**（テキストp. 84参照）

　　　現行制度上，市場価格を推定するための割引価値を測定値とする例としては，取引市場が存在していないデリバティブ取引により生じる正味の債権が挙げられる。

□□□ 82：【×】**測定時点ではなく，取得時点の割引率である**（テキストp. 85参照）

　　　将来キャッシュ・フローのみを継続的に見積り直す場合の割引価値とは，資産の利用から得られる将来キャッシュ・フローを測定時点で見積り，その期待キャッシュ・フローを資産の取得時点における割引率で割り引いた測定値をいう（討議資料「財務会計の概念フレームワーク」第４章・第24項）。

A □□□ 83 入金予定額は，将来に入金が予定される額，回収可能見込額を表し，その変動額には，借り手の信用状況の変化は反映されない。

A □□□ 84 被投資企業の純資産額に基づく額，すなわち，被投資企業の純資産のうち投資企業の持分に対応する額には，いわゆる持分法による評価額は含まれない。

A □□□ 85 契約などにより支払予定額が固定されている場合，この支払予定額で負債を測定すると，返済までの間，債務が免除される場合を除き支払利息以外の損益は計上されない。

B □□□ 86 現行制度上，前受収益の測定には現金受入額が用いられるが，これは投資の成果の測定よりも投資のポジションの測定を目的としている。

A □□□ 87 リスクフリー・レートによる割引価値とは，測定時点で見積った将来のキャッシュ・アウトフローを，その時点におけるリスクフリー・レートで割り引いた測定値をいうが，この測定値により負債を測定した場合，その変動額には，期待キャッシュ・アウトフローの増減や時の経過，リスクフリー・レートの変化および報告主体の信用リスクの変化が反映される。

A □□□ 88 リスクを調整した割引率による割引価値，すなわち測定時点で見積った将来のキャッシュ・アウトフローをその時点における報告主体の信用リスクを加味した最新の割引率で割り引いた測定値は，現行制度上，退職給付債務の測定に際して用いられている。

A □□□ 89 測定時点で見積った将来のキャッシュ・アウトフローを，負債が生じた時点における割引率で割り引いた測定値は，現行制度上，資産除去債務の測定に際して用いられている。

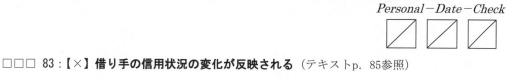

□□□ 83 :【×】**借り手の信用状況の変化が反映される**（テキストp. 85参照）

　　　入金予定額は，将来に入金が予定される額，回収可能見込額を表し，その変動額には，借り手の信用状況の変化が反映される（討議資料「財務会計の概念フレームワーク」第4章・第27項）。

□□□ 84 :【×】**持分法による評価額も含まれる**（テキストp. 85参照）

　　　被投資企業の純資産額に基づく額とは，被投資企業の純資産のうち投資企業の持分に対応する額をいい，この測定値には，いわゆる持分法による評価額も含まれる（討議資料「財務会計の概念フレームワーク」第4章・第28項，脚注9）。

□□□ 85 :【○】（テキストp. 86参照）

　　　討議資料「財務会計の概念フレームワーク」第4章・第31項，脚注12

□□□ 86 :【×】**投資の成果の測定を目的としている**（テキストp. 87参照）

　　　現行制度上，前受収益の測定には現金受入額が用いられる。前受収益は当初，現金受入額での測定が行われ，その後，サービスの引渡義務の履行に伴って，その履行に見合う部分が収益に振り替えられる。このように，前受収益を現金受入額で測定するのは，投資のポジションの測定というよりも，投資の成果の測定を目的としている。

□□□ 87 :【×】**報告主体の信用リスクの変化は反映されない**（テキストp. 87参照）

　　　リスクフリー・レートによる割引価値とは，測定時点で見積った将来のキャッシュ・アウトフローを，その時点におけるリスクフリー・レートで割り引いた測定値をいい，借り手である報告主体が自身のデフォルトを考慮せずに見積った，負債の価値を表す。この測定値の変動額には，期待キャッシュ・アウトフローの増減や時の経過，リスクフリー・レートの変化は反映される一方，報告主体の信用リスクの変化は反映されない（討議資料「財務会計の概念フレームワーク」第4章・第35項，第36項）。

□□□ 88 :【×】**退職給付債務の測定に際して用いられていない**（テキストp. 87, 88参照）

　　　退職給付債務の測定に際して用いられているのは，リスクを調整した割引率による割引価値ではなく，リスクフリー・レートによる割引価値である。

□□□ 89 :【○】（テキストp. 88参照）

　　　将来キャッシュ・フローのみを継続的に見積り直す場合の割引価値，すなわち，測定時点で見積った将来のキャッシュ・アウトフローを，負債が生じた時点における割引率で割り引いた測定値は，現行制度上，資産除去債務の測定に際して用いられている。

B □□□ 90 リスクを調整した割引率による割引価値によって負債を測定するならば,報告企業の信用リスクが悪化すれば,負債額が増加し,損失が生ずることとなる。

A □□□ 91 討議資料「財務会計の概念フレームワーク」では,負債の測定値として市場価格が掲げられているが,この測定値は現行制度上,用いられていない。

A □□□ 92 交換に着目した収益の測定方法によれば,収益の額は,財やサービスを第三者に引き渡すことで犠牲にした対価の測定値に依存することになる。

A □□□ 93 収益計上の判断規準は投資のリスクから解放されたか否かであり,事業投資の場合,原則として,事業のリスクに拘束されない資産を交換によって獲得したか否かで判断される。

A □□□ 94 随時換金（決済）可能で,換金（決済）の機会が事業活動による制約・拘束を受けない資産・負債については,換金（決済）による成果を期待して資金の回収（返済）と再投資（再構築）とが繰り返されているとみなすこともできるが,市場価格の変動によって,投資の成果が生じたと判断することはできない。

□□□ 90：【×】**負債額が減少し，利益が生ずることとなる**（テキストp. 88参照）

　　リスクを調整した割引率による割引価値によって負債を測定するならば，報告企業の信用リスクが悪化すれば，負債額が減少し，利益が生ずることとなり，現実の感覚とは正反対の結果となるため，現行制度上用いられていない。

□□□ 91：【×】**現行制度上，用いられている**（テキストp. 88参照）

　　市場価格とは，流通市場で成立している価格をいう（討議資料「財務会計の概念フレームワーク」第4章・第11項，第43項）。市場価格は，現行制度上，デリバティブ取引により生じる正味の債務の測定値として用いられることがある（「金融商品に関する会計基準」第6項，第25項）。

□□□ 92：【×】**犠牲にした対価ではなく，獲得した対価である**（テキストp. 89, 90参照）

　　交換に着目した収益の測定方法によれば，収益の額は，財やサービスを第三者に引き渡すことで獲得した対価の測定値に依存することになる（討議資料「財務会計の概念フレームワーク」第4章・第44項）。

　　なお，交換に着目した費用の測定方法によれば，費用の額は，財やサービスを第三者に引き渡すことで犠牲にした対価の測定値に依存することになる（討議資料「財務会計の概念フレームワーク」第4章・第48項）。

□□□ 93：【○】（テキストp. 89 参照）

　　討議資料「財務会計の概念フレームワーク」第4章・第44項

□□□ 94：【×】**投資の成果が生じたと判断される**（テキストp. 89 参照）

　　随時換金（決済）可能で，換金（決済）の機会が事業活動による制約・拘束を受けない資産・負債については，換金（決済）による成果を期待して資金の回収（返済）と再投資（再構築）とが繰り返されているとみなすこともできる。その場合には，市場価格の変動によって，投資の成果が生じたと判断される（討議資料「財務会計の概念フレームワーク」第4章・第45項）。

A □□□ 95 財やサービスを継続的に提供する契約が存在する場合，相手方による契約の履行がなされない段階では，契約価額の一部を収益として計上してはならない。

A □□□ 96 被投資企業との間に一体性を見出せる場合，被投資企業の成果の帰属に着目して，投資企業の成果を計算することができる。この場合の収益の額は，被投資企業の純資産に持分割合を乗じた額として測定される。

A □□□ 97 利用の事実に着目した費用の測定において費用は，減少した資産の測定値（財・サービスの取得と同時に消費される場合にはそれらの原始取得原価）によって測定される。

□□□ 95：【×】**収益として計上することが認められる**（テキスト p. 89 参照）

　　　　財やサービスを継続的に提供する契約が存在する場合，相手方による契約の履行（代金の支払）が確実視されるときは，報告主体が契約を部分的に履行しただけで，相手方の履行を待たずに契約価額の一部を収益として計上することができる（討議資料「財務会計の概念フレームワーク」第4章・第46項）。例えば，貸付金等の利息収益については，相手方による契約の履行がなされない段階で契約価額の一部を収益として計上することが認められる。

□□□ 96：【×】**純資産ではなく，純利益に持分割合を乗じた額である**（テキストp. 89参照）

　　　　被投資企業との間に一体性を見出せる場合，被投資企業の成果の帰属に着目して，投資企業の成果を計算することができる。この場合の収益の額は，被投資企業の純資産ではなく，純利益に持分割合を乗じた額として測定される（討議資料「財務会計の概念フレームワーク」第4章・第47項）。

□□□ 97：【○】（テキスト p. 90 参照）

　　　　討議資料「財務会計の概念フレームワーク」第4章・第51項

第4章
収益と費用

第4章　収益と費用

第1節　収益と費用の分類

B　□□□　1　企業会計原則によれば，特別損益に属する項目であっても，金額の僅少なものまたは毎期経常的に発生するものは，営業損益計算に含めることができる。

第2節　損益計算の原則

A　□□□　1　利益計算の体系として，現金主義会計と発生主義会計がある。現金主義会計にはなくて，発生主義会計にはある原則の一つは，費用収益対応の原則である。（平成19年本試験）

B　□□□　2　企業会計原則の第二・一Aでは，「すべての費用及び収益は，その支出及び収入に基づいて計上し」と述べているが，ここにおける「収入に基づいて計上し」とは，現金主義による収益認識の容認を意味している。

A　□□□　3　「企業会計原則」によれば，売上の計上は実現主義の原則に従うこととされており，その要件としては「財貨の移転または役務の提供の完了」とそれに対する「対価としての貨幣性資産等の受取り」の両方が満たされることが要求され，いずれか一方の要件を満たしただけで売上を計上することは許されない。（平成22年第Ⅱ回本試験一部改題）

A　□□□　4　収益の認識基準として発生主義と実現主義を比較した場合，発生主義は経済活動（事業投資）を通じた価値の形成をとらえて収益を認識するのに対して，実現主義はそのような価値形成に関する不確実性の除去さらには資金的裏付けを重視して収益を認識する方法といえる。

□□□　1：【×】**営業損益計算ではなく，経常損益計算である**（テキストp. 92参照）

　　　　特別損益に属する項目であっても，金額の僅少なものまたは毎期経常的に発生するものは，経常損益計算に含めることができる（「企業会計原則注解」注12）。

□□□　1：【○】（テキストp. 54, 93参照）

　　　　発生主義会計では，費用の認識は発生主義を原則とするが，収益の認識は実現主義を原則とするため，認識される費用と収益との間に期間的なズレが生ずることがある。そこで，適正な期間損益を算定するために費用収益対応の原則が存在する。一方，現金主義会計では，収益および費用はいずれも現金収支の事実に基づいて計上されるため，費用収益対応の原則は存在しない。

□□□　2：【×】**現金主義ではなく，収入額基準を意味している**（テキストp. 93参照）

　　　　企業会計原則の第二・一Aにおける「収入に基づいて計上し」とは，現金主義による収益認識の容認ではなく，収益の測定基準としての収入額基準の採用を意味している。

□□□　3：【○】（テキストp. 94参照）

　　　　「企業会計原則」によれば，売上の計上は実現主義の原則に従うこととされており（「企業会計原則」第二・三B），その要件としては「財貨の移転または役務の提供の完了」とそれに対する「対価としての貨幣性資産等の受取り」の両方が満たされることが要求され，いずれか一方の要件を満たしただけで売上を計上することは許されない。

□□□　4：【○】（テキストp. 94, 95参照）

　　　　実現主義の論拠は，価値形成過程で収益を認識することに伴う不確実性が実現の要件が充たされた時点で解消されること，すなわち，その時点で収益としての確定性が保証されることにあるとされる。さらに対価として現金または現金等価物の取得を要件とすることにより資金的裏付けの保証が得られることも論拠とされる。

B　□□□　5　企業会計原則においては,「前払費用及び前受収益は，これを当期の損益計算から除去
　　　　　　　　し，未払費用及び未収収益は当期の損益計算に計上しなければならない」とされているが，
　　　　　　　　これは収益と費用を現金収支の事実に基づいて認識する現金主義を根拠とするものである。

A　□□□　6　費用収益対応の原則は，一般に期間損益計算における期間収益を決定する機能を有す
　　　　　　　　るものととらえられている。

A　□□□　7　費用収益対応の原則によれば，最初に発生費用の中から期間費用を把握し，次に，そ
　　　　　　　　の期間費用と期間収益を対応させ当期純利益が決定される。（平成16年本試験）

A　□□□　8　費用収益対応の原則が厳密に適用されるのは，売上高と売上原価の対応についてであ
　　　　　　　　り，これを直接的対応または個別的対応という。売上高と一般管理費との直接的対応関
　　　　　　　　係を認識することは困難であり，当期に認識された一般管理費は当期の売上高に期間的
　　　　　　　　に対応するとみなされ，これを間接的対応または期間的対応という。（平成16年本試験）

A　□□□　9　収支額基準（取引価額主義，測定対価の原則）は，損益計算書に計上する収益および
　　　　　　　　費用を当期の収入額および支出額に基づき測定しようとするものであり，収益および費
　　　　　　　　用の測定原則であるといえる。

A　□□□　10　収益の認識基準として実現可能性基準を適用すると，伝統的な狭義の実現主義による
　　　　　　　　場合よりも，収益の計上が早められることになる。

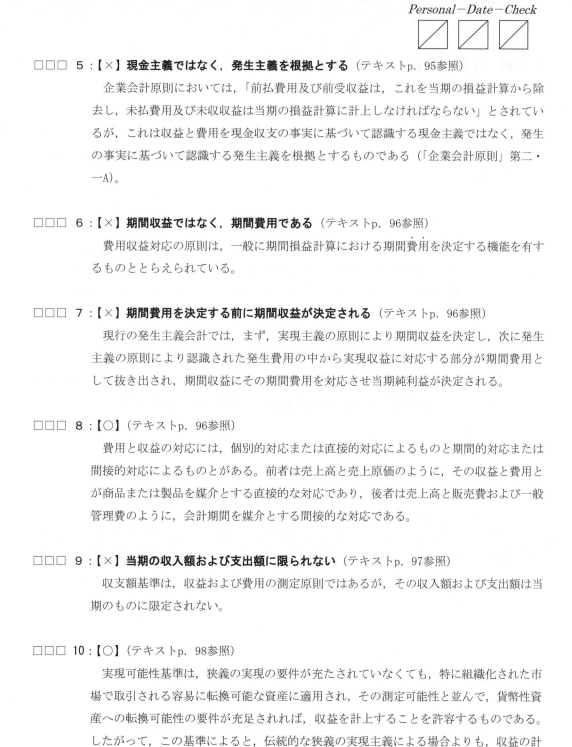

□□□ 5：【×】**現金主義ではなく，発生主義を根拠とする**（テキストp. 95参照）

　　企業会計原則においては，「前払費用及び前受収益は，これを当期の損益計算から除去し，未払費用及び未収収益は当期の損益計算に計上しなければならない」とされているが，これは収益と費用を現金収支の事実に基づいて認識する現金主義ではなく，発生の事実に基づいて認識する発生主義を根拠とするものである（「企業会計原則」第二・一A）。

□□□ 6：【×】**期間収益ではなく，期間費用である**（テキストp. 96参照）

　　費用収益対応の原則は，一般に期間損益計算における期間費用を決定する機能を有するものととらえられている。

□□□ 7：【×】**期間費用を決定する前に期間収益が決定される**（テキストp. 96参照）

　　現行の発生主義会計では，まず，実現主義の原則により期間収益を決定し，次に発生主義の原則により認識された発生費用の中から実現収益に対応する部分が期間費用として抜き出され，期間収益にその期間費用を対応させ当期純利益が決定される。

□□□ 8：【○】（テキストp. 96参照）

　　費用と収益の対応には，個別的対応または直接的対応によるものと期間的対応または間接的対応によるものとがある。前者は売上高と売上原価のように，その収益と費用とが商品または製品を媒介とする直接的な対応であり，後者は売上高と販売費および一般管理費のように，会計期間を媒介とする間接的な対応である。

□□□ 9：【×】**当期の収入額および支出額に限られない**（テキストp. 97参照）

　　収支額基準は，収益および費用の測定原則ではあるが，その収入額および支出額は当期のものに限定されない。

□□□ 10：【○】（テキストp. 98参照）

　　実現可能性基準は，狭義の実現の要件が充たされていなくても，特に組織化された市場で取引される容易に転換可能な資産に適用され，その測定可能性と並んで，貨幣性資産への転換可能性の要件が充足されれば，収益を計上することを許容するものである。したがって，この基準によると，伝統的な狭義の実現主義による場合よりも，収益の計上が早められることになる。

第3節　その他の論点

A　□□□　1　売上高および売上原価の算定に当たって除去しなければならない内部利益には，企業内部における独立した会計単位相互間の内部取引から生じる未実現の利益の他に，会計単位内部における原材料，半製品等の振替から生じる振替損益も含まれる。（平成11年本試験）

A　□□□　2　内部利益の除去は，本支店等の合併損益計算書において売上高から内部売上高を控除し，仕入高（または売上原価）から内部仕入高（または内部売上原価）を控除するとともに，期末棚卸高から内部利益の額を控除する方法によるが，これらの控除に際しては，合理的な見積概算額によることはできない。

B　□□□　3　役員賞与は，発生した会計期間の費用として処理し，当会計期間の職務に係る役員賞与を期末後に開催される株主総会の決議事項とする場合には，原則として，同額を引当金に計上する。

B　□□□　4　子会社が支給する役員賞与のように，株主総会の決議はなされていないが，実質的に確定債務と認められる場合には，当該決議事項とする額を未払役員報酬等の適当な科目をもって計上しなければならない。

□□□ 1：【×】**振替損益は内部利益に含まれない**（テキストp. 99参照）

　　内部利益とは，原則として，本店，支店，事業部等の企業内部における独立した会計単位相互間の内部取引から生ずる未実現の利益をいう。したがって，会計単位内部における原材料，半製品等の振替から生じる振替損益は内部利益に含まれない（「企業会計原則注解」注11）。

□□□ 2：【×】**見積概算額によることもできる**（テキストp. 99参照）

　　内部利益の除去は，本支店等の合併損益計算書において売上高から内部売上高を控除し，仕入高（または売上原価）から内部仕入高（または内部売上原価）を控除するとともに，期末棚卸高から内部利益の額を控除する方法によるが，これらの控除に際しては，合理的な見積概算額によることもできる（「企業会計原則注解」注11）。

□□□ 3：【〇】（テキスト p. 99 参照）

「役員賞与に関する会計基準」第13項

□□□ 4：【×】**強制ではなく，容認である**（テキストp. 99参照）

　　子会社が支給する役員賞与のように，株主総会の決議はなされていないが，実質的に確定債務と認められる場合には，未払役員報酬等の適当な科目をもって計上することができる（「役員賞与に関する会計基準」第13項）。

第5章
資産と負債

第5章　資産と負債

第1節　資産と負債の分類

A　□□□　1　現行の会計制度では，資産は流動資産，固定資産および繰延資産に分類されている。この分類は，会計の目的を適正な期間損益計算におく考え方から導き出されたものである。（平成19年本試験）

A　□□□　2　流動資産と固定資産の分類基準として正常営業循環基準と1年基準があり，棚卸資産は1年基準によって流動資産に分類される。（平成27年第Ⅰ回本試験）

A　□□□　3　企業会計原則によれば，資産は，まず1年基準を適用し，次いで正常営業循環基準を適用することとしている。

B　□□□　4　通常の取引に基づいて発生した営業上の未払金のうち，支払期限が1年を超えるものについては固定負債に属するものとされる。

B　□□□　5　棚卸資産のうち恒常在庫品として保有するもの，余剰品として長期間にわたって所有するものは，棚卸資産ではなく，固定資産として記載する。（平成11年本試験）

B　□□□　6　残存耐用年数が1年以下となった固定資産は，有形固定資産に属するものではなく，流動資産に属するものである。

A　□□□　7　企業における資本循環の過程に視点をおくと，資産は貨幣性資産と費用性資産とに分類される。このうち，貨幣性資産とは，企業資本の循環過程において，すでに回収されたかあるいは現在回収過程または投下待機過程にあるものであり，具体的には，現預金のほか，債権たる受取手形，売掛金，貸付金，前渡金，未収収益などからなる。

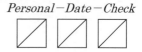

□□□ 1：【×】**適正な期間損益計算から導き出されたものではない**（テキストp. 102参照）

　　現行の会計制度では，資産は流動資産，固定資産および繰延資産に分類されるが，この分類は，会計の目的を適正な期間損益計算におく考え方から導き出されたものではなく，企業の支払能力を明示する考え方から導き出されたものである。

□□□ 2：【×】**1年基準ではなく，正常営業循環基準である**（テキストp. 102参照）

　　流動資産と固定資産の分類基準として正常営業循環基準と1年基準があり，棚卸資産は1年基準ではなく，正常営業循環基準によって流動資産に分類される。

□□□ 3：【×】**まず正常営業循環基準を適用する**（テキストp. 102参照）

　　企業会計原則によれば，資産は，まず正常営業循環基準を適用し，次いで正常な営業循環過程から離脱している項目について，補完的に1年基準を適用することとしている。

□□□ 4：【×】**営業上の未払金は固定負債には属さない**（テキストp. 102参照）

　　通常の取引に基づいて発生した営業上の未払金（買掛金）は，正常営業循環基準の適用により支払期限が1年を超えるものでも流動負債に属するものとされる（「企業会計原則注解」注16，「財務諸表等規則」第47条）。

□□□ 5：【×】**固定資産ではない**（テキストp. 102 参照）

　　棚卸資産のうち恒常在庫品もしくは余剰品として長期間にわたって所有するものも，固定資産とせず流動資産に属するものとする（「企業会計原則注解」注16）。

□□□ 6：【×】**有形固定資産に属するものである**（テキストp. 102参照）

　　残存耐用年数が1年以下となった固定資産は，流動資産とせずに，固定資産に属するものとされる（「企業会計原則注解」注16）。

□□□ 7：【×】**前渡金は含まれない**（テキストp. 103参照）

　　前渡金は，通常の取引に基づいて発生する商品，原材料等の前もって支払われた手付金をいい，企業資本の循環過程において，すでに回収されたかあるいは現在回収過程または投下待機過程にあるものではなく，貨幣性資産には該当しない。

A　□□□ 8　事業投資は，売却することに事業遂行上の制約がなく，企業が事業の遂行を通じて成果を得ることを目的にした投資である。

A　□□□ 9　金融資産と事業資産の分類は，企業資金の投資目的によって行われる。現行の会計制度では，資産の評価はその外形に基づいて，金融資産は時価で評価し，事業資産は取得原価で評価される。（平成27年第Ⅰ回本試験）

A　□□□ 10　子会社株式は金融資産であるが事業投資に該当する。

A　□□□ 11　負債の大半は法的債務の性格をもつ確定債務と条件付債務によって占められるが，法的債務の性格をもたない項目も負債として貸借対照表に計上することがある。（平成25年第Ⅱ回本試験）

A　□□□ 12　条件付債務とは，その履行について，期日・相手方・金額のうち少なくとも1つが未確定の債務をいう。

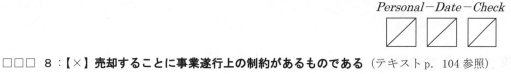

□□□ 8 :【×】**売却することに事業遂行上の制約があるものである**（テキストp. 104参照）

　　　　事業投資（例えば，有形固定資産）は，売却することに事業遂行上の制約があり，企業が事業の遂行を通じて成果を得ることを目的にした投資である。

□□□ 9 :【×】**金融資産と事業資産の分類は資産の外形によって行われ，資産の評価は投資目的に基づく**（テキストp. 104参照）

　　　　金融資産と事業資産の分類は，資産の外形によって行われる。現行の会計制度では，資産の評価はその外形ではなく，投資目的に基づいて，金融投資は時価（公正価値）で評価し，事業投資は取得原価で評価される。

□□□ 10 :【○】（テキストp. 104参照）

　　　　子会社株式は，外形上は金融資産であるが，その市場価格の値上がりを期待して保有されているものではなく，子会社の支配，そしてその事業活動を通じた利益の獲得を目的として保有されている。したがって，これは金融資産であるが事業投資に該当する。

□□□ 11 :【○】（テキストp. 105参照）

　　　　負債の大半は法的債務の性格をもつ確定債務と条件付債務によって占められるが，法的債務の性格をもたない項目，例えば修繕引当金等も負債として貸借対照表に計上することがある。

□□□ 12 :【○】（テキストp. 105参照）

　　　　条件付債務とは，その履行について，期日・相手方・金額のうち少なくとも1つが未確定の債務をいい，具体的には製品保証引当金などが相当する。

第2節　資産の評価

A　□□□　1　取得原価による資産の評価は，未実現損益を排除する思考と適合している。（平成22年第Ⅱ回本試験）

A　□□□　2　資産評価に原価主義を採用すれば，企業の操業活動による成果と保有活動による成果とが区別され，経営活動に関する詳細な情報を提供できる。

B　□□□　3　資本維持論は，名目資本維持，実質資本維持，実体資本維持の３つに大別される。取得原価主義会計は名目資本維持に属するのに対して，時価主義会計は実質資本維持に属する。

A　□□□　4　時価主義によれば，経済的実態に即した資産の評価が可能となり，意思決定有用性の観点から合理性が認められる。

A　□□□　5　資産を「将来経済便益」，つまり「将来においてキャッシュ・フローを生み出す潜在力」と定義したとき，資産の測定において特定の測定属性に結びつくわけではないとする見解もあるが，将来キャッシュ・フローの割引現在価値と最も整合的であるとする見解もある。（平成21年本試験）

A　□□□　6　企業会計原則は，取得原価基準の採用とともに，費用配分の原則を指示している。費用配分の原則は，固定資産，繰延資産のように長期間にわたって費用が配分される資産に適用され，棚卸資産には適用されない。

◻◻◻ 1：【〇】（テキストp. 106参照）

　　取得原価で資産が評価される場合，資産が売却市場で売却されるまでは，収益は計上されない。したがって，取得原価による資産の評価は，収益の認識に関する実現主義と首尾一貫しており，未実現損益を排除する思考と適合している。

◻◻◻ 2：【×】**操業活動による成果と保有活動による成果が混在する**（テキストp. 106参照）

　　資産評価に原価主義を採用すると，利益計算に際して計上される売上原価や減価償却費が取得原価に基づいて計上されるため，現在の物価を反映した売上収益に，過去の価格を基礎とする費用が対応づけられ，そこで算定される利益は，企業の操業活動による成果（操業利益）だけでなく，保有活動による成果（保有損益）も混在することになる。

◻◻◻ 3：【×】**時価主義会計は，実質資本維持ではなく，実体資本維持に属する**（テキストp. 58, 106参照）

　　資本維持論は，名目資本維持，実質資本維持，実体（実物）資本維持の３つに大別される。取得原価主義会計は名目資本維持に属するのに対して，時価主義会計は実体（実物）資本維持に属する。

◻◻◻ 4：【〇】（テキストp. 107参照）

　　時価主義によれば，経済的実態に即した資産の評価が可能となり，それによって利害関係者の投資意思決定に有用な会計情報を提供することができることから，意思決定有用性の観点から合理性が認められる。

◻◻◻ 5：【〇】（テキストp. 107参照）

　　資産を「将来経済便益」，つまり「将来においてキャッシュ・フローを生み出す潜在力」と定義したとき，当該資産から得られるであろう将来キャッシュ・フローの割引現在価値を当該資産の評価額とすることが最も整合的であるとする見解がある。

◻◻◻ 6：【×】**費用配分の原則は棚卸資産にも適用される**（テキストp. 108参照）

　　企業会計原則においては取得原価基準の採用とともに，費用配分の原則を指示している。費用配分の原則は，棚卸資産，固定資産，繰延資産のそれぞれに適用される（「企業会計原則」第三・五）。

第6章
棚卸資産

第6章　棚卸資産

第1節　棚卸資産の範囲

A　□□□ 1　不動産販売業者が販売目的で保有する土地・建物等（販売用不動産）は，法律上不動産であるが，棚卸資産に含まれる。

A　□□□ 2　有形固定資産が本来の用途からはずされ，売却する目的で保有されることになった場合，当該資産は棚卸資産となる。（平成14年本試験）

A　□□□ 3　棚卸資産は有形の財貨に限られ，無形の用役が棚卸資産を構成することはない。

B　□□□ 4　棚卸資産は，商品，製品，半製品，原材料，仕掛品等の資産であり，企業がその営業目的を達成するために所有し，かつ，売却を予定する資産から構成される。従って，販売活動及び一般管理活動において短期的に消費される事務用消耗品等は，販売により投資額が回収されるものではないので棚卸資産に含まれない。（平成23年第Ⅱ回本試験）

第2節　棚卸資産の取得原価の決定

A　□□□ 1　棚卸資産の取得原価は，購入の場合，購入代価に付随費用の一部または全部を加算して算定される。仕入値引や仕入割戻があった場合には，購入代価からこれを控除し，仕入割引があった場合には，営業外費用として処理する。

□□□ 1：【○】（テキストp. 110参照）

　　不動産販売業者が販売目的で保有する土地・建物等（販売用不動産）は，法律上不動産であるが，通常の営業取引過程において販売の対象となる資産であるから棚卸資産に含まれる。

　　なお，証券会社が通常の営業取引過程において販売するために保有する有価証券も，同様に棚卸資産に含まれる。

□□□ 2【×】**棚卸資産とならない**（テキストp. 110参照）

　　有形固定資産が本来の用途からはずされ，売却する目的で保有されることとなった場合，当該資産は流動資産ではあるが，通常の営業過程で販売される対象ではないため，棚卸資産ではない。

　　なお，固定資産が本来の用途からはずされ，原材料として生産の用に供する目的で保有されることになった場合，当該資産は販売の対象たる製品に化体するものであるから，棚卸資産を構成する（「連続意見書第四」第一・七）。

□□□ 3：【×】**無形の用役が棚卸資産を構成することがある**（テキストp. 110参照）

　　棚卸資産は有形の財貨に限られず，加工のみを委託された場合にあらわれる加工費のみからなる仕掛品，材料を支給された場合にあらわれる労務費，間接費のみからなる半成工事等，無形の用役も含まれる。

□□□ 4：【×】**棚卸資産に含まれる**（テキストp. 110参照）

　　販売活動および一般管理活動において短期的に消費される事務用消耗品等は，販売により投資額が回収されるものではないが，短期的に消費される点や実務上の便宜が考慮され，棚卸資産に含められている（「棚卸資産の評価に関する会計基準」第3項，第29項，第30項）。

□□□ 1：【×】**仕入割引は営業外費用ではなく，営業外収益である**（テキストp. 111参照）

　　仕入値引や仕入割戻があった場合には，購入代価からこれを控除する。仕入割引は財務収益ととらえて，営業外収益として処理する。

第3節　棚卸資産の払出数量の計算

A　□□□　1　継続記録法と棚卸計算法を比較してみると，前者は払出数量を直接的に把握するのに対して，後者は払出数量を間接的に把握する点で相違する。そのため，前者は正規の払出数量が正確に計算されるのに対して，後者は棚卸減耗等による喪失数量が正規の払出数量と区別されないで計算されることになる。

第4節　棚卸資産の払出単価の計算

B　□□□　1　棚卸資産の評価方法は，事業の種類，棚卸資産の種類，その性質およびその使用方法等を考慮した区分ごとに選択し，継続して適用しなければならない。

A　□□□　2　個別法は，払出しの都度，その払出品の実際原価を個別的に調べ，それをもって払出単価とする方法であり，この方法は現実の財貨の流れに合致していることから，利益操作に利用される恐れはない。

A　□□□　3　先入先出法によると，物価変動時においては，棚卸資産の貸借対照表価額が，期末現在の時価からかけ離れた価額となる。

A　□□□　4　先入先出法は，保有損益を売上総利益から排除するのに役立つ。

A　□□□　5　後入先出法によれば保有損益を当期の損益から完全に排除することができる。

A　□□□　6　後入先出法は，一般的に，棚卸資産の実際の流れを忠実に表現する方法である。

□□□ 1：【○】（テキストp. 112参照）
　　　棚卸資産の種類ごとに，商品有高帳等に受入数量・払出数量をその都度継続して記録
し，払出数量を直接的に把握する継続記録法は，正規の払出数量が正確に計算される。
一方，棚卸資産の実際有高を実地棚卸により把握し，これを繰越数量と受入数量との合
計量から控除することによって払出数量を間接的に把握する棚卸計算法は，棚卸減耗等
による喪失数量が正規の払出数量と区別されないで計算される。

□□□ 1：【○】（テキストp. 113参照）
　　　「棚卸資産の評価に関する会計基準」第6-3項

□□□ 2：【×】**利益操作に利用される恐れがある**（テキストp. 113参照）
　　　個別法は，払出しの都度，その払出品の実際原価を個別的に調べ，それをもって払出
単価とする方法であり，この方法は現実の財貨の流れに合致しているが，その払出品を
選択することによって利益操作に利用される恐れがある。

□□□ 3：【×】**期末現在の時価に近い価額となる**（テキストp. 113参照）
　　　先入先出法によると，物価変動時においては，棚卸資産の貸借対照表価額が，期末現
在の時価に近い価額となる。

□□□ 4：【×】**保有損益が，売上総利益の中に算入される**（テキストp. 113参照）
　　　先入先出法は，物価上昇時には，先に取得した低い単価によって払出原価が計算され
るので，収益と費用の同一価格水準における対応がなされず，棚卸資産の購入時と販売
時の間の物価上昇にともなう保有損益が，売上総利益の中に算入される。

□□□ 5：【×】**完全に排除できるわけではない**（テキストp. 114参照）
　　　後入先出法は，保有損益を当期の損益から排除するのに役立つが，棚卸資産の期末の
数量が期首の数量を下回る場合には，期間損益計算から排除されてきた保有損益が当期
の損益に計上される。したがって，保有損益を当期の損益から完全に排除できるわけで
はない（「棚卸資産の評価に関する会計基準」第34-5項, 第34-7項）。

□□□ 6：【×】**棚卸資産の実際の流れを忠実に表現しない方法である**（テキストp. 114参照）
　　　後入先出法は，一般的に，棚卸資産の実際の流れを忠実に表現しない方法である（「棚
卸資産の評価に関する会計基準」第34-8項）。

第5節　棚卸資産の評価

A □□□ 1　低価法を原価法に対する例外と位置付ける考え方は，取得原価基準の本質を将来の収益を生み出すという意味においての有用な原価だけを繰り越そうとする考え方とみている。

A □□□ 2　棚卸資産に関する低価法の根拠を取得原価主義の適用であるとし，取得原価を回収可能原価と考えるとき，低価法のみの取扱いとするよりも，原価法と低価法の選択適用とする取扱いとする方がより適切である。

B □□□ 3　当期の損益が，期末時価の変動，または将来の販売時点に確定する損益によって歪められてはならないという考えから，「棚卸資産の評価に関する会計基準」公表以前は，原価法が原則的な方法であり，低価法は時価主義の思考のもとで認められる例外的な方法と位置付けられていた。

B □□□ 4　残留有用原価説によれば，低価法の適用に際し正味売却価額が適用される。

A □□□ 5　通常の販売目的で保有する棚卸資産は，期末の正味売却価額が取得原価より下落している場合，正味売却価額をもって貸借対照表価額とし，取得原価との差額を当期の費用として処理するが，これは時価による資産評価を目的とするものといえる。

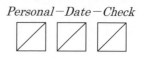
□□□ 1：【×】**名目上の取得原価で据え置く考え方とみている**（テキストp. 115参照）

　　　低価法を原価法に対する例外と位置付ける考え方は，取得原価基準の本質を将来の収益を生み出すという意味においての有用な原価だけを繰り越そうとする考え方ではなく，名目上の取得原価で据え置く考え方とみている（「棚卸資産の評価に関する会計基準」第36項）。

□□□ 2：【×】**低価法のみの取扱いとする方がより適切である**（テキストp. 115参照）

　　　棚卸資産に関する低価法の根拠を取得原価主義の適用であるとし，取得原価を回収可能原価と考えるとき，時価の下落は回収可能原価の減少をあらわすから，低価法を適用して回収不能原価部分を当期の損益計算に配分し，回収可能原価のみを次期に繰り越すべきとされる。したがって，原価法と低価法の選択適用とする取扱いよりも低価法のみの取扱いとする方がより適切である。

□□□ 3：【×】**時価主義ではなく，保守主義である**（テキストp. 115参照）

　　　当期の損益が，期末時価の変動，または将来の販売時点に確定する損益によって歪められてはならないという考えから，従来は，原価法が原則的な方法であり，低価法は保守主義の思考のもとで認められる例外的な方法と位置付けられていた（「棚卸資産の評価に関する会計基準」第35項）。

□□□ 4：【×】**正味売却価額ではなく，再調達原価が適用される**（テキストp. 115参照）

　　　低価法を取得原価のうち有用性（販売において正常な利益を獲得する能力）が残留している部分だけを繰り越す手続とみる残留有用原価説によれば，低価法の適用に際し，再調達原価が適用される。

□□□ 5：【×】**時価による資産評価を目的とするものではない**（テキストp. 116参照）

　　　通常の販売目的で保有する棚卸資産は，期末の正味売却価額が取得原価より下落している場合，正味売却価額をもって貸借対照表価額とし，取得原価との差額を当期の費用として処理する（「棚卸資産の評価に関する会計基準」第7項）。これは時価による資産評価を目的とするものではなく，取得原価基準の下で回収可能性を反映させるように，過大な帳簿価額を減額し，将来に損失を繰り延べないために行われる会計処理である（「棚卸資産の評価に関する会計基準」第36項）。

A □□□ 6 収益性の低下に基づく簿価切下げの判断に際しては，期末時点の売価に基づく正味売却価額を用いるべきである。

A □□□ 7 期末時点の正味売却価額が帳簿価額より下落していても，期末において見込まれた将来販売時点の正味売却価額が帳簿価額よりも下落していない場合には，簿価切下げを行う必要はない。

B □□□ 8 販売用不動産や開発事業等支出金は棚卸資産の範囲に含まれるが，その価格の測定に幅がある点や客観性を欠くという理由により，収益性の低下に基づく簿価切下げの対象からは除外されている。

B □□□ 9 販売活動および一般管理活動目的で保有する棚卸資産に関しては，棚卸資産の範囲には含まれるものの，販売により投資が回収されるものではないため，簿価切下げを行う必要はない。

B □□□ 10 棚卸資産の評価切下げによる損失計上において，品質低下，陳腐化による評価損の計上と低価法に伴う評価損の計上を区別しなければならない。（平成20年本試験）

B □□□ 11 「棚卸資産の評価に関する会計基準」公表以前に用いられていた「正味実現可能価額」と現在用いられている「正味売却価額」という用語の意味は相違する。

□□□ 6：【×】**将来販売時点の売価に基づく正味売却価額が適当である**（テキストp. 116参照）

　　　棚卸資産への投資の成果の確定は将来の販売時点であることから，収益性の低下に基づく簿価切下げの判断に際しても，期末時点ではなく，期末において見込まれる将来販売時点の売価に基づく正味売却価額によることが適当と考えられる（「棚卸資産の評価に関する会計基準」第41項）。

□□□ 7：【○】（テキストp. 116参照）

　　　「棚卸資産の評価に関する会計基準」第45項

□□□ 8：【×】**除外されていない**（テキストp. 117参照）

　　　販売用不動産や開発事業等支出金は棚卸資産の範囲に含まれるが，その価格の測定に幅がある点や客観性を欠くという理由により，収益性の低下に基づく簿価切下げの対象から除外すべきという意見もある。しかし，従来より販売用不動産等の時価や評価損の金額の算定が行われていることから，対象から除外する理由としては乏しいと判断され，収益性の低下に基づく簿価切下げの対象からは除外されていない（「棚卸資産の評価に関する会計基準」第32項）。

□□□ 9：【×】**簿価切下げを行う必要がある**（テキストp. 117参照）

　　　販売活動および一般管理活動目的で保有する棚卸資産に関しては，棚卸資産の範囲には含まれるものの，販売により投資が回収されるものではないため，価格の下落が必ずしも収益性の低下に結びつかないと考えられる。しかし，少なくとも当該棚卸資産の価格下落が物理的な劣化または経済的な劣化に起因している場合，収益性の低下に準じて通常の販売目的の棚卸資産と同様に簿価切下げを行うことが適当である（「棚卸資産の評価に関する会計基準」第47項）。

□□□ 10：【×】**評価損を区別することは要求されていない**（テキストp. 117参照）

　　　品質低下，陳腐化による評価損と低価法に伴う評価損（市場の需給変化による評価損）は，発生原因は相違するものの，正味売却価額が下落することにより収益性が低下しているという点からみれば，会計処理上，それぞれの区分に相違を設ける意義は乏しいと考えられる。したがって，これらの評価損を区別することは要求されていない（「棚卸資産の評価に関する会計基準」第39項）。

□□□ 11：【×】**相違はない**（テキストp. 118参照）

　　　「正味実現可能価額」と「正味売却価額」という用語が意味するところに相違はない（「棚卸資産の評価に関する会計基準」第33項）。

B　□□□ 12　企業が特定の棚卸資産に関して正規販売とアウトレットの販売経路を有しており，その販売経路ごとに売価が異なる場合，実際に販売できると見込まれる売価を用いる。

B　□□□ 13　市場価格が存在しない場合には，期末前後の販売実績に基づく価額を売価として採用することが認められる。（平成20年本試験）

B　□□□ 14　見積追加製造原価および見積販売直接経費が売価を超えるときには，正味売却価額はマイナスとなるが，その場合には，棚卸資産の帳簿価額をゼロまで切り下げ，当該マイナス部分については損失を計上しない。

A　□□□ 15　営業循環過程から外れた滞留または処分見込等の棚卸資産は，取得原価で評価しなければならない。

A　□□□ 16　棚卸資産の簿価切下げに用いられる再調達原価とは，購買市場と売却市場とが区別される場合における購買市場の時価を指し，購入に付随する費用は含まない。

A　□□□ 17　製造業における原材料の簿価切下げに関しては，完成後の製品売価に基づく正味売却価額を用いなければならない。

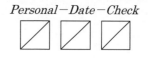
□□□ 12：【〇】（テキストp. 118参照）

　　企業が複数の売却市場に参加し得る場合には，実際に販売できると見込まれる売価を用いる。

　　なお，棚卸資産をそれぞれの市場向けに区分できないときには，それぞれの市場の販売比率に基づいた加重平均売価等を用いて，正味売却価額を決定する（「棚卸資産の評価に関する会計基準」第11項，第51項）。

□□□ 13：【〇】（テキストp. 118参照）

　　「棚卸資産の評価に関する会計基準」第8項

□□□ 14：【×】**引当金による損失計上が行われることがある**（テキストp. 118参照）

　　見積追加製造原価および見積販売直接経費が売価を超えるときには，正味売却価額はマイナスとなるが，その場合には，棚卸資産の帳簿価額をゼロまで切り下げ，当該マイナス部分については引当金による損失計上が行われることがある（「棚卸資産の評価に関する会計基準」第44項）。

□□□ 15：【×】**取得原価で評価するのではなく，簿価切下げを行う**（テキストp. 119参照）

　　販売されずに滞留在庫となっている棚卸資産や処分を予定している棚卸資産については，取得原価で評価するのではなく，その状況に応じて，帳簿価額を処分見込価額（ゼロまたは備忘価額を含む。）まで切り下げたり，一定の回転期間を超える棚卸資産について規則的な簿価切下げを行うことにより，棚卸資産の収益性の低下を財務諸表に反映させる（「棚卸資産の評価に関する会計基準」第9項）。

□□□ 16：【×】**購入に付随する費用を加算したものをいう**（テキストp. 119参照）

　　棚卸資産の簿価切下げに用いられる再調達原価とは，購買市場と売却市場とが区別される場合における購買市場の時価に，購入に付随する費用を加算したものをいう（「棚卸資産の評価に関する会計基準」第6項）。

□□□ 17：【×】**再調達原価を用いることもできる**（テキストp. 119参照）

　　製造業における原材料は，製品を構成することとなり，完成後の製品売価に基づく正味売却価額が帳簿価額を上回っていれば，帳簿価額を切り下げる必要はない。しかし，通常は，再調達原価の方が把握しやすいと考えられるため，正味売却価額が再調達原価に歩調を合わせて動くと想定されるときには，継続して適用することを条件として，再調達原価（最終仕入原価を含む。）を用いることが認められている（「棚卸資産の評価に関する会計基準」第10項，第50項）。

B □□□ 18 収益性の低下の判断および簿価切下げの単位については，個別品目単位であることが原則であるが，同じ製品に使われる材料，仕掛品および製品を一グループとして扱う場合には，複数の品目を一括りとして取り扱う。

A □□□ 19 前期に計上した簿価切下額の戻入れに関しては，洗替え法と切放し法のいずれかの方法を棚卸資産の種類ごとに選択適用できる。また，売価の下落要因を区分把握できる場合には，物理的劣化や経済的劣化によるものは切放し法，市場の需給変化によるものは洗替え法といったように，売価の下落要因ごとに選択適用できる。（平成23年第Ⅱ回本試験）

A □□□ 20 収益性の低下による簿価切下額と，前期に計上した簿価切下額の戻入額は両建表示する。

B □□□ 21 収益性の低下に伴う簿価切下額が，販売促進に起因する場合には販売費として表示することが認められる。

B □□□ 22 原材料に係る収益性の低下に基づく簿価切下額のうち，品質低下に起因するものなど製造に関連し不可避的に発生すると認められるものは，当期の売上原価として処理しなければならない。

A □□□ 23 通常の販売目的で保有する棚卸資産について，収益性の低下による簿価切下額が臨時の事象に起因しているか，または多額である場合，特別損失に表示する。

B □□□ 24 通常の販売目的で保有する棚卸資産について，収益性の低下による簿価切下額を特別損失に表示する場合，洗替え法を適用していれば当該簿価切下額の戻入れが認められる。

B □□□ 25 通常の販売目的で保有する棚卸資産について，正味売却価額が帳簿価額よりも著しく下落したことによる簿価切下額は，営業外費用に計上できる。

□□□ 18：【〇】（テキストp. 119参照）

「棚卸資産の評価に関する会計基準」第12項，第53項

□□□ 19：【〇】（テキストp. 120参照）

「棚卸資産の評価に関する会計基準」第14項

□□□ 20：【×】**両建表示ではなく，純額表示である**（テキストp. 121参照）

前期に計上した簿価切下額を戻し入れる場合には，収益性の低下による簿価切下額は，当該戻入額相殺後の額で表示する（「棚卸資産の評価に関する会計基準」第17項）。

□□□ 21：【×】**販売費として表示することは認められない**（テキストp. 121参照）

収益性の低下に伴う簿価切下額を，販売費として表示することは認められない（「棚卸資産の評価に関する会計基準」第63項）。

□□□ 22：【×】**当期の売上原価ではなく，製造原価として処理する**（テキストp. 121参照）

原材料に係る収益性の低下に基づく簿価切下額のうち，品質低下に起因するものなど製造に関連し不可避的に発生すると認められるものは，製造原価として処理する（「棚卸資産の評価に関する会計基準」第17項，第62項）。

□□□ 23：【×】**臨時の事象に起因し，かつ，多額である場合である**（テキストp. 121参照）

収益性の低下による簿価切下額が臨時の事象に起因し，かつ，多額である場合，特別損失に表示する（「棚卸資産の評価に関する会計基準」第17項）。

□□□ 24：【×】**戻入れは認められない**（テキストp. 121参照）

収益性の低下による簿価切下額を特別損失に表示する場合，洗替え法を適用していても，当該簿価切下額の戻入れは認められない（「棚卸資産の評価に関する会計基準」第17項）。

□□□ 25：【×】**営業外費用に計上することはできない**（テキストp. 121参照）

正味売却価額が帳簿価額よりも著しく下落したという理由をもって，簿価切下額を営業外費用に計上することはできない（「棚卸資産の評価に関する会計基準」第64項）。

A　□□□ 26　通常の販売目的で保有する棚卸資産について，収益性の低下による簿価切下額は，重要性が乏しい場合を除き，売上原価等の内訳項目として独立掲記する方法により開示しなければならない。

A　□□□ 27　損益計算書において，市場価格の変動により利益を得る目的をもって所有する棚卸資産の評価差額は，売上高に含めて記載してはならない。　（平成22年第Ⅰ回本試験）

A　□□□ 28　トレーディング目的で保有する棚卸資産に係る損益は，営業外収益または営業外費用に含めて記載することは認められない。

B　□□□ 29　トレーディング目的で保有する棚卸資産として分類するための留意点や保有目的の変更の処理は，金融商品会計基準における売買目的有価証券に関する取扱いに準じる。（平成23年第Ⅰ回本試験）

B　□□□ 30　売価還元原価法を採用している企業は，期末における正味売却価額が帳簿価額よりも下落している場合であっても，当該帳簿価額をもって貸借対照表価額とすればよい。

B　□□□ 31　売価還元低価法を採用している企業は，期末における正味売却価額が帳簿価額よりも下落している場合，当該正味売却価額をもって貸借対照表価額としなければならない。

B　□□□ 32　売価還元低価法を採用することは，収益性の低下に基づく簿価切下げの考え方と整合している。　（平成20年本試験）

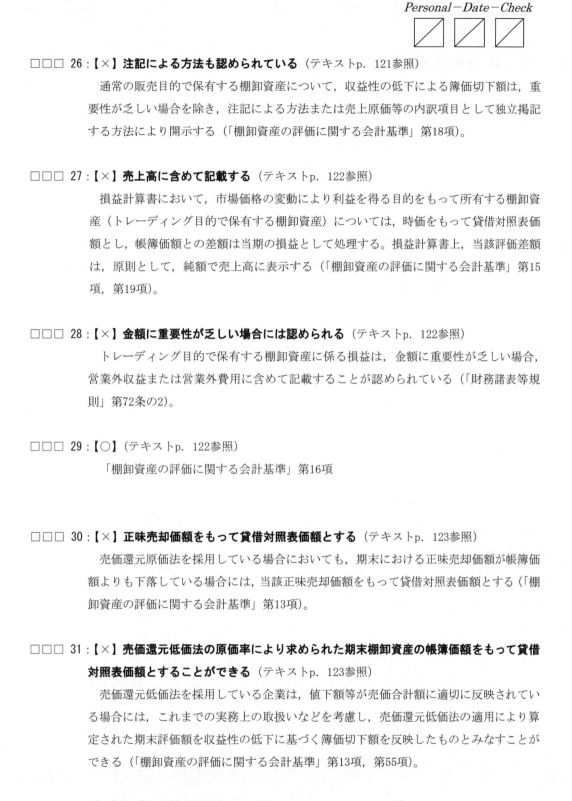
□□□ 26：【×】**注記による方法も認められている**（テキストp. 121参照）

　　通常の販売目的で保有する棚卸資産について，収益性の低下による簿価切下額は，重要性が乏しい場合を除き，注記による方法または売上原価等の内訳項目として独立掲記する方法により開示する（「棚卸資産の評価に関する会計基準」第18項）。

□□□ 27：【×】**売上高に含めて記載する**（テキストp. 122参照）

　　損益計算書において，市場価格の変動により利益を得る目的をもって所有する棚卸資産（トレーディング目的で保有する棚卸資産）については，時価をもって貸借対照表価額とし，帳簿価額との差額は当期の損益として処理する。損益計算書上，当該評価差額は，原則として，純額で売上高に表示する（「棚卸資産の評価に関する会計基準」第15項，第19項）。

□□□ 28：【×】**金額に重要性が乏しい場合には認められる**（テキストp. 122参照）

　　トレーディング目的で保有する棚卸資産に係る損益は，金額に重要性が乏しい場合，営業外収益または営業外費用に含めて記載することが認められている（「財務諸表等規則」第72条の2）。

□□□ 29：【○】（テキストp. 122参照）

　　「棚卸資産の評価に関する会計基準」第16項

□□□ 30：【×】**正味売却価額をもって貸借対照表価額とする**（テキストp. 123参照）

　　売価還元原価法を採用している場合においても，期末における正味売却価額が帳簿価額よりも下落している場合には，当該正味売却価額をもって貸借対照表価額とする（「棚卸資産の評価に関する会計基準」第13項）。

□□□ 31：【×】**売価還元低価法の原価率により求められた期末棚卸資産の帳簿価額をもって貸借対照表価額とすることができる**（テキストp. 123参照）

　　売価還元低価法を採用している企業は，値下額等が売価合計額に適切に反映されている場合には，これまでの実務上の取扱いなどを考慮し，売価還元低価法の適用により算定された期末評価額を収益性の低下に基づく簿価切下額を反映したものとみなすことができる（「棚卸資産の評価に関する会計基準」第13項，第55項）。

□□□ 32：【×】**必ずしも整合するものではない**（テキストp. 123参照）

　　売価還元低価法は，収益性の低下に基づく簿価切下げという考え方と必ずしも整合するものではない（「棚卸資産の評価に関する会計基準」第55項）。

A □□□ 33　価格上昇期において，最終仕入数量が期末在庫数量を下回る場合には，最終仕入原価法による方が先入先出法によるよりも期間利益が大きく算定されることになるが，最終仕入数量が期末在庫数量を上回る場合には，最終仕入原価法による方が先入先出法によるよりも期間利益が小さく算定される。

B □□□ 34　現在，一部の企業で採用されている最終仕入原価法は，期末棚卸資産を実際取得原価によって評価する方法であるため，無条件に取得原価基準に属する方法として適用することが認められる。

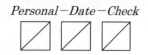

□□□ 33：【×】**後者の場合，いずれの方法によっても期間利益は同じ値になる**（テキストp. 124
参照）

　　最終仕入原価法は，最終仕入価額をもって期末棚卸資産を評価する方法であるから，
物価上昇期において，最終仕入数量が期末在庫数量を下回る場合には，先入先出法によ
るよりも，期末棚卸資産価額が相対的に大きくなるとともに払出価額は小さくなり，期
間利益は大きくなる。これに対して，最終仕入数量が期末在庫数量を上回る場合には，
いずれの方法によっても期間利益は同じ値になる。

□□□ 34：【×】**無条件に取得原価基準に属する方法として適用することは認められない**（テキス
トp. 124参照）

　　最終仕入原価法によれば，期末棚卸資産の一部だけが実際取得原価で評価されるもの
の，期末有高が最終仕入数量を超過する部分は時価に近い価額で評価されることから，
期末棚卸資産の大部分が最終の仕入価格で取得されているときのように期間損益の計
算上弊害がないと考えられる場合や，期末棚卸資産に重要性が乏しい場合においてのみ
容認される方法と考えられ，無条件に取得原価基準に属する方法として適用することは
認められない（「棚卸資産の評価に関する会計基準」第34-4項）。

第7章
固定資産

第7章　固定資産

第1節　固定資産総論

A　□□□　1　固定資産は，有形固定資産，無形固定資産および投資その他の資産に大別されるが，建物，構築物，機械・装置，車両・運搬具，工具・器具・備品などは有形固定資産，のれん，ソフトウェア，特許権などは無形固定資産，投資有価証券，減耗性資産，長期前払費用などは投資その他の資産に分類される。

A　□□□　2　土地以外の有形固定資産は，すべて償却資産である。（平成14年本試験）

第2節　有形固定資産

A　□□□　1　有形固定資産の購入に際して，値引または割戻を受けたときは，値引額または割戻額を営業外収益として処理する。

A　□□□　2　有形固定資産の自家建設に要する借入資本の利子で稼働前の期間に属するものについては，原則として取得原価に算入する。

A　□□□　3　有形固定資産を現物出資として受入れた場合，その取得原価は対価として用いられた自社の株式の契約日における公正な評価額もしくは取得した有形固定資産の公正な評価額のうち，いずれかより高い信頼性をもって測定可能な評価額で算定する。

A　□□□　4　同種の固定資産を交換した場合には，交換に供された自己資産の時価または適正な簿価をもって取得資産の取得原価とする。

□□□ 1 :【×】**減耗性資産は有形固定資産である**（テキストp. 126, 127, 140, 142参照）

　　　　減耗性資産は投資その他の資産ではなく，有形固定資産に分類される。

□□□ 2 :【×】**すべて償却資産であるとはいえない**（テキストp. 126, 127参照）

　　　　建設仮勘定も非償却資産であるため，土地以外の有形固定資産のすべてが償却資産で
あるとはいえない。

□□□ 1 :【×】**購入代金から控除する**（テキストp. 127参照）

　　　　有形固定資産の購入に際して，値引または割戻を受けたときは，値引額または割戻額
を，営業外収益として処理するのではなく，購入代金から控除する（「連続意見書第三」
第一・四1)。

□□□ 2 :【×】**原則は取得原価に算入ではなく，財務費用とする**（テキストp. 128参照）

　　　　有形固定資産の自家建設に要する借入資本の利子で稼働前の期間に属するものについ
ては，原則として取得原価に算入するのではなく，財務費用とする（「連続意見書第
三」第一・四2)。

□□□ 3 :【○】（テキストp. 128参照）

　　　　「ストック・オプション等に関する会計基準」第15項

□□□ 4 :【×】**時価をもって取得原価とすることはできない**（テキストp. 129参照）

　　　　同種の固定資産を交換した場合には，交換に供された自己資産の適正な簿価をもって
取得資産の取得原価とし，時価をもって取得原価とすることはできない（「連続意見書
第三」第一・四4)。

A □□□ 5 有形固定資産を有価証券との交換によって取得した場合には，当該有価証券の適正な
簿価をもって取得原価としなければならない。

A □□□ 6 取得原価主義に基づく現行制度会計のもとでは，費用性資産の取得原価はすべて支出
した対価により決定されることになる。

A □□□ 7 機械の一部分を特に品質または性能の高いものに取り替えることによって，当初予測
されていた使用可能期間を延長させる効果があると認められる場合には，その取替に要
した費用支出の一部または全部を資本的支出として処理する。

A □□□ 8 有形固定資産の減価償却は，取得原価の配分手続であり，これにより名目資本の維持
が図られる。

B □□□ 9 減価償却は，資産の能率価値や売却価値を測定するために行われる。

A □□□ 10 自己金融効果は減価償却の重要な目的の1つである。

A □□□ 11 固定資産の機能的減価の的確な予測は非常に難しいが，耐用年数の決定に当たっては，
利用ないし時の経過による固定資産の磨滅や損耗を原因とする物質的減価のみならず，
機能的減価についても考慮して決める必要がある。

A □□□ 12 定額法は，固定資産費用（＝減価償却費＋修繕費）の期間別負担が平均化されるとい
う特徴を有する。

□□□ 5 :【×】**時価または適正な簿価をもって取得原価とする**（テキストp. 129参照）

　　　　有形固定資産を有価証券との交換によって取得した場合（異種資産の交換）には，当
　　　該有価証券の適正な簿価ではなく，時価をもって取得原価とする。なお，有価証券の簿
　　　価と時価とが大きく食い違っていない限りにおいて，適正な簿価をもって取得原価とす
　　　ることができる。

□□□ 6 :【×】**支出した対価以外の価額で決定されるものもある**（テキストp. 130参照）

　　　　固定資産等を贈与により取得した場合には，支出した対価ではなく，取得資産の時価
　　　等を基準とした公正な評価額をもって取得原価とする（「連続意見書第三」第一・四5）。

□□□ 7 :【○】（テキストp. 131参照）

　　　　耐用年数を延長させる効果をもつ支出や，資産価値を増加させる支出は資本的支出に
　　　該当する。

□□□ 8 :【○】（テキストp. 131, 138参照）

　　　　有形固定資産の減価償却は，取得原価の配分手続であり，取得原価を各期間に費用と
　　　して配分することによって，名目資本の維持が図られる。

□□□ 9 :【×】**能率価値や売却価値を測定するためのものではない**（テキストp. 131参照）

　　　　減価償却は，有形固定資産の取得原価の配分手続であり，その資産の能率価値や売却
　　　価値を測定するためのものではない。

□□□ 10:【×】**自己金融効果は減価償却の目的ではない**（テキストp. 131, 132参照）

　　　　減価償却の最も重要な目的は，適正な費用配分を行うことによって，毎期の損益計算
　　　を正確ならしめることにある。自己金融効果は，あくまで減価償却が結果的にもたらす
　　　効果であって，減価償却の目的そのものではない。

□□□ 11:【○】（テキストp. 133参照）

　　　　固定資産の耐用年数は，物質的減価と機能的減価の双方を考慮して決定されなければ
　　　ならない（「連続意見書第三」第一・八）。

□□□ 12:【×】**定額法ではなく，定率法と級数法の特徴である**（テキストp. 134参照）

　　　　定額法は，償却費の期間別負担が平均化されるという特徴を有する。固定資産費用（＝
　　　減価償却費＋修繕費）の期間別負担が平均化されるという特徴を有するのは，定額法で
　　　はなく，定率法と級数法である。

A　□□□ 13　機械装置等を考えると，これらの資産の収益獲得能力は初期に大きく後期になるほど低下するので，このような場合には，初期に高額で後期になるほど低い減価償却費を計算する定率法の採用をすすめる見解もある。（平成7年本試験一部改題）

A　□□□ 14　生産高比例法は，資産の利用度に比例して減価償却費を計上する方法であり，適用可能な資産の範囲は非常に狭く限定される。

B　□□□ 15　残存価額を法人税法の規定によっていた企業は，残存価額に関する税制改正があった場合には，変更後の法人税法の規定による残存価額に変更しなければならない。（平成20年本試験）

A　□□□ 16　有形固定資産に対する減価償却累計額は，原則として，その資産が属する科目ごとに取得原価から控除する形式で記載する。

B　□□□ 17　有形固定資産に対する減価償却累計額は，当該各資産から直接控除し，その控除残高を当該資産の金額として表示することも認められているが，その場合には，当該減価償却累計額については，当該資産の科目別にまたは一括して注記しなければならない。（平成10年本試験）

A　□□□ 18　総合償却では，複数の資産を一括して償却計算が行われるため，個々の資産の未償却残高は明らかにされない。しかし，平均耐用年数の到来前に個々の資産を除却した場合には，当該除却資産について除却時までの償却年数に基づいて未償却残高を計算し，除却損を計上することになる。

A　□□□ 19　総合償却においては，平均耐用年数が到来した後も，償却単位を構成する資産が残存する限り継続して減価償却を行うことになるのに対して，個別償却では耐用年数が到来した後の資産の使用に対して減価償却費を計上する余地はない。

□□□ 13 :【○】(テキストp. 134参照)

　　　資産の収益獲得能力が初期に大きく後期になるほど低下する機械装置等に対しては, 資産の能率の高い初期に多額の減価償却費を計上し, 能率が低下する後期には少額の減価償却費を計上する定率法の採用をすすめる見解もある。

□□□ 14 :【○】(テキストp. 134参照)

　　　生産高比例法は, 資産の総利用可能量が物理的に確定でき, かつ, 減価が主として固定資産の利用に比例して発生する航空機等に適用することが認められる方法である (「企業会計原則注解」注20(4))。

□□□ 15 :【×】**変更は強制されない**（テキストp. 134参照）

　　　法人税法上の減価償却計算に係る規定は, 各事業年度の課税所得の計算上, 損金算入できる金額の限度額を計算することを目的にしたものであって, 会計処理の上で法人税法に基づく減価償却計算が強制適用されるものではない。したがって, 残存価額に関する税制改正があった場合でも, 会計上の減価償却の方法に関しては, 変更前の法人税法の規定による残存価額を採用することが認められる。

□□□ 16 :【○】(テキストp. 135参照)

　　　「企業会計原則注解」注17

□□□ 17 :【○】(テキストp. 135参照)

　　　「企業会計原則」第三・四(一)B,「企業会計原則注解」注17

□□□ 18 :【×】**除却損は計上されない**（テキストp. 136参照）

　　　総合償却では, 複数の資産を一括して償却計算が行われるため, 個々の資産の未償却残高は明らかにされない。したがって, 除却資産の要償却額を減価償却累計額から控除する方法に基づいて会計処理を行うことになるため, 除却損は計上されないことになる (「連続意見書第三」第一・十)。

□□□ 19 :【○】(テキストp. 136参照)

　　　「連続意見書第三」第一・十

A □□□ 20 減耗償却による償却費は販売費および一般管理費の区分に計上される。

A □□□ 21 減耗償却は減価償却とは異なる別個の費用配分法であるが，その手続は生産高比例法に類似し，また，資産の価値的減少に着目する点で共通する。

A □□□ 22 取替法は，減価償却の代わりに固定資産の部分的取替に要する取替費用を資本的支出として処理する方法である。（平成14年本試験）

A □□□ 23 取替法の適用対象は，同種の物品が多数集まって1つの全体を構成し，老朽品の部分的取替を繰り返すことにより全体が維持されるような資産である。

A □□□ 24 取替法によれば，当初取得した資産の取得原価が資産勘定に計上されることから，価格変動時には，名目資本の維持しか図ることができない。

A □□□ 25 取替法によると，取替事象が発生するまで費用が計上されないため期間損益を歪める恐れがある。

B □□□ 26 国庫補助金で取得した固定資産については，取得に要した支出額と補助金の額を相殺する圧縮記帳の採用が認められている。この方法は，無償取得資産を時価等の公正な評価額をもって評価すべきという考え方と整合する。

A □□□ 27 国庫補助金等で取得した資産の貸借対照表の表示方法は，原則として，①取得原価から国庫補助金等に相当する金額を控除する形式で記載する方法によるが，例外として，②取得原価から国庫補助金等に相当する金額を控除した残額のみ記載し，当該国庫補助金等の金額を注記する方法によることも認められている。

□□□ **20**：【×】**販売費および一般管理費の区分には計上されない**（テキストp. 137参照）

　　　減耗償却は，資産の取得原価を採取された数量に応じて償却し，材料や製品の勘定に振替え，最終的には売上原価とするものである（「連続意見書第三」第一・六2）。したがって，減耗償却による償却費は販売費および一般管理費の区分には計上されない。

□□□ **21**：【×】**減耗償却は価値的減少ではなく，物理的減少に着目する**（テキストp. 137参照）

　　　減耗償却は，手続的には生産高比例法に類似するが，減価償却が資産の価値的減少に着目するのに対し，減耗償却は資産の物理的減少に着目する点で相違する。

□□□ **22**：【×】**資本的支出ではなく，収益的支出として処理する**（テキストp. 138参照）

　　　取替法は，減価償却の代わりに固定資産の部分的取替に要する取替費用を，収益的支出として処理する方法である（「連続意見書第三」第一・七）。

□□□ **23**：【○】（テキストp. 138参照）

　　　「企業会計原則注解」注20

□□□ **24**：【×】**実物資本の維持が図られる**（テキストp. 138参照）

　　　取替法によれば，当初取得した資産の取得原価が資産勘定に計上されることになるが，価格変動時に取替費用がそのときどきの時価で計上されることになり，実物資本の維持が図られる。

□□□ **25**：【○】（テキストp. 138参照）

　　　取替法によると，取替事象が発生するまで費用が計上されないため期間損益を歪める恐れがある。そのため，鉄道・電力会社の一部の資産についてのみ採用が認められている。

□□□ **26**：【×】**ゼロ評価すべきという考え方と整合する**（テキストp. 139参照）

　　　圧縮記帳は，無償取得資産を時価等の公正な評価額をもって評価すべきという考え方ではなく，無償取得資産をゼロ評価すべきという考え方と整合する。

□□□ **27**：【×】**原則・例外の関係にはない**（テキストp. 139参照）

　　　国庫補助金等で取得した資産の貸借対照表の表示方法は，①取得原価から国庫補助金等に相当する金額を控除する形式で記載する方法と②取得原価から国庫補助金等に相当する金額を控除した残額のみ記載し，当該国庫補助金等の金額を注記する方法のいずれかの方法による（「企業会計原則注解」注24）。

第3節 無形固定資産

A □□□ 1 無形固定資産については，有形固定資産のように継続企業の前提の下に取替更新が繰り返されるものではなく，減価償却による資金の内部留保額を明示する必要性に乏しいため，当該資産の取得のために支出した金額から減価償却累計額を直接控除した残高を当該資産の金額として表示する。

A □□□ 2 のれんは，営業の譲受けや合併・買収により有償取得した場合に限り無形固定資産に計上されるが，特許権，商標権，実用新案権等の法律上の権利は，贈与等により無償取得した場合にも無形固定資産として計上される。（平成25年第Ⅱ回本試験）

A □□□ 3 無形固定資産に含まれるのれんには，有償取得によるもののみならず，自己創設によるものも含まれる。後者の取得原価は，有形固定資産の自家建設の場合と同様の方法により算定される。（平成18年本試験一部改題）

第4節 投資その他の資産

A □□□ 1 売掛金，受取手形その他当該企業の主目的たる営業取引により発生した債権であっても，更生会社および破産会社に対する債権については，すべて投資その他の資産に属するものとされる。

A □□□ 2 わが国における会計基準では，投資不動産については，時価の変動をそのまま損益に算入せず，他の有形固定資産と同様に取得原価基準による会計処理を行い，収益性の低下により投資額の回収が見込めなくなった場合には減損処理を行う。（平成19年本試験）

B □□□ 3 わが国の会計基準では，投資不動産について，国際的な会計基準と同様に，公正価値モデルを選択することが認められている。

A □□□ 4 賃貸等不動産の範囲には，貸借対照表において投資不動産として区分されている不動産に加えて，将来の使用が見込まれていない遊休不動産も含まれる。

□□□ 1：【○】（テキストp. 140参照）

　　無形固定資産については，有形固定資産のように継続企業の前提の下に取替更新が繰り返されるものではなく，減価償却による資金の内部留保額を明示する必要性に乏しいため，当該資産の取得のために支出した金額から減価償却累計額を控除した未償却残高をもって貸借対照表価額とする（「企業会計原則」第三・五E，「財務諸表等規則」第30条）。

□□□ 2：【○】（テキストp. 140, 141参照）

　　のれんは，営業の譲受けや合併・買収により有償取得した場合に限り無形固定資産に計上される（「企業結合に関する会計基準」第47項，第98項）が，特許権，商標権，実用新案権等の法律上の権利は，贈与等により無償取得した場合にも公正な評価額をもって取得原価とし，無形固定資産として計上される（「企業会計原則」第三・五F）。

□□□ 3：【×】**自己創設によるものは含まれない**（テキストp. 141参照）

　　無形固定資産に含まれるのれんは，有償取得によるもののみであり，自己創設によるものは含まれない。

□□□ 1：【×】**すべて投資その他の資産に属するものとは限らない**（テキストp. 142参照）

　　更生会社および破産会社に対する債権のうち1年以内に回収されないことが明らかなものが，投資その他の資産の区分に属するものとされる（「企業会計原則注解」注16）。

□□□ 2：【○】（テキストp. 142参照）

　　「固定資産の減損に係る会計基準の設定に関する意見書」六1

□□□ 3：【×】**公正価値モデルの選択は認められていない**（テキストp. 142参照）

　　わが国の会計基準では，投資不動産について取得原価評価が採用されており，時価（公正価値）で評価する公正価値モデルを選択することは認められていない（「固定資産の減損に係る会計基準の設定に関する意見書」六1）。

□□□ 4：【○】（テキストp. 143参照）

　　「賃貸等不動産の時価等の開示に関する会計基準」第5項，第23項

A　□□□　5　販売用不動産は，賃貸等不動産に含まれる。

A　□□□　6　賃貸等不動産とは，棚卸資産に分類されている不動産以外のものであって，賃貸収益またはキャピタル・ゲインの獲得を目的として保有されている不動産をいい，ファイナンス・リース取引の貸手における不動産も含まれる。

B　□□□　7　将来において賃貸等不動産として使用される予定で開発中の不動産や継続して賃貸等不動産として使用される予定で再開発中の不動産は，現時点では賃貸等不動産に含まれない。

B　□□□　8　賃貸を目的として保有しているにもかかわらず，一時的に借手が存在していない不動産であっても，賃貸等不動産として取り扱う。

B　□□□　9　不動産の中には，物品の製造や販売，サービスの提供，経営管理に使用されている部分と賃貸等不動産として使用される部分で構成されるものがあるが，賃貸等不動産として使用される部分については，賃貸等不動産に含める。

A　□□□　10　賃貸等不動産については，貸借対照表計上額と当期末における時価について注記することが要求されているが，当該賃貸等不動産の期中における変動や損益については，注記することが要求されていない。

A　□□□　11　前払費用とは，一定の契約に従い，継続して役務の提供を受ける場合，すでに提供を受けた役務に対し支払われた対価をいう。前払費用には1年基準の適用があり，流動資産と固定資産に区分される。

120

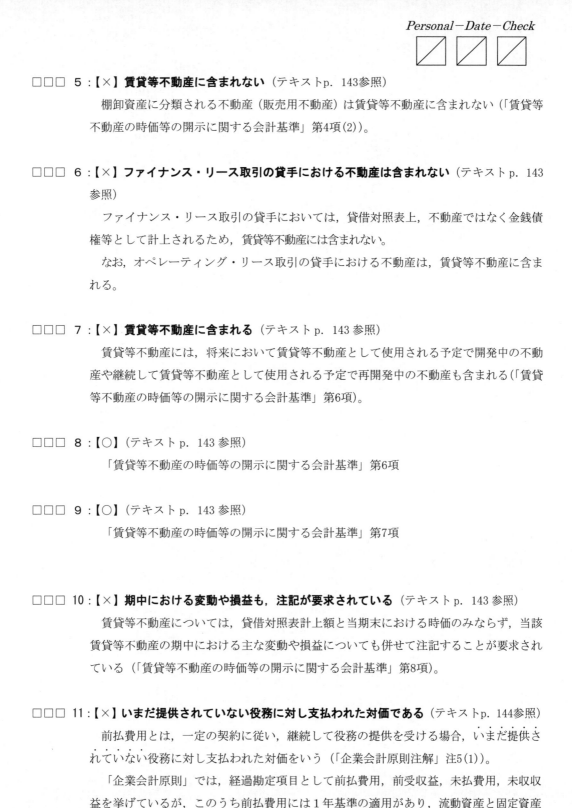

□□□ 5 ：【×】**賃貸等不動産に含まれない**（テキストp. 143参照）

　　　棚卸資産に分類される不動産（販売用不動産）は賃貸等不動産に含まれない（「賃貸等不動産の時価等の開示に関する会計基準」第4項(2)）。

□□□ 6 ：【×】**ファイナンス・リース取引の貸手における不動産は含まれない**（テキストp. 143参照）

　　　ファイナンス・リース取引の貸手においては，貸借対照表上，不動産ではなく金銭債権等として計上されるため，賃貸等不動産には含まれない。

　　　なお，オペレーティング・リース取引の貸手における不動産は，賃貸等不動産に含まれる。

□□□ 7 ：【×】**賃貸等不動産に含まれる**（テキストp. 143参照）

　　　賃貸等不動産には，将来において賃貸等不動産として使用される予定で開発中の不動産や継続して賃貸等不動産として使用される予定で再開発中の不動産も含まれる（「賃貸等不動産の時価等の開示に関する会計基準」第6項）。

□□□ 8 ：【○】（テキストp. 143参照）

　　　「賃貸等不動産の時価等の開示に関する会計基準」第6項

□□□ 9 ：【○】（テキストp. 143参照）

　　　「賃貸等不動産の時価等の開示に関する会計基準」第7項

□□□ 10 ：【×】**期中における変動や損益も，注記が要求されている**（テキストp. 143参照）

　　　賃貸等不動産については，貸借対照表計上額と当期末における時価のみならず，当該賃貸等不動産の期中における主な変動や損益についても併せて注記することが要求されている（「賃貸等不動産の時価等の開示に関する会計基準」第8項）。

□□□ 11 ：【×】**いまだ提供されていない役務に対し支払われた対価である**（テキストp. 144参照）

　　　前払費用とは，一定の契約に従い，継続して役務の提供を受ける場合，いまだ提供されていない役務に対し支払われた対価をいう（「企業会計原則注解」注5(1)）。

　　　「企業会計原則」では，経過勘定項目として前払費用，前受収益，未払費用，未収収益を挙げているが，このうち前払費用には1年基準の適用があり，流動資産と固定資産に区分される（「企業会計原則注解」注16）。

繰延資産と引当金

第8章　繰延資産と引当金

第1節　繰延資産の意義

A　□□□　1　将来の期間に影響する特定の費用とは，すでに代価の支払が完了または支払義務が確定し，これに対応する役務の提供を受けていないにもかかわらず，その効果が将来にわたって発現するものと期待される費用をいう。

A　□□□　2　将来の期間に影響する特定の費用は，次期以後の期間に配分して処理するため，経過的に貸借対照表の資産の部に記載しなければならない。

B　□□□　3　現行制度上，繰延資産は「会社計算規則」に規定されている株式交付費，社債発行費等，創立費，開業費，開発費の5つに限定されている。

A　□□□　4　繰延資産は，棚卸資産，有形固定資産および無形固定資産などと同じ費用性資産であるが，他の費用性資産が財貨または権利として換金価値を有するものであるのに対して，繰延資産はそのような換金価値を有しない点で性格を異にする。

A　□□□　5　繰延資産は，会計上の資産性が認められた項目であるので，分配可能額の計算において控除されることはない。（平成21年本試験）

A　□□□　6　繰延資産は，既に発生した費用であるという点では前払費用と類似しているが，譲渡価値をもたないという点で前払費用と異なる。（平成7年本試験）

□□□ 1：【×】**役務の提供を受けたものである**（テキストp. 146参照）

　　将来の期間に影響する特定の費用とは，すでに代価の支払が完了しまたは支払義務が確定し，これに対応する役務の提供を受けたにもかかわらず，その効果が将来にわたって発現するものと期待される費用をいう（「企業会計原則注解」注15）。

□□□ 2：【×】**資産計上は容認されているにすぎない**（テキストp. 146参照）

　　将来の期間に影響する特定の費用は，次期以後の期間に配分して処理するため，経過的に貸借対照表の資産の部に記載することができる（「企業会計原則」第三・一D，「企業会計原則注解」注15）。

□□□ 3：【×】**会社計算規則には具体的な項目は規定されていない**（テキストp. 146参照）

　　現行制度上，繰延資産は「繰延資産の会計処理に関する当面の取扱い」に規定されている株式交付費，社債発行費等，創立費，開業費，開発費の５つに限定されている（「繰延資産の会計処理に関する当面の取扱い」2(2)，脚注2）。

□□□ 4：【○】（テキストp. 146参照）

　　繰延資産は，棚卸資産，有形固定資産および無形固定資産などと同じ費用性資産であるが，他の費用性資産が財貨または権利として換金価値を有するものであるのに対して，繰延資産はそのような換金価値を有しない点で性格を異にする。このように，繰延資産は何ら実体を持つものではないことから，擬制資産とよばれることもある。

□□□ 5：【×】**控除される場合がある**（テキストp. 146参照）

　　資産の部に計上したのれんの額を2で除して得た額および繰延資産の部に計上した額の合計額（のれん等調整額）は分配可能額の計算において控除される場合がある（「会社計算規則」第158条）。

□□□ 6：【×】**前払費用は既発生費用ではない**（テキストp. 146参照）

　　繰延資産は既に発生した費用であるのに対して，前払費用は未発生費用であり翌期以降における時の経過とともに費用が発生するものである。

第2節　繰延資産各論

A □□□ 1　株式交付費には新株の発行に係る費用は含まれるが，自己株式の処分に係る費用は含まれない。

B □□□ 2　繰延資産の償却計算では，社債発行費に利息法を適用する場合を除いて，年数を基準として毎決算期に均等額を償却しなければならない。（平成20年本試験）

A □□□ 3　株式無償割当てに係る費用については，株式交付費に該当するため，繰延資産に計上することができる。

A □□□ 4　株式無償割当てに係る費用については，営業外費用に計上しなければならない。

A □□□ 5　株式交付費は，会社の設立時および設立後における株式を発行する際の資金調達関連費用であることから，その償却額は営業外費用に記載されるべきことになる。

A □□□ 6　現行制度上，株式交付費は，会計基準の国際的なコンバージェンスの観点から，資本から直接控除する方法も認められている。

□□□ 1 :【×】**自己株式の処分に係る費用も含まれる**（テキストp. 147参照）

　　　株式交付費とは，株式募集のための広告費，金融機関の取扱手数料，証券会社の取扱手数料，目論見書・株券等の印刷費，変更登記の登録免許税，その他株式の交付等のために直接支出した費用（新株の発行または自己株式の処分に係る費用）をいう（「繰延資産の会計処理に関する当面の取扱い」3(1)）。したがって，株式交付費には，新株の発行に係る費用のみならず自己株式の処分に係る費用も含まれる。

□□□ 2 :【×】**年数ではなく，月数を基準した償却が求められる**（テキストp. 147参照）

　　　従来，繰延資産は年数を基準として償却することが一般的であったと考えられるが，計上月にかかわらず，一律に年数を基準として償却を行うことは適当ではないため，月数を基準とした償却（月割償却）が求められる（「繰延資産の会計処理に関する当面の取扱い」3(1)）。

□□□ 3 :【×】**繰延資産には該当せず，支出時に費用として処理する**（テキストp. 147参照）

　　　繰延資産に該当する株式交付費は，繰延資産の性格から，企業規模の拡大のためにする資金調達などの財務活動に係る費用を前提としているため，株式の分割や株式無償割当てなどに係る費用は，繰延資産には該当せず，支出時に費用として処理することになる（「繰延資産の会計処理に関する当面の取扱い」3(1)）。

□□□ 4 :【×】**販売費および一般管理費に計上することができる**（テキストp. 147参照）

　　　株式の分割および無償割当てなどに係る費用については，販売費および一般管理費に計上することができる（「繰延資産の会計処理に関する当面の取扱い」3(1)）。

□□□ 5 :【×】**「会社の設立時」の発行費用は株式交付費ではなく，創立費である**（テキストp. 147, 150参照）

　　　株式交付費は，会社の設立後における株式を発行する際の資金調達関連費用であり，設立時における株式を発行する際の資金調達関連費用は，創立費に含まれる（「繰延資産の会計処理に関する当面の取扱い」3(1)，(3)）。

□□□ 6 :【×】**費用として処理する**（テキストp. 147, 148参照）

　　　国際的な会計基準では，株式交付費は，資本取引に付随する費用として，資本から直接控除することとしているが，現行制度上，株式交付費は費用として処理（繰延資産に計上し償却する処理を含む。）する（「繰延資産の会計処理に関する当面の取扱い」3(1)）。

A □□□ 7 繰延資産に計上した社債発行費は，社債発行のときから3年以内のその効果の及ぶ期間にわたり利息法または定額法により償却をしなければならない。

A □□□ 8 新株予約権発行費を繰延資産として計上した場合には，新株予約権の発行のときから，5年以内のその効果の及ぶ期間にわたって，定額法により償却をしなければならない。

A □□□ 9 新株予約権が社債に付されている場合で，当該新株予約権付社債を一括法により処理するときは，当該新株予約権付社債の発行に係る費用は，社債発行費として処理する。

B □□□ 10 新株予約権が社債に付されている場合で，当該新株予約権付社債を区分法により処理するときは，当該新株予約権付社債の発行に係る費用は，社債発行費として処理する。

A □□□ 11 創立費を繰延資産に計上した場合には，会社の成立のときから5年以内のその効果の及ぶ期間にわたって，定額法により償却をしなければならない。

B □□□ 12 「会社計算規則」には，創立費を資本金または資本準備金から減額する規定が存在するが，創立費は，株主との間の資本取引によって発生するものではないことから，「繰延資産の会計処理に関する当面の取扱い」では，費用処理を採用している。

A □□□ 13 開業費は，原則として，支出時に営業外費用として処理するが，売上原価または販売費および一般管理費として処理することもできる。

A □□□ 14 開業費を繰延資産に計上し，その後，営業の一部を開業した場合であっても，営業の全部を開始するまでは償却を要しない。

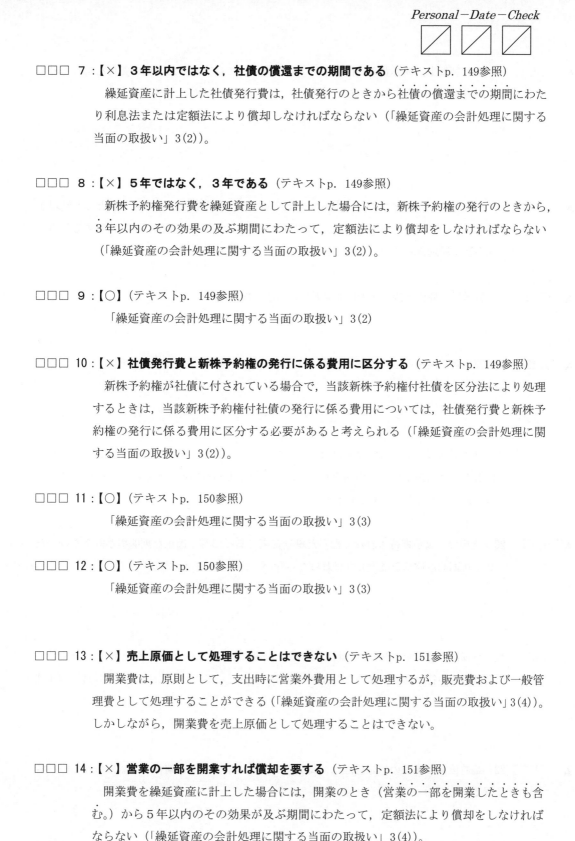

Personal−Date−Check

□□□ 7：【×】**3年以内ではなく，社債の償還までの期間である**（テキストp. 149参照）

　　繰延資産に計上した社債発行費は，社債発行のときから社債の償還までの期間にわたり利息法または定額法により償却しなければならない（「繰延資産の会計処理に関する当面の取扱い」3(2)）。

□□□ 8：【×】**5年ではなく，3年である**（テキストp. 149参照）

　　新株予約権発行費を繰延資産として計上した場合には，新株予約権の発行のときから，3年以内のその効果の及ぶ期間にわたって，定額法により償却をしなければならない（「繰延資産の会計処理に関する当面の取扱い」3(2)）。

□□□ 9：【○】（テキストp. 149参照）

　　「繰延資産の会計処理に関する当面の取扱い」3(2)

□□□ 10：【×】**社債発行費と新株予約権の発行に係る費用に区分する**（テキストp. 149参照）

　　新株予約権が社債に付されている場合で，当該新株予約権付社債を区分法により処理するときは，当該新株予約権付社債の発行に係る費用については，社債発行費と新株予約権の発行に係る費用に区分する必要があると考えられる（「繰延資産の会計処理に関する当面の取扱い」3(2)）。

□□□ 11：【○】（テキストp. 150参照）

　　「繰延資産の会計処理に関する当面の取扱い」3(3)

□□□ 12：【○】（テキストp. 150参照）

　　「繰延資産の会計処理に関する当面の取扱い」3(3)

□□□ 13：【×】**売上原価として処理することはできない**（テキストp. 151参照）

　　開業費は，原則として，支出時に営業外費用として処理するが，販売費および一般管理費として処理することができる（「繰延資産の会計処理に関する当面の取扱い」3(4)）。しかしながら，開業費を売上原価として処理することはできない。

□□□ 14：【×】**営業の一部を開業すれば償却を要する**（テキストp. 151参照）

　　開業費を繰延資産に計上した場合には，開業のとき（営業の一部を開業したときも含む。）から5年以内のその効果が及ぶ期間にわたって，定額法により償却をしなければならない（「繰延資産の会計処理に関する当面の取扱い」3(4)）。

A □□□ 15 現行制度上，開業費の範囲については，開業までに支出した一切の費用を含むものとする考え方が採用されている。

A □□□ 16 開発費は，原則として，支出時に売上原価または販売費及び一般管理費として処理される。ただし，当期の支出額を将来の収益に対応させて適正な期間損益を算定するため，開発費を繰延資産に計上することができる。（平成21年本試験）

A □□□ 17 経常費の性格を持つものは開発費には含まれない。

A □□□ 18 開発費を繰延資産に計上した場合の償却方法は定額法に限定されている。

A □□□ 19 繰延資産に計上した開発費は支出のときから5年以内の期間で償却するが，支出の原因となった新技術や資源の利用可能期間が5年を上回る場合，当該利用可能期間にわたって償却することも認められる。

A □□□ 20 支出の効果が期待されなくなった繰延資産であっても，適正な期間損益計算を行うため，規則的な償却を継続しなければならない。（平成21年本試験）

A □□□ 21 当期に繰延資産の計上が行われた場合，前期において同一の繰延資産項目がないため，会計処理が行われていないならば会計方針の変更として注記しなければならない。（平成21年本試験）

A □□□ 22 臨時巨額の損失の繰延経理は，将来における効果の発現を期待して認められている措置である。

□□□ 15：【×】**開業準備のために直接支出したものに限る**（テキストp. 151参照）

　　開業準備のために直接支出したとは認められない費用については，その効果が将来にわたって発現することが明確ではないものが含まれている可能性があるため，現行制度上，開業費の範囲は，開業準備のために直接支出したものに限るとする考え方が採用されている（「繰延資産の会計処理に関する当面の取扱い」3(4)）。

□□□ 16：【○】（テキストp. 152参照）

　　「繰延資産の会計処理に関する当面の取扱い」3(5)

□□□ 17：【○】（テキストp. 152参照）

　　「繰延資産の会計処理に関する当面の取扱い」3(5)

□□□ 18：【×】**定額法に限定されていない**（テキストp. 152参照）

　　開発費を繰延資産に計上した場合には，定額法その他の合理的な方法により償却を行う（「繰延資産の会計処理に関する当面の取扱い」3(5)）。

□□□ 19：【×】**5年を上回る期間で償却することは認められない**（テキストp. 152参照）

　　新技術や資源の利用可能期間が限られている場合には，その期間内（ただし，最長で5年以内）にわたって償却する（「繰延資産の会計処理に関する当面の取扱い」3(5)）。

□□□ 20：【×】**未償却残高を一時に償却しなければならない**（テキストp. 152参照）

　　支出の効果が期待されなくなった繰延資産は，規則的な償却を継続するのではなく，その未償却残高を一時に償却しなければならない（「繰延資産の会計処理に関する当面の取扱い」3(6)）。

□□□ 21：【×】**会計方針の変更として取り扱わない**（テキストp. 152参照）

　　当期に繰延資産の計上が行われた場合，前期において同一の繰延資産項目がないため，会計処理が行われていないときには，会計方針の変更として取り扱わない（「繰延資産の会計処理に関する当面の取扱い」3(7)②イ）。

□□□ 22：【×】**政策的配慮によるものである**（テキストp. 154参照）

　　臨時巨額の損失の繰延経理は，経営者の責任によらない事象によって相当の損失が発生したときでも，配当その他の利益処分を通常通り行うことができるようにするという政策的配慮によるものであり，繰延資産のように将来における効果の発現を期待して認められている措置ではない（「企業会計原則注解」注15）。

第3節　引当金の意義

A　□□□　1　企業会計原則注解〔注18〕によると，将来の特定の費用又は損失であって，その発生が当期以前の事象に起因し，発生の可能性が高く，かつ，その金額を合理的に見積ることができる場合には，当期の負担に属する金額を当期の費用又は損失として引当金に繰入れ，当該引当金の残高を貸借対照表の負債の部に記載するものとされている。（平成23年第Ⅱ回本試験）

A　□□□　2　企業会計原則注解〔注18〕によると，発生の可能性の低い偶発事象に係る費用又は損失であっても，その金額を合理的に見積ることができる場合には，保守主義の観点から引当金を計上することができる。（平成23年第Ⅱ回本試験）

A　□□□　3　引当金の計上に際しては，将来の特定の費用または損失の発生の可能性が確実であることが求められる。

A　□□□　4　企業会計原則注解18は，貨幣の時間価値が重要である場合には，引当金の測定にあたって，合理的に見積られた当期の負担に属する金額を現在価値に割り引くことを求めている。（平成22年第Ⅱ回本試験）

A　□□□　5　引当金の計上は，典型的な見積りによる会計処理であることから，その計上にあたっては，法令や契約の存在が前提となる。

A　□□□　6　製品保証付き販売を行った場合，次期以降に発生すると予想される製品保証費用を当期の費用として見積計上する会計処理は費用収益対応の原則の適用と考えることができる。（平成23年第Ⅱ回本試験）

A　□□□　7　未払費用は，一定の契約に基づき継続して役務の提供を受けるという事実に着目して計上されるのに対して，負債性引当金は，契約の有無に関わりなく，多様な経済事象に着目して設定される。

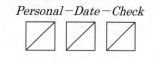

□□□ 1：【×】**負債の部または資産の部に記載する**（テキストp. 155参照）

　　引当金には，負債の部に記載される負債性引当金の他，資産の部に記載される評価性引当金も含まれることから，企業会計原則注解〔注18〕によると，引当金の残高を，貸借対照表の負債の部または資産の部に記載するものとされている（「企業会計原則注解」注18）。

□□□ 2：【×】**発生の可能性が低い場合，引当金は計上できない**（テキストp. 155参照）

　　発生の可能性の低い偶発事象に係る費用または損失については，その金額を合理的に見積ることができる場合であっても，引当金を計上することはできない（「企業会計原則注解」注18）。

□□□ 3：【×】**確実であることまでは求められていない**（テキストp. 155参照）

　　引当金の計上に際しては，費用または損失の発生の可能性が高いことが求められているが，確実であることまでは求められていない（「企業会計原則注解」注18）。

□□□ 4：【×】**現在価値に割り引くことを求めていない**（テキストp. 155参照）

　　企業会計原則注解18は，引当金の測定にあたって，合理的に見積られた当期の負担に属する金額を現在価値に割り引くことを求めていない（「企業会計原則注解」注18）。

□□□ 5：【×】**法令や契約の存在を前提としない**（テキストp. 155参照）

　　引当金の計上は，典型的な見積りによる会計処理ではあるが，そのことが計上にあたっての法令や契約の存在を前提とすることにはならず，修繕引当金のように，法令や契約の存在を前提としない引当金も計上されている。

□□□ 6：【〇】（テキストp. 155参照）

　　製品保証付き販売を行った場合，次期以降に発生すると予想される製品保証費用を当期の費用として見積計上する会計処理は，製品保証販売によって獲得した収益が製品保証費用を負担すべきというものであり，費用収益対応の原則の適用と考えることができる。

□□□ 7：【〇】（テキストp. 155参照）

　　未払費用は，一定の契約に基づき継続して役務の提供を受けるという事実に着目して計上されるのに対して，負債性引当金は，契約の有無に関わりなく，将来行われる修繕活動や製品保証あるいは退職金の支払など多様な経済事象に着目して設定される。

第4節　引当金各論

A　□□□　1　企業会計原則によれば，負債性引当金のうち，通常1年以内に使用される見込のものは流動負債に表示し，通常1年を超えて使用される見込のものは，固定負債に表示する。

A　□□□　2　製品保証引当金の繰入額は，製品の製造に関するものであるため，製造原価を通じて損益計算書の売上原価に含めて表示される。

A　□□□　3　債務保証損失引当金は，債務保証の総額をもって計上し，当該引当金の繰入額は，原則として，営業外費用または特別損失に計上する。

A　□□□　4　債権者から保証債務の履行請求を受けた場合，負担すべき債務を債務保証損失引当金に計上する。

C　□□□　5　負債の認識要件として，「企業が過去の事象の結果として現在の義務を有していること」を求める場合，修繕引当金と特別修繕引当金は負債に該当すると考えられる。

A　□□□　6　特別償却準備金，海外投資等損失準備金等の租税特別措置法上の準備金のうち，引当金の計上要件を満たさないものは，剰余金の処分により任意積立金として処理し，純資産の部に記載する。

A　□□□　7　責任準備金，渇水準備金等の特別法上の準備金のうち，引当金の計上要件を満たさないものは，剰余金の処分により任意積立金として処理し，純資産の部に記載する。

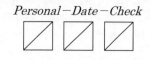

□□□ 1 :【○】(テキストp. 156参照)

　　「企業会計原則」第三・四(二)A，B

□□□ 2 :【×】**売上原価ではなく，販売費および一般管理費に表示する**（テキストp. 156参照）

　　製品保証は販売促進のための契約であるから，製品保証引当金の繰入額は，損益計算書の販売費および一般管理費に表示する。

□□□ 3 :【×】**求償債権についての回収見積額を控除した額を計上する**（テキストp. 157参照）

　　債務保証損失引当金は，債務保証の総額から，主たる債務者の返済可能額および担保により保全される額等の求償債権についての回収見積額を控除した額を計上し，当該引当金の繰入額は，原則として，営業外費用または特別損失に計上する。

□□□ 4 :【×】**債務保証損失引当金ではなく，未払金等に計上する**（テキストp. 157参照）

　　債権者から保証債務の履行請求を受けた場合，負担すべき債務を未払金等に計上する。

□□□ 5 :【×】**負債に該当しないと考えられる**（テキストp. 158参照）

　　負債の認識要件として，「企業が過去の事象の結果として現在の義務を有していること」を求める場合，修繕は操業停止や対象設備の廃棄をした場合には不要となるため，修繕引当金と特別修繕引当金は負債に該当しないと考えられる。

□□□ 6 :【○】(テキストp. 159参照)

　　租税特別措置法上の準備金のうち引当金の計上要件を満たさないものは，剰余金の処分により任意積立金として処理し，純資産の部に記載する。

　　なお，引当金の計上要件を満たすものは，引当金として処理し，負債の部（流動負債または固定負債）または資産の部に記載する。

□□□ 7 :【×】**引当金と同様に処理し，負債の部に記載する**（テキストp. 159参照）

　　特別法上の準備金は，特定業種の公益性の観点から，その計上が特別の法令で強制されており，また，その繰入れおよび取崩しの要件が定められていて利益操作の余地がないことから，引当金の計上要件を満たさないものであっても引当金と同様に処理し，固定負債の次に別の区分を設けて負債の部に記載する。

第9章
負債

第9章　負債

第1節　偶発債務

A　□□□　1　債務の保証や係争事件に係る賠償義務のような偶発債務がある場合には，その内容と
金額を注記しなければならない。これらは偶発事象に基づくものであるので，債務の弁
済の可能性が高まっても，引当金を計上する必要はない。（平成15年本試験）

第2節　資産除去債務

B　□□□　1　有形固定資産の除去そのものは義務でなくとも，有形固定資産を除去する際に当該有
形固定資産に使用されている有害物質等を法律等の要求による特別の方法で除去すると
いう義務は資産除去債務に含まれ，この場合に資産除去債務の計上の対象となるのは，
当該有形固定資産の除去費用全体である。

B　□□□　2　「資産除去債務に関する会計基準」でいう有形固定資産は，財務諸表等規則において
有形固定資産に区分される資産に限られるため，財務諸表等規則において投資その他の
資産に分類されている投資不動産については，資産除去債務が存在している場合でも，
当該基準の対象とはならない。

B　□□□　3　有形固定資産を除去する義務が，不適切な操業等の異常な原因によって発生した場合，
「資産除去債務に関する会計基準」の適用対象となる。

B　□□□　4　資産除去債務とは，有形固定資産の取得，建設，開発または通常の使用によって生じ，
当該有形固定資産の除去に関して法令または契約で要求される法律上の義務およびそれ
に準ずるものをいう。有形固定資産の除去が企業の自発的な計画のみによって行われる
場合は，法律上の義務に準ずるものとして取り扱われる。

□□□ 1：【×】**引当金を計上する必要がある**（テキストp. 162参照）

　　　発生の可能性が低い偶発事象に係る費用または損失については，引当金を計上することはできないが，債務の弁済の可能性が高まり，引当金の設定要件を満たした場合には，債務保証損失引当金や損害補償損失引当金を計上する必要がある（「企業会計原則注解」注18）。

□□□ 1：【×】**計上の対象は有害物質の除去に直接関わる費用である**（テキストp. 163参照）

　　　有形固定資産の除去そのものは義務でなくとも，有形固定資産を除去する際に当該有形固定資産に使用されている有害物質等を法律等の要求による特別の方法で除去するという義務は資産除去債務に含まれ，この場合に資産除去債務の計上の対象となるのは，有害物質の除去に直接関わる費用である（「資産除去債務に関する会計基準」第3項(1)，第29項）。

□□□ 2：【×】**当該基準の対象となる**（テキストp. 163参照）

　　　「資産除去債務に関する会計基準」でいう有形固定資産は，財務諸表等規則において有形固定資産に区分される資産に限られず，それに準じる有形の資産も含む。したがって，財務諸表等規則において投資その他の資産に分類されている投資不動産についても，資産除去債務が存在している場合には，当該基準の対象となる（「資産除去債務に関する会計基準」第23項）。

□□□ 3：【×】**適用対象とならない**（テキストp. 163参照）

　　　有形固定資産を除去する義務が，不適切な操業等の異常な原因によって発生した場合，「資産除去債務に関する会計基準」の適用対象とならない。この場合には，引当金の計上や「固定資産の減損に係る会計基準」の適用対象とすべきものと考えられる（「資産除去債務に関する会計基準」第26項）。

□□□ 4：【×】**自発的な計画のみによって行われる場合は含まれない**（テキストp. 163参照）

　　　有形固定資産の除去が企業の自発的な計画のみによって行われる場合は，法律上の義務に準ずるものには該当しない（「資産除去債務に関する会計基準」第28項）。

A □□□ 5 「資産除去債務に関する会計基準」における有形固定資産の「除去」には，売却，廃棄，リサイクルその他の方法による処分等のほか，転用や用途変更が含まれるが，当該有形固定資産が遊休状態になる場合は含まれない。

B □□□ 6 有形固定資産の使用期間中に実施する環境修復や修繕に係る支出は，資産除去債務に含めて会計処理を行う。

A □□□ 7 資産除去債務の会計処理については，引当金処理と資産負債の両建処理の2通りがある。有形固定資産に対応する除去費用が，当該有形固定資産の使用に応じて各期に適切な形で費用配分されるため，いずれの方法も制度上認められている。

A □□□ 8 法律上の義務に基づき，有形固定資産の耐用年数到来時に解体，撤去，処分等のために費用を要する場合，有形固定資産の除去に係る用役（除去サービス）の費消を，当該有形固定資産の使用に応じて各期間に費用配分し，それに対応する金額を負債として認識する方法が考えられる。この方法によれば，資産除去債務の負債計上を十分に行うことができる。

A □□□ 9 資産除去債務に係る資産負債の両建処理は，有形固定資産の取得等に付随して不可避的に生じる除去サービスの債務を負債として計上するとともに，対応する除去費用をその取得原価に含めることで，当該有形固定資産への投資について回収すべき額を引き下げることを意味する。

A □□□ 10 資産除去債務は，有形固定資産の取得，建設，開発または通常の使用によって発生した時に負債として計上する。

□□□ 5：【×】**転用や用途変更は含まれない**（テキストp. 163参照）

　　　有形固定資産の「除去」とは，有形固定資産を用役提供から除外することをいう（一時的に除外する場合を除く。）。除去の具体的な態様としては，売却，廃棄，リサイクルその他の方法による処分等が含まれるが，転用や用途変更は含まれない。また，当該有形固定資産が遊休状態になる場合は除去に該当しない（「資産除去債務に関する会計基準」第3項(2)）。

□□□ 6：【×】**資産除去債務に該当しない**（テキストp. 163参照）

　　　資産除去債務は，有形固定資産の除去に関わるものとして定義されていることから，これらに該当しない有形固定資産の使用期間中に実施する環境修復や修繕に係る支出は，資産除去債務に該当しない（「資産除去債務に関する会計基準」第3項(1)，第24項，第25項）。

□□□ 7：【×】**引当金処理は認められていない**（テキストp. 164参照）

　　　引当金処理と資産負債の両建処理のいずれの方法によっても，有形固定資産に対応する除去費用が，当該有形固定資産の使用に応じて各期に適切な形で費用配分されるが，制度上，引当金処理は認められず，資産負債の両建処理が要求される（「資産除去債務に関する会計基準」第33項，第34項）。

□□□ 8：【×】**負債計上が不十分である**（テキストp. 164参照）

　　　有形固定資産の除去に係る用役（除去サービス）の費消を，当該有形固定資産の使用に応じて各期間に費用配分し，それに対応する金額を負債として認識する方法（引当金処理）によれば，有形固定資産の除去に必要な金額が貸借対照表に計上されないことから，資産除去債務の負債計上が不十分であるといわれる（「資産除去債務に関する会計基準」第32項，第34項）。

□□□ 9：【×】**引き下げるではなく，引き上げることを意味する**（テキストp. 164参照）

　　　資産除去債務に係る資産負債の両建処理は，有形固定資産の取得等に付随して不可避的に生じる除去サービスの債務を負債として計上するとともに，対応する除去費用をその取得原価に含めることで，当該有形固定資産への投資について回収すべき額を引き上げることを意味する（「資産除去債務に関する会計基準」第34項）。

□□□ 10：【○】（テキストp. 166参照）

　　　「資産除去債務に関する会計基準」第4項

A　□□□ 11　資産除去債務の発生時に，当該債務の金額を合理的に見積ることができない場合には，これを計上せず，その後，当該債務額を合理的に見積ることができるようになった時点で負債計上する。

B　□□□ 12　合理的に資産除去債務を算定できず，貸借対照表に資産除去債務を計上していない場合には，重要性が乏しい場合を除き，当該資産除去債務の概要，合理的に見積ることができない旨およびその理由を注記しなければならない。

A　□□□ 13　資産除去債務の算定における割引前将来キャッシュ・フローについては，市場の評価を反映した金額によるという考え方と，自己の支出見積りによるという考え方があるが，「資産除去債務に関する会計基準」においては，前者の考え方が採用されている。

A　□□□ 14　資産除去債務の算定における割引前の将来キャッシュ・フローの見積金額は，生起する可能性の最も高い単一の金額によることが求められている。

A　□□□ 15　資産除去債務の算定に当たって，割引前の将来キャッシュ・フローの金額は，将来キャッシュ・フローが見積値から乖離するリスクを勘案せず見積る。

B　□□□ 16　資産除去債務を算定する際の将来キャッシュ・フローには，有形固定資産の除去に係る作業のために直接要する支出を含めるが，処分に至るまでの支出（例えば，保管や管理のための支出）は含めない。

B　□□□ 17　資産除去債務の算定に当たって，将来キャッシュ・フローの見積りには，法人税等の影響額を含める。

B　□□□ 18　将来キャッシュ・フローが見積値から乖離するリスクは，資産除去債務の見積額を減少させる要素となる。

□□□ 11：【○】（テキストp. 166参照）
　　　「資産除去債務に関する会計基準」第5項

□□□ 12：【○】（テキストp. 166参照）
　　　「資産除去債務に関する会計基準」第16項(5)

□□□ 13：【×】**後者の考え方が採用されている**（テキストp. 166参照）
　　　資産除去債務の算定における割引前将来キャッシュ・フローについては，合理的で説明可能な仮定および予測に基づく自己の支出見積りによるものとされている（「資産除去債務に関する会計基準」第6項(1)，第36項）。

□□□ 14：【×】**期待値を用いることもできる**（テキストp. 166参照）
　　　資産除去債務の算定における割引前の将来キャッシュ・フローの見積金額は，生起する可能性の最も高い単一の金額（最頻値）または生起し得る複数の将来キャッシュ・フローをそれぞれの発生確率で加重平均した金額（期待値）とする。したがって，前者によることが求められているわけではない（「資産除去債務に関する会計基準」第6項(1)）。

□□□ 15：【×】**見積値から乖離するリスクを勘案して見積る**（テキストp. 166参照）
　　　資産除去債務の算定に当たって，割引前の将来キャッシュ・フローの金額は，将来キャッシュ・フローが見積値から乖離するリスクを勘案して見積る（「資産除去債務に関する会計基準」第39項）。

□□□ 16：【×】**処分に至るまでの支出も含める**（テキストp. 166参照）
　　　資産除去債務を算定する際の将来キャッシュ・フローには，有形固定資産の除去に係る作業のために直接要する支出のほか，処分に至るまでの支出（例えば，保管や管理のための支出）も含める（「資産除去債務に関する会計基準」第6項(1)）。

□□□ 17：【×】**法人税等の影響額を含めない**（テキストp. 166参照）
　　　資産除去債務の算定に当たって，将来キャッシュ・フローの見積りには，法人税等の影響額を含めない。

□□□ 18：【×】**減少ではなく，増加させる要素となる**（テキストp. 166参照）
　　　将来キャッシュ・フローが見積値から乖離するリスクは，資産除去債務の見積額を増加させる要素となる（「資産除去債務に関する会計基準」第39項）。

A ☐☐☐ 19 資産除去債務の算定には，信用リスクを反映させた割引率ではなく，貨幣の時間価値を反映した無リスクの割引率が採用されている。

A ☐☐☐ 20 資産除去債務に対応する除去費用を，当該資産除去債務の負債計上額と同額の資産として計上する場合，将来提供される除去サービスの前払い（長期前払費用）としての性格を有するという考え方から，資産除去債務に関連する有形固定資産とは区別して把握し，別の資産（長期前払費用）として計上する方法も認められている。

A ☐☐☐ 21 資産除去債務に対応する除去費用は，有形固定資産の稼動にとって不可欠なものであるため，有形固定資産の取得に関する付随費用と同様に処理する。

B ☐☐☐ 22 資産除去債務に該当する土地の原状回復費用等は，土地が処分されるまで費用計上されない。

A ☐☐☐ 23 資産除去債務が有形固定資産の稼動等に従って，使用の都度発生する場合には，資産除去債務に対応する除去費用を各期においてそれぞれ資産計上し，関連する有形固定資産の残存耐用年数にわたり，各期に費用配分する方法によらなければならない。

A ☐☐☐ 24 時の経過による資産除去債務の調整額は，期首の負債の帳簿価額に割引率を乗じて算定し，その発生時の費用として処理する。

B ☐☐☐ 25 資産除去債務の算定に当たり，割引率は，毎期見直すことが要求されている。

B ☐☐☐ 26 資産除去債務の対象が複数の有形固定資産から構成される場合，主たる資産を除去するまでの間に行われる，より短い周期で実施される資産の除去および再取得に係る支出は資産除去債務の対象とする。

□□□ 19：【○】（テキストp. 167参照）

　　　「資産除去債務に関する会計基準」第6項(2)，第40項

□□□ 20：【×】**別の資産として計上する方法は認められていない**（テキストp. 167参照）

　　　資産除去債務に対応する除去費用は，法律上の権利ではなく財産的価値もないこと，また，独立して収益獲得に貢献するものではないことから，別の資産として計上する方法は認められていない（「資産除去債務に関する会計基準」第42項）。

□□□ 21：【○】（テキストp. 167参照）

　　　「資産除去債務に関する会計基準」第42項

□□□ 22：【×】**減価償却を通じて各期に費用配分される**（テキストp. 167参照）

　　　土地の原状回復費用等は，一般に当該土地に建てられている建物や構築物等の有形固定資産の減価償却を通じて各期に費用配分されることとなる（「資産除去債務に関する会計基準」第45項）。

□□□ 23：【×】**当該方法以外の方法も認められている**（テキストp. 168参照）

　　　資産除去債務が有形固定資産の稼動等に従って，使用の都度発生する場合には，資産除去債務に対応する除去費用を各期においてそれぞれ資産計上し，関連する有形固定資産の残存耐用年数にわたり，各期に費用配分する方法を原則とするが，除去費用をいったん資産に計上し，当該計上時期と同一の期間に，資産計上額と同一の金額を費用処理することもできる（「資産除去債務に関する会計基準」第8項）。

□□□ 24：【○】（テキストp. 168参照）

　　　「資産除去債務に関する会計基準」第9項

□□□ 25：【×】**毎期見直すことは要求されていない**（テキストp. 168参照）

　　　割引率は，負債計上時の割引率に固定する方法が採用されており，毎期見直すことは行われない（「資産除去債務に関する会計基準」第49項）。

□□□ 26：【×】**資産除去債務の対象としない**（テキストp. 169参照）

　　　資産除去債務の対象が複数の有形固定資産から構成される場合，主たる資産を除去するまでの間に行われる，より短い周期で実施される資産の除去および再取得に係る支出は資産除去債務の対象とせず，主たる資産の除去と同時に行われる資産の除去に係る支出を対象とする。

A　□□□ 27　建物等の賃借契約において，当該賃借建物等に係る有形固定資産（内部造作等）の除去などの原状回復が契約で要求されている場合において，当該賃借契約に関連する敷金が資産計上されているときは，当該計上額に関連する部分について，当該資産除去債務の負債計上およびこれに対応する除去費用の資産計上を行わず，当該敷金の回収が最終的に見込めないと認められる金額を合理的に見積り，そのうち当期の負担に属する金額を費用に計上する方法により処理しなければならない。

A　□□□ 28　資産除去債務の見積りの変更に係る会計処理には，資産除去債務に係る負債および有形固定資産の残高の調整を行い，その調整の効果を一時の損益とするプロスペクティブ方式が採用されている。

A　□□□ 29　資産除去債務が法令の改正等により新たに発生した場合は，会計処理の対象となる新たな事実の発生であるが，将来キャッシュ・フローの見積りの変更と同様に処理する。

A　□□□ 30　「資産除去債務に関する会計基準」によれば，割引前将来キャッシュ・フローに重要な見積りの変更が生じ，当該キャッシュ・フローが増加する場合，見積りの変更による調整額に適用する割引率は，当初負債計上時のものを用いる。

A　□□□ 31　資産除去債務は，固定負債の区分に表示しなければならない。

A　□□□ 32　資産計上された資産除去債務に対応する除去費用に係る費用配分額は，損益計算書上，当該資産除去債務に関連する有形固定資産の減価償却費と同じ区分に含めて計上する。

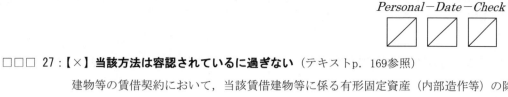

□□□ 27：【×】**当該方法は容認されているに過ぎない**（テキストp. 169参照）
　　　建物等の賃借契約において，当該賃借建物等に係る有形固定資産（内部造作等）の除去などの原状回復が契約で要求されている場合において，当該賃借契約に関連する敷金が資産計上されているときは，当該計上額に関連する部分について，当該資産除去債務の負債計上およびこれに対応する除去費用の資産計上を行わず，当該敷金の回収が最終的に見込めないと認められる金額を合理的に見積り，そのうち当期の負担に属する金額を費用に計上する方法により処理することができる。

□□□ 28：【×】**プロスペクティブ方式は，調整の効果を一時の損益とする方法ではない**（テキストp. 170参照）
　　　資産除去債務の見積りの変更に係る会計処理には，資産除去債務に係る負債および関連する有形固定資産の帳簿価額に加減して，減価償却を通じて残存耐用年数にわたり費用配分を行うプロスペクティブ方式が採用されている。
　　　なお，資産除去債務に係る負債および有形固定資産の残高の調整を行い，その調整の効果を一時の損益とする方法は，プロスペクティブ方式ではなく，キャッチ・アップ方式である（「資産除去債務に関する会計基準」第50項，第51項）。

□□□ 29：【○】（テキストp. 170参照）
　　　「資産除去債務に関する会計基準」第10項，第52項

□□□ 30：【×】**当初負債計上時ではなく，その時点の割引率を用いる**（テキストp. 170参照）
　　　割引前将来キャッシュ・フローに重要な見積りの変更が生じた場合，見積りの変更による調整額に適用する割引率は，当該キャッシュ・フローが増加する場合，当初負債計上時ではなく，その時点の割引率を適用する。
　　　なお，キャッシュ・フローが減少する場合には，当初負債計上時の割引率を適用する（「資産除去債務に関する会計基準」第11項）。

□□□ 31：【×】**１年以内に履行が見込まれる場合は流動負債に表示する**（テキストp. 171参照）
　　　資産除去債務は，貸借対照表日後１年以内にその履行が見込まれる場合を除き，固定負債の区分に表示するが，貸借対照表日後１年以内にその履行が見込まれる場合には，流動負債の区分に表示する（「資産除去債務に関する会計基準」第12項）。

□□□ 32：【○】（テキストp. 171参照）
　　　「資産除去債務に関する会計基準」第13項

A □□□ **33** 時の経過による資産除去債務の調整額は，損益計算書上，財務費用として営業外費用の区分に計上する。

A □□□ **34** 資産除去債務の履行時に認識される資産除去債務残高と資産除去債務の決済のために実際に支払われた額との差額（履行差額）は，固定資産の除却損と同様，営業費用に含めて処理するのは適切ではないことから，損益計算書上，特別損益（または営業外損益）に含めて計上する。

B □□□ **35** 当初の除去予定時期よりも著しく早期に除去することとなった場合等，履行差額が異常な原因により生じたものである場合には，特別損益として処理する。

□□□ 33：【×】**営業外費用ではなく，減価償却費と同じ区分に計上する**（テキストp. 171参照）

　　　時の経過による資産除去債務の調整額は，当該資産除去債務に関連する有形固定資産の減価償却費と同じ区分に含めて計上する（「資産除去債務に関する会計基準」第14項）。

□□□ 34：【×】**特別損益（または営業外損益）ではなく，除去費用に係る費用配分額と同じ区分に計上する**（テキストp. 172参照）

　　　資産除去債務の履行時に認識される資産除去債務残高と資産除去債務の決済のために実際に支払われた額との差額（履行差額）は，損益計算書上，原則として，当該資産除去債務に対応する除去費用に係る費用配分額と同じ区分に含めて計上する（「資産除去債務に関する会計基準」第15項）。

□□□ 35：【〇】（テキストp. 172参照）

　　　「資産除去債務に関する会計基準」第58項

第10章
純資産

第10章　純資産

第1節　資本の概念

A　□□□　1　純資産は，資産と負債の差額である。すなわち純資産は資産と負債から従属的にのみ
導かれる概念である。（平成19年本試験）

A　□□□　2　わが国の討議資料「財務会計の概念フレームワーク」では資本を純資産の意味で用い
ている。

A　□□□　3　純資産のうち報告主体の所有者である株主に帰属することを強調する意味での資本は，
払込資本と呼ばれる。

第2節　純資産の部の表示

B　□□□　1　現行の制度会計上，その他有価証券評価差額金のような純資産直入項目が存在するた
め，損益計算書における当期純利益の額（親会社株主に帰属する部分）と貸借対照表に
おける株主資本の資本取引を除く当期変動額は一致しない。

A　□□□　2　連結貸借対照表上，資本剰余金は，資本準備金およびその他資本剰余金に区分する。

B　□□□　3　申込期日経過後における新株式申込証拠金は，資本準備金の次に別に区分を設けて表
示しなければならない。（平成12年本試験一部改題）

A　□□□　4　連結貸借対照表上，株主資本以外の各項目は，その他の包括利益累計額，株式引受権，
新株予約権および非支配株主持分に区分する。

☐☐☐　1：【〇】（テキストp. 72, 174参照）

　　　　　討議資料「財務会計の概念フレームワーク」第3章・第6項

☐☐☐　2：【×】**純資産ではなく，株主資本の意味で用いている**（テキストp. 174参照）

　　　　　わが国の討議資料「財務会計の概念フレームワーク」では資本を株主資本の意味で用いている（討議資料「財務会計の概念フレームワーク」第3章・第7項）。

☐☐☐　3：【×】**払込資本ではなく，株主資本である**（テキストp. 174参照）

　　　　　純資産のうち報告主体の所有者である株主に帰属することを強調する意味での資本は，株主資本と呼ばれる（討議資料「財務会計の概念フレームワーク」第3章・第7項）。

☐☐☐　1：【×】**一致する**（テキストp. 175参照）

　　　　　現行の制度会計上，純資産は株主資本と株主資本以外の各項目に区分されているため，損益計算書における当期純利益の額（親会社株主に帰属する部分）と貸借対照表における株主資本の資本取引を除く当期変動額は一致する（「貸借対照表の純資産の部の表示に関する会計基準」第30項）。

☐☐☐　2：【×】**資本剰余金として一括して表示する**（テキストp. 175, 180参照）

　　　　　個別貸借対照表上，資本剰余金は，資本準備金およびその他資本剰余金に区分される（「貸借対照表の純資産の部の表示に関する会計基準」第6項(1)）が，連結貸借対照表上は，資本剰余金をさらに区分することはしない（「連結財務諸表規則」第43条第1項）。

☐☐☐　3：【×】**資本準備金ではなく，資本金の次である**（テキストp. 175参照）

　　　　　申込期日経過後における新株式申込証拠金は，資本金の次に別に区分を設け，新株式申込証拠金の科目をもって掲記する（「財務諸表等規則」第62条1項）。

☐☐☐　4：【〇】（テキストp. 175参照）

　　　　　「貸借対照表の純資産の部の表示に関する会計基準」第7項(2)，「包括利益の表示に関する会計基準」第16項

B　□□□　5　払込資本も留保利益（稼得資本）も株主資本であることに変わりはなく，会計上は留保利益を含む株主資本の変動（増資や配当など）と，その株主資本が生み出す利益との区分が本質的に重要であり，この意味においては，株主資本を払込資本と留保利益に区分する理由はないと考えられる。

B　□□□　6　連結貸借対照表において，連結子会社の個別貸借対照表上，純資産の部に直接計上されている評価・換算差額等（その他の包括利益累計額）は，持分比率に基づき親会社持分割合と非支配株主持分割合とに按分し，親会社持分割合は当該区分において記載し，非支配株主持分割合は非支配株主持分に含めて記載する。

B　□□□　7　現行制度上，株主資本以外の各項目はその他純資産として一括りにされ，純資産の部を株主資本とその他純資産に大きく区分して表示したうえで，その他純資産をさらに各項目に区分している。

第3節　株主資本

A　□□□　1　資本主理論の考え方を基礎にすれば，国庫補助金はその助成目的に関係なく処分可能な利益とされる。

A　□□□　2　名目貨幣資本概念によれば，貨幣価値の変動による資産の評価増部分（例えば，保険差益）は，資本剰余金とすべきである。

A　□□□　3　現行制度上，受贈資本は期間利益を通じて株主資本（利益剰余金）に含められるが，評価替資本は評価・換算差額等に含められる。

B　□□□　4　会社は株主総会の決議を経て，資本準備金およびその他資本剰余金を資本金に組み入れることができるが，利益準備金およびその他利益剰余金を資本金に組み入れることはできない。（平成22年第 I 回本試験）

□□□ 5 :【○】(テキストp. 175参照)
　　　　「貸借対照表の純資産の部の表示に関する会計基準」第28項

□□□ 6 :【○】(テキストp. 175参照)
　　　　「貸借対照表の純資産の部の表示に関する会計基準」第7項(2)

□□□ 7 :【×】**その他純資産として一括りにして表示しない**(テキストp. 175参照)
　　　　株主資本以外の各項目をその他純資産として一括りにする意義は薄いと考えられる
　　　ため，現行制度上，純資産を株主資本と株主資本以外の各項目に並列的に区分している
　　　(「貸借対照表の純資産の部の表示に関する会計基準」第31項)。

□□□ 1 :【○】(テキストp. 178参照)
　　　　資本主理論のように株主からの拠出額のみを維持すべき資本と考える立場からは，国
　　　庫補助金のような弁済義務を伴わない資金提供額は，その助成目的すなわち資金提供目
　　　的に関係なく，処分可能な利益とされる。

□□□ 2 :【×】**資本剰余金ではなく，利益剰余金とすべきである**(テキストp. 179参照)
　　　　維持すべき資本を貨幣の名目額の大きさとして把握する名目貨幣資本概念によれば，
　　　貨幣価値の変動による資産の評価増部分は資本剰余金とはいえず，利益剰余金とすべき
　　　である。

□□□ 3 :【×】**評価替資本は評価・換算差額等に含められない**(テキストp. 178, 179参照)
　　　　現行制度上，受贈資本と評価替資本は，いずれも期間利益を通じて株主資本(利益剰
　　　余金)に含められる。

□□□ 4 :【×】**利益準備金およびその他利益剰余金を資本金に組み入れることもできる**(テキスト
　　　p. 180参照)
　　　　株式会社は準備金の額および剰余金の額を減少して，資本金の額を増加することがで
　　　きる(「会社法」第448条，第450条)。この場合，利益準備金およびその他利益剰余金を
　　　資本金に組み入れることもできる。

A　□□□ 5　株主からの払込資本は必ず資本金ないし資本準備金の区分に記載され，他の区分に記載されることはない。

B　□□□ 6　資本剰余金は，個別貸借対照表上，資本準備金およびその他資本剰余金に区分し，その他資本剰余金については，資本金および資本準備金の取崩によって生ずる剰余金や自己株式の処分差益等，その内容を示す科目に区分して表示する。

A　□□□ 7　利益剰余金は，連結貸借対照表上，利益準備金およびその他利益剰余金に区分して表示する。

A　□□□ 8　その他利益剰余金のうち，任意積立金のように，株主総会または取締役会の決議に基づき設定される項目については，個別貸借対照表上，その内容を示す科目をもって表示し，それ以外については繰越利益剰余金にて表示する。

B　□□□ 9　その他利益剰余金または繰越利益剰余金の金額が負の値となる場合には，繰越損失等の科目をもって表示する。

A　□□□ 10　自己株式の取得は株主との間の資本取引であり，会社所有者に対する会社財産の払戻しの性格を有するため，資本の控除として扱う。

A　□□□ 11　取得した自己株式は，その取得原価により記録し，期末に保有する自己株式は，時価をもって評価する。

□□□ 5：【×】**他の区分に記載されることもある**（テキストp. 180参照）

　　　株主からの払込資本であっても，資本金および資本準備金の額の減少によって生ずる剰余金はその他資本剰余金に計上されるため，株主からの払込資本は必ずしも資本金ないし資本準備金の区分に記載されるとはいえない（「自己株式及び準備金の額の減少等に関する会計基準」第20項）。

□□□ 6：【×】**その他資本剰余金の内訳表示は求められていない**（テキストp. 180参照）

　　　その他資本剰余金は，株主資本等変動計算書があれば当期の変動状況は把握できることなどから，その残高を内容に応じて区分しておく必然性は乏しく，現行制度上，その他資本剰余金の内訳表示は求められていない（「貸借対照表の純資産の部の表示に関する会計基準」第34項）。

□□□ 7：【×】**利益剰余金として一括して表示する**（テキストp. 181参照）

　　　連結財務諸表は，会社法上の分配可能額の算定を直接の目的としているものではないため，個別財務諸表上の処分不可能な利益剰余金である利益準備金を連結財務諸表上表示する必要性が乏しく，表示科目の統合の観点も考慮し，連結貸借対照表上，利益準備金およびその他利益剰余金に区分せず，利益剰余金として一括して表示する（「連結財務諸表に関する会計基準」第71項）。

□□□ 8：【○】（テキストp. 181参照）

　　　「貸借対照表の純資産の部の表示に関する会計基準」第6項(2)

□□□ 9：【×】**繰越損失等の科目で表示しない**（テキストp. 181参照）

　　　その他利益剰余金または繰越利益剰余金の金額が負の値となる場合には，その他利益剰余金または繰越利益剰余金の科目をもってマイナス残高として表示する（「貸借対照表の純資産の部の表示に関する会計基準」第35項）。

□□□ 10：【○】（テキストp. 181参照）

　　　「自己株式及び準備金の額の減少等に関する会計基準」第7項，第30項

□□□ 11：【×】**時価ではなく，取得原価をもって評価する**（テキストp. 182, 183参照）

　　　取得した自己株式は，その取得原価により記録し，期末に保有する自己株式は，取得原価をもって評価する（「自己株式及び準備金の額の減少等に関する会計基準」第7項）。

A □□□ 12 自己株式の取得の対価として，自社の他の種類の新株を発行する場合の当該自己株式の取得原価は，交付した新株の時価とし，対応する額を払込資本として計上する。

A □□□ 13 自己株式の取得の対価として，自社の他の種類の自己株式を処分する場合，自己株式の取得原価は零とする。

A □□□ 14 自己株式の取得の対価が金銭以外の場合（自社の他の種類の株式を交付する場合および企業集団内の企業から取得する場合を除く），自己株式の取得原価は，取得の対価となる財の時価と取得した自己株式の時価のうち，より高い信頼性をもって測定可能な時価で算定する。

A □□□ 15 自己株式を無償で取得した場合，当該自己株式は時価をもって純資産の部に計上する。

A □□□ 16 自己株式を純資産の部における株主資本の控除とする場合の会計処理には，①取得原価で一括して株主資本全体の控除項目とする方法と②株主資本の構成要素に配分して直接減額する方法の2つの方法が考えられるが，「自己株式及び準備金の額の減少等に関する会計基準」では，自己株式の取得を自己株式の消却に類似する行為とする考えに基づき，前者の方法を採用している。

A □□□ 17 自己株式の処分は新株の発行と同様の経済的実態を有するため，自己株式処分差益は資本準備金に計上する。

B □□□ 18 自己株式処分差損については，株主に対する会社財産の分配という点で利益配当と同様の性格であるから，利益剰余金の減少として会計処理することが適切である。（平成15年本試験）

□□□ 12：【×】**交付した新株の時価ではなく，零とする**（テキストp. 182参照）

　　　自己株式の取得の対価として，自社の他の種類の新株を発行する場合の当該自己株式の取得原価は，零とする。

□□□ 13：【×】**零ではなく，処分した自己株式の帳簿価額とする**（テキストp. 182参照）

　　　自己株式の取得の対価として，自社の他の種類の自己株式を処分する場合，自己株式の取得原価は，処分した自己株式の帳簿価額とする。

□□□ 14：【○】（テキストp. 182参照）

　　　自己株式の取得の対価が金銭以外の場合（自社の他の種類の株式を交付する場合および企業集団内の企業から取得する場合を除く），自己株式の取得原価は，取得の対価となる財の時価と取得した自己株式の時価のうち，より高い信頼性をもって測定可能な時価で算定する。なお，自己株式の取得原価と取得の対価となる財の帳簿価額との差額は，取得の対価となる財の種類等に応じた表示区分の損益に計上する。

□□□ 15：【×】**時価で計上するのではなく，自己株式の数のみの増加として処理する**（テキストp. 182参照）

　　　自己株式を無償で取得した場合，自己株式の数のみの増加として処理する。

□□□ 16：【×】**自己株式の保有は処分または消却までの暫定的な状態であるとする考えに基づき前者の方法を採用している**（テキストp. 183参照）

　　　「自己株式及び準備金の額の減少等に関する会計基準」では，自己株式の取得を自己株式の消却に類似する行為とする考えではなく，自己株式の保有は処分または消却までの暫定的な状態であるとする考えに基づき，取得原価で一括して株主資本全体の控除項目とする方法を採用している（「自己株式及び準備金の額の減少等に関する会計基準」第32項）。

□□□ 17：【×】**資本準備金ではなく，その他資本剰余金に計上する**（テキストp. 183参照）

　　　自己株式処分差益はその他資本剰余金に計上する（「自己株式及び準備金の額の減少等に関する会計基準」第9項，第37項）。

□□□ 18：【×】**資本剰余金の減少として会計処理することが適切である**（テキストp. 183, 184参照）

　　　自己株式処分差損については，株主に対する会社財産の分配という点で利益配当と同様の性格であるから，利益剰余金の減少と考えるべきとの見解もあるが，自己株式の処分が新株の発行と同様の経済的実態を有する点を考慮すると，利益剰余金を増減させるべきではなく，資本剰余金の減少として会計処理することが適切である（「自己株式及び準備金の額の減少等に関する会計基準」第10項，第39項，第40項）。

B　□□□　19　自己株式の処分および消却時の帳簿価額は，移動平均法により算定しなければならない。

B　□□□　20　自己株式の処分および消却時の帳簿価額は，会社の定めた計算方法に従って，株式の取得目的ごとに算定しなければならない。

A　□□□　21　自己株式の消却の会計処理は，取締役会等による会社の意思決定の段階で行う。

A　□□□　22　自己株式を消却した場合には，消却手続が完了したときに，消却の対象となった自己株式の帳簿価額をその他利益剰余金（繰越利益剰余金）から減額する。

A　□□□　23　取締役会等による会社の意思決定によって自己株式を消却する場合に，決議後消却手続を完了していない自己株式が貸借対照表日にあり，当該自己株式の帳簿価額または株式数に重要性があるときであって，かつ，連結株主資本等変動計算書または個別株主資本等変動計算書の注記事項として自己株式の種類および株式数に関する事項を記載する場合には，決議後消却手続を完了していない自己株式の帳簿価額，種類および株式数を当該事項に併せて注記する。

A　□□□　24　資本剰余金は株主からの払込資本のうち資本金に含まれないものを表すため，本来，負の残高の資本剰余金という概念は想定されていない。

A　□□□　25　その他資本剰余金の残高を超える自己株式処分差損が発生した場合には，その都度，その他利益剰余金で補てんし，その残高を確定しなければならない。（平成19年本試験）

□□□ 19：【×】**移動平均法によって算定するとは限らない**（テキストp. 184参照）

　　　　自己株式の処分および消却時の帳簿価額は，会社の定めた計算方法に従って算定するのであり，移動平均法によって算定するとは限らない（「自己株式及び準備金の額の減少等に関する会計基準」第13項，第49項）。

□□□ 20：【×】**株式の取得目的ごとではなく，種類ごとに算定する**（テキストp. 184参照）

　　　　自己株式の処分および消却時の帳簿価額は，会社の定めた計算方法に従って，株式の種類ごとに算定しなければならない（「自己株式及び準備金の額の減少等に関する会計基準」第13項）。

□□□ 21：【×】**消却手続が完了したときに会計処理を行う**（テキストp. 184参照）

　　　　自己株式の消却の会計処理は，取締役会等による会社の意思決定の段階で行うべきとの意見があるが，自己株式の消却を取締役会等で意思決定しただけでは，法的に発行済株式数が減少するわけではないため，消却手続が完了したときに会計処理を行う（「自己株式及び準備金の額の減少等に関する会計基準」第11項，第46項）。

□□□ 22：【×】**その他利益剰余金（繰越利益剰余金）ではなく，その他資本剰余金から減額する**（テキストp. 184参照）

　　　　自己株式を消却した場合には，消却手続が完了したときに，消却の対象となった自己株式の帳簿価額をその他資本剰余金から減額する（「自己株式及び準備金の額の減少等に関する会計基準」第11項）。

□□□ 23：【○】（テキストp. 184参照）

　　　　「自己株式及び準備金の額の減少等に関する会計基準」第22項

□□□ 24：【○】（テキストp. 184参照）

　　　　「自己株式及び準備金の額の減少等に関する会計基準」第40項

□□□ 25：【×】**その都度ではなく，会計期間末において補てんする**（テキストp. 184, 185参照）

　　　　その他資本剰余金の残高を超える自己株式処分差損が発生した場合には，会計期間末において，その他利益剰余金で補てんし，その残高を確定する（「自己株式及び準備金の額の減少等に関する会計基準」第42項）。

B □□□ 26 自己株式処分差損をその他利益剰余金（繰越利益剰余金）から減額した期の翌期以後に自己株式処分差益が生じた場合であっても，現行制度上，自己株式処分差損をその他利益剰余金（繰越利益剰余金）から減額した範囲でその他利益剰余金（繰越利益剰余金）を増額することは適切ではないと考えられている。

A □□□ 27 自己株式の取得，処分および消却時の付随費用は，取得に要した費用は取得価額に含め，処分および消却に要した費用は自己株式処分差額等の調整とする。

A □□□ 28 資本金および資本準備金の取り崩しによって生ずる剰余金は，利益剰余金に振り替える。（平成15年本試験一部改題）

A □□□ 29 利益準備金の額の減少によって生ずる剰余金は，減少の法的効力が発生したときに，その他利益剰余金（繰越利益剰余金）に計上する。

A □□□ 30 利益剰余金が負の残高のときにその他資本剰余金で補てんするのは，払込資本に生じている毀損を事実として認識するものであり，払込資本と留保利益の区分の問題にはあたらない。

A □□□ 31 最終事業年度の末日における会社法上の剰余金の額は，資本剰余金と利益剰余金の合計額である。

A □□□ 32 剰余金の配当を行う場合，減少する剰余金の額に10分の1を乗じて得た額を，その他資本剰余金を原資とした剰余金の配当であれば資本準備金，その他利益剰余金を原資とした剰余金の配当であれば利益準備金として，基準資本金額（資本金の額に4分の1を乗じて得た額）に達するまで積み立てる。

A □□□ 33 配当財産が金銭以外の財産である場合，原則として，配当の効力発生日における配当財産の時価と適正な帳簿価額との差額は，配当の効力発生日の属する期の損益として，配当財産の種類等に応じた表示区分に計上し，配当財産の時価をもって，その他資本剰余金を減額しなければならない。

□□□ 26：【〇】（テキストp. 185参照）
　　　「自己株式及び準備金の額の減少等に関する会計基準」第43項

□□□ 27：【×】**付随費用は損益計算書の営業外費用に計上する**（テキストp. 186参照）
　　　自己株式の取得，処分および消却に関する付随費用は，損益計算書の営業外費用に計上する（「自己株式及び準備金の額の減少等に関する会計基準」第14項）。

□□□ 28：【×】**利益剰余金ではなく，その他資本剰余金に計上する**（テキストp. 186参照）
　　　資本金および資本準備金の取り崩しによって生ずる剰余金は，その他資本剰余金に計上する（「自己株式及び準備金の額の減少等に関する会計基準」第20項）。

□□□ 29：【〇】（テキストp. 186参照）
　　　「自己株式及び準備金の額の減少等に関する会計基準」第21項

□□□ 30：【〇】（テキストp. 187参照）
　　　「自己株式及び準備金の額の減少等に関する会計基準」第61項

□□□ 31：【×】**その他資本剰余金とその他利益剰余金の合計額である**（テキストp. 188参照）
　　　会社法上の剰余金の額は，その他資本剰余金とその他利益剰余金の合計額である（「会社法」第446条，「会社計算規則」第149条）。

□□□ 32：【〇】（テキストp. 188参照）
　　　「会社法」第445条4項，「会社計算規則」第22条

□□□ 33：【×】**減額する剰余金は，会社の意思決定機関で定められた結果に従う**（テキストp. 189参照）
　　　配当財産が金銭以外の財産である場合，原則として，配当の効力発生日における配当財産の時価と適正な帳簿価額との差額は，配当の効力発生日の属する期の損益として，配当財産の種類等に応じた表示区分に計上し，配当財産の時価をもって，剰余金を減額するが，その他資本剰余金とその他利益剰余金のいずれから減額するかについては，取締役会等の会社の意思決定機関で定められた結果に従う。

A □□□ 34　その他資本剰余金の処分による配当は，投資額の払戻しの性格をもつ。したがって，受取配当金の会計処理は，有価証券の保有目的にかかわらず，当該有価証券の帳簿価額を受取配当分だけ減額処理する。（平成15年本試験）

第4節　評価・換算差額等

A □□□ 1　評価・換算差額等には，その他有価証券評価差額金や繰延ヘッジ損益のように，資産または負債は時価をもって貸借対照表価額としているが当該資産または負債に係る評価差額を損益としていない場合の当該評価差額や，為替換算調整勘定等が含まれる。当該評価・換算差額等については，これらに関する，当期までの期間に課税された法人税等の額および繰延税金資産または繰延税金負債の額を控除した金額を記載する。

A □□□ 2　評価・換算差額等は，払込資本ではなく，かつ，未だ当期純利益に含められていないことから，株主資本とは区別されている。

A □□□ 3　現行の制度会計上，資産性または負債性をもつものを貸借対照表の資産の部または負債の部に記載し，それらに該当しないものは資産と負債との差額として純資産の部に記載するため，仮受金や未決算勘定（貸方）は純資産の部に表示する。

A □□□ 4　土地再評価法に基づき，事業用土地について時価による評価を行い，当該事業用土地の帳簿価額を改定することにより計上された土地再評価差額金は，資本剰余金に含まれる。

A □□□ 5　土地再評価差額金は，再評価を行った土地を売却処分した場合，当期純利益の計算に反映されることになる。

□□□ 34：【×】**有価証券の保有目的によって処理は異なる**（テキストp. 189参照）

　　　その他資本剰余金の処分による配当を受けた場合，原則として，配当の対象である有価証券の帳簿価額を受取配当分だけ減額処理する。ただし，配当の対象となる有価証券が売買目的有価証券である場合は，配当受領額を受取配当金（売買目的有価証券運用損益）として処理する。したがって，当該受取配当金の会計処理は，有価証券の保有目的によって異なる。

□□□ 1：【○】（テキストp. 190参照）

　　　「貸借対照表の純資産の部の表示に関する会計基準」第8項

□□□ 2：【○】（テキストp. 190参照）

　　　「貸借対照表の純資産の部の表示に関する会計基準」第33項

□□□ 3：【×】**純資産の部ではなく，負債の部に表示する**（テキストp. 190参照）

　　　企業会計基準では，仮受金や未決算勘定については，将来，収益に計上される可能性ではなく外部に返済される可能性を重視すれば負債に該当するという見方もあることなどから，既存の会計基準と異なる取扱いは定めていない（「貸借対照表の純資産の部の表示に関する会計基準」第24項）。したがって，仮受金や未決算勘定（貸方）は，その性質を示す適当な科目をもって負債の部に表示する（「企業会計原則」第三・四（二））。

□□□ 4：【×】**資本剰余金ではなく，評価・換算差額等に含まれる**（テキストp. 191 参照）

　　　土地再評価法に基づき，事業用土地について時価による評価を行い，当該事業用土地の帳簿価額を改定することにより計上された土地再評価差額金は評価・換算差額等（その他の包括利益累計額）に含まれる。

□□□ 5：【×】**当期純利益の計算に反映されない**（テキストp. 191 参照）

　　　土地再評価差額金は，再評価後の金額が土地の取得原価とされることから，再評価を行った土地を売却処分した場合であっても，その他利益剰余金に直接計上されることになるため，当期純利益の計算には反映されない。

第5節　新株予約権

A　□□□　1　純資産の部に計上されている新株予約権について，期限が過ぎても権利が行使されなかった場合には，損益計算上，利益として処理される。（平成24年第Ⅰ回本試験）

A　□□□　2　新株予約権は，将来，権利行使され払込資本になる可能性がある一方，失効して払込資本にならない可能性もある。このように，発行者側の新株予約権は，権利行使の有無が確定するまでの間，その性格が確定しない。しかし，新株予約権には返済義務がなく，負債の部に表示することは適当ではないため，純資産の部に表示することとされている。（平成19年本試験）

A　□□□　3　新株予約権は，将来，それが権利行使されれば払込資本となり，権利行使されずに失効すれば利益となるが，いずれにしても株主資本を構成し，報告主体の所有者である株主に帰属することとなるため，株主資本に含めて表示することも認められる。

A　□□□　4　自己新株予約権の取得は，株主との資本取引ではなく，新株予約権者との損益取引であるが，自己新株予約権の取得時には，その後，当該自己新株予約権を消却するか処分するかが必ずしも明らかではないため，取得時には損益を計上しない。（平成29年第Ⅱ回本試験）

A　□□□　5　自己新株予約権は資産性を有するので，自己新株予約権とこれに対応する新株予約権の金額を相殺表示することなく，貸借対照表の資産の部と純資産の部に両建て表示するのが，実態に即していると考えられる。（平成29年第Ⅱ回本試験）

A　□□□　6　自己新株予約権は，取得原価による帳簿価額を，純資産の部の新株予約権から原則として間接控除する。

A　□□□　7　自己新株予約権を新株予約権から控除した結果，新株予約権の残高が負の値となった場合には，当該部分を資産の部に計上する。

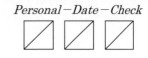

□□□　1：【○】（テキストp. 192参照）
　　　　純資産の部に計上されている新株予約権について，期限が過ぎても権利が行使されな
　　かった場合には，損益計算上，利益（新株予約権戻入益）として処理される。

□□□　2：【○】（テキストp. 192参照）
　　　　「貸借対照表の純資産の部の表示に関する会計基準」第22項(1)

□□□　3：【×】**株主資本とは区別して表示する**（テキストp. 192参照）
　　　　新株予約権は，報告主体の所有者である株主とは異なる新株予約権者との直接的な取
　　引によるものであり，報告主体の所有者である株主に帰属するものではないため，株主
　　資本とは区別して表示する（「貸借対照表の純資産の部の表示に関する会計基準」第32
　　項）。

□□□　4：【○】（テキストp. 193参照）
　　　　自己新株予約権の取得は，株主との資本取引ではなく，新株予約権者との損益取引で
　　あるが，自己新株予約権の取得時には，その後，当該自己新株予約権を消却するか処分
　　するかが必ずしも明らかではない。このため，原則として，時価に基づき取得価額を算
　　定し，取得時には損益を計上しない。

□□□　5：【×】**両建て表示ではなく，相殺表示する方が実態に即している**（テキストp. 193参照）
　　　　自己新株予約権は資産性を有するが，自己新株予約権の取得取引は，自らが発行した
　　新株予約権の買戻しであり，資産の部と純資産の部の両建て表示ではなく，相殺表示す
　　る方が実態に即していると考えられる。

□□□　6：【×】**直接控除が原則である**（テキストp. 193参照）
　　　　自己新株予約権は，取得原価による帳簿価額を，純資産の部の新株予約権から原則と
　　して直接控除する。

□□□　7：【×】**負の値で純資産の部に表示する**（テキストp. 193参照）
　　　　自己新株予約権を新株予約権から控除した結果，新株予約権の残高が負の値となった
　　場合には，当該負の値で純資産の部に表示する。

A　□□□　8　自己新株予約権の処分差額は，その他資本剰余金に計上する。

A　□□□　9　自己新株予約権を消却した場合，消却した自己新株予約権の帳簿価額とこれに対応する新株予約権の時価との差額を，当期の損益として処理する。

B　□□□　10　自己新株予約権の帳簿価額が，対応する新株予約権の帳簿価額を超える場合において，当該自己新株予約権の時価が著しく下落し，回復する見込みがあると認められないとき（当該時価が対応する新株予約権の帳簿価額を下回る場合を除く。）は，時価との差額を当期の損失として処理する。

第6節　株式引受権

A　□□□　1　取締役の報酬等として株式を無償交付する取引のうち，事後交付型に該当する場合の報酬費用の相手勘定は，純資産の部の株主資本の項目に株式引受権として計上する。

A　□□□　2　取締役の報酬等として株式を無償交付する取引（事後交付型）において，割当日に自己株式の処分が行われた場合には，自己株式の取得原価と株式引受権の帳簿価額との差額を，当期の損益として処理する。

B　□□□　3　取締役の報酬等として株式を無償交付する取引における費用の認識や測定については，「ストック・オプション等に関する会計基準」の定めに準じる。

□□□ 8：【×】**当期の損益として処理する**（テキストp. 193参照）

　　　自己新株予約権の処分は，株主ではない新株予約権者との取引と考えられるため，その処分差額は，自己新株予約権処分損（処分益）等の適切な科目をもって当期の損益として処理する。

□□□ 9：【×】**新株予約権の時価ではなく，帳簿価額との差額である**（テキストp. 193参照）

　　　自己新株予約権を消却した場合，消却した自己新株予約権の帳簿価額とこれに対応する新株予約権の帳簿価額との差額を，当期の損益として処理する。

□□□ 10：【○】（テキストp. 193参照）

　　　自己新株予約権の帳簿価額が，対応する新株予約権の帳簿価額を超える場合において，当該自己新株予約権の時価が著しく下落し，回復する見込みがあると認められないときは，時価との差額を当期の損失として処理する。

　　　なお，自己新株予約権の時価が対応する新株予約権の帳簿価額を下回るときは，当該自己新株予約権の帳簿価額と当該新株予約権の帳簿価額との差額を当期の損失として処理する。

□□□ 1：【×】**株主資本以外の項目として計上する**（テキストp. 194参照）

　　　取締役の報酬等として株式を無償交付する取引のうち，事後交付型に該当する場合の報酬費用の相手勘定は，純資産の部の株主資本以外の項目に株式引受権として計上する（「貸借対照表の純資産の部の表示に関する会計基準」第33-3項）。

□□□ 2：【×】**当期の損益ではなく，その他資本剰余金に計上する**（テキストp. 194参照）

　　　取締役の報酬等として株式を無償交付する取引（事後交付型）において，割当日に自己株式の処分が行われた場合には，自己株式の取得原価と株式引受権の帳簿価額との差額（自己株式処分差額）は，その他資本剰余金に計上する。

□□□ 3：【○】（テキストp. 194参照）

　　　取締役の報酬等として株式を無償交付する取引は，自社の株式を報酬として用いる点で，自社の株式オプションを報酬として用いるストック・オプションと類似性があるため，費用の認識や測定については「ストック・オプション等に関する会計基準」の定めに準じる。

第11章

財務諸表

第11章　財務諸表

第1節　貸借対照表

A　□□□　1　株式会社の貸借対照表には，開業貸借対照表と決算貸借対照表の他，継続企業を前提とした貸借対照表として，破産貸借対照表や清算貸借対照表がある。

A　□□□　2　会計の目的を財産計算に求める会計思考を動態論という。

A　□□□　3　会計の目的を財産計算に求める会計思考によれば，貸借対照表には，繰延資産や引当金が計上される。

A　□□□　4　企業会計の役割を債権者保護とした場合，資産は処分価値を有していなければならないと考えられ，その際の評価は売却時価基準を採用すべきである。（平成23年第Ⅰ回本試験）

A　□□□　5　会計の目的を損益計算に求める会計思考によれば，貸借対照表は損益計算と収支計算の期間的ズレを収容して次期に繰り越すために作成される。

A　□□□　6　動態論のもとでは，「費用・未支出」項目は資産に計上される。

B　□□□　7　動態論のもとでは，「収益・未収入」項目と「支出・未収入」項目は費用性資産とよばれ，原則として，回収可能額で評価される。

172

□□□ 1 :【×】**破産貸借対照表や清算貸借対照表は継続企業を前提としたものではない**（テキスト p. 196参照）

　　株式会社の貸借対照表には，開業貸借対照表と決算貸借対照表の他，継続企業を前提としない貸借対照表として，破産貸借対照表や清算貸借対照表がある。

□□□ 2 :【×】**動態論ではなく，静態論である**（テキスト p. 197, 198参照）

　　会計の目的を財産計算に求める会計思考を静態論（静的貸借対照表論）という。

　　なお，会計の目的を損益計算に求める会計思考を動態論（動的貸借対照表論）という。

□□□ 3 :【×】**繰延資産や引当金は計上されない**（テキスト p. 197参照）

　　会計の目的を財産計算に求める会計思考（静態論）によれば，貸借対照表には，決算日に実在する積極財産たる財貨および法的権利と，消極財産たる法的確定債務が記載されることから，繰延資産や引当金は計上されない。

□□□ 4 :【○】（テキスト p. 197参照）

　　企業会計の役割を債権者保護とした場合，一定時点における債務弁済能力を表示するため，資産は処分価値を有していなければならないと考えられ，その際の評価は売却時価基準を採用すべきである。

□□□ 5 :【○】（テキスト p. 198参照）

　　会計の目的を損益計算に求める会計思考（動態論）によれば，貸借対照表は，「収入と収益」，「支出と費用」および「収入と支出」との間の期間的なズレである未解決項目（ないし未解消項目）を収容し，次期の損益計算に繰り越す手段としての役割を持つものとして理解される。

□□□ 6 :【×】**資産ではなく，負債に計上される**（テキスト p. 198参照）

　　動態論のもとでは，「費用・未支出」項目（買掛金・引当金等）は負債に計上される。

□□□ 7 :【×】**費用性資産ではなく，貨幣性資産である**（テキスト p. 199参照）

　　動態論のもとでは，「収益・未収入」項目と「支出・未収入」項目は貨幣性資産とよばれ，原則として，回収可能額で評価される。

A　□□□ 8　誘導法は複式簿記の記録を前提とした貸借対照表および損益計算書の作成方法であり，棚卸法は期末における実地調査を前提とした貸借対照表および損益計算書の作成方法である。

A　□□□ 9　動態論によれば，貸借対照表の作成方法として棚卸法が採用される。

A　□□□ 10　貸借対照表には，企業の財政状態を明らかにするために，貸借対照表日におけるすべての資産，負債および純資産を記載する完全性が要求されるが，利害関係者が判断を誤らない範囲内で簿外資産または簿外負債を生じさせることは，貸借対照表の完全性を損なうことにはならない。（平成22年第Ⅱ回本試験）

A　□□□ 11　貸借対照表完全性の原則には，網羅性の原則と実在性の原則の2つの意味が込められている。ただし，網羅性の原則の例外として，重要性の原則の適用により生ずる簿外資産・負債の計上が容認されており，実在性の原則の例外として，架空資産・負債の計上が認められている。

A　□□□ 12　同一会社に対する貸付金と借入金がある場合においては，その相殺後の残高のみを貸付金または借入金として表示しなければならない。

A　□□□ 13　貸借対照表の固定資産の区分は，有形固定資産，無形固定資産および繰延資産に区分表示される。

A　□□□ 14　貸借対照表の配列については，明瞭性の原則に基づいて流動性配列法のみが認められる。（平成15年本試験）

174

□□□ 8：【×】**棚卸法では損益計算書を作成できない**（テキストp. 199参照）

　　　誘導法は複式簿記の記録を前提とした貸借対照表および損益計算書の作成方法であるが，棚卸法は期末における実地調査を前提とした貸借対照表の作成方法であり，損益計算書の作成は行えない。

□□□ 9：【×】**棚卸法ではなく，誘導法が採用される**（テキストp. 199参照）

　　　動態論によれば，貸借対照表の作成方法として誘導法が採用される。

　　　なお，静態論によれば，貸借対照表の作成方法として棚卸法が採用される。

□□□ 10：【○】（テキストp. 200参照）

　　　「企業会計原則」第三・一

□□□ 11：【×】**実在性の原則の例外は認められていない**（テキストp. 200参照）

　　　貸借対照表完全性の原則には，網羅性の原則と実在性の原則の２つの意味が込められているが，実在性の原則の例外として，架空資産・負債の計上は認められていない。

□□□ 12：【×】**総額で表示する**（テキストp. 200参照）

　　　資産，負債および純資産は，総額によって記載することを原則とし，資産の項目と負債または純資産の項目とを相殺することによって，その全部または一部を貸借対照表から除去してはならない（「企業会計原則」第三・一B）。したがって，貸付金と借入金は総額で表示する。

□□□ 13：【×】**繰延資産ではなく，投資その他の資産である**（テキストp. 200参照）

　　　貸借対照表の固定資産の区分は，有形固定資産，無形固定資産および投資その他の資産に区分表示される（「企業会計原則」第三・二）。

□□□ 14：【×】**固定性配列法も認められる**（テキストp. 201参照）

　　　企業会計原則では，貸借対照表の資産および負債の項目の配列は，原則として，流動性配列法によるものとされている（「企業会計原則」第三・三）。しかし，固定資産の占める割合がきわめて高い企業においては，固定性配列法も認められる。

A　□□□ 15　貸借対照表の様式には，報告式と勘定式がある。「金融商品取引法」の適用会社は勘定式の貸借対照表を作成することが求められていると考えられる。

第2節　損益計算書

A　□□□ 1　一会計期間において複数の固定資産を売却したために固定資産売却益と固定資産売却損の両方が生じた場合に，両者を相殺して損益計算書に表示することは，総額主義の原則に反する。（平成22年第Ⅱ回本試験）

B　□□□ 2　商製品の販売を営業とする場合，売上高と売上原価は総額で表示するが，役務の給付を営業とする場合，営業収益から役務の費用を控除した純額を表示する。

A　□□□ 3　損益計算書上，売上高と売上原価および営業外収益と営業外費用は，因果関係に基づき対応表示されている。

A　□□□ 4　企業会計原則によれば，損益計算書には，営業損益計算，経常損益計算および純損益計算の区分を設けて，利益を段階的に計算・表示することが求められている。

A　□□□ 5　金融商品取引法の適用会社は，報告式の損益計算書を作成することが求められている。

□□□ 15：【×】**勘定式ではなく，報告式である**（テキストp. 202参照）
　　「財務諸表等規則」では，報告式の貸借対照表が「様式第五号」および「様式第五号の二」として例示されていることから，「金融商品取引法」の適用会社は，勘定式ではなく，報告式の貸借対照表を作成することが求められていると考えられる。

□□□ 1：【○】（テキストp. 203参照）
　　損益計算書における総額主義の原則とは，収益と費用を総額によって記載することを原則とし，特定の収益項目と費用項目とを直接相殺してその差額のみを純額表示してはならないことを要請する原則である（「企業会計原則」第二・一 B）。したがって，一会計期間において複数の固定資産を売却したために固定資産売却益と固定資産売却損の両方が生じた場合に，両者を相殺して損益計算書に表示することは，総額主義の原則に反する。

□□□ 2：【×】**役務の給付を営業とする場合も総額表示が求められる**（テキストp. 203参照）
　　役務の給付を営業とする場合も，商製品の販売を営業とする場合と同様，収益項目と費用項目とを総額表示しなければならない（「企業会計原則」第二・三D）。

□□□ 3：【×】**営業外収益と営業外費用は取引の同質性に基づき対応表示されている**（テキストp. 204参照）
　　損益計算書上，売上高と売上原価は因果関係に基づき対応表示されているが，営業外収益と営業外費用との間には因果関係に基づく実質的な対応関係は認められない。これらはいずれも主として金融活動上の取引に基づく収益・費用として取引の同質性に基づき対応表示されている。

□□□ 4：【○】（テキストp. 204参照）
　　「企業会計原則」第二・二

□□□ 5：【○】（テキストp. 205参照）
　　「財務諸表等規則」では，報告式の損益計算書が「様式第六号」および「様式第六号の二」として例示されていることから，「金融商品取引法」の適用会社は，報告式の損益計算書を作成することが求められていると考えられる。

第3節　株主資本等変動計算書

A　□□□　1　株主資本等変動計算書は，貸借対照表の純資産の部の一会計期間における変動額のうち，主として，株主に帰属する部分である株主資本の各項目の変動事由を報告するために作成するものである。

A　□□□　2　株主資本等変動計算書に記載すべき項目の範囲については，①純資産の部のすべての項目とする考え方と，②純資産の部のうち株主資本の項目のみとする考え方があるが，わが国では後者の考え方が採用されている。

A　□□□　3　株主資本等変動計算書に表示される各項目の当期首残高および当期末残高は，前期および当期の貸借対照表の純資産の部における各項目の期末残高と整合したものでなければならない。

A　□□□　4　株主資本等変動計算書に記載する株主資本の各項目は，当期首残高，当期変動額および当期末残高に区分し，当期変動額は純額で表示する。

A　□□□　5　株主資本等変動計算書に記載する株主資本以外の各項目は，当期首残高，当期変動額および当期末残高に区分し，当期変動額は純額で表示しなければならない。

B　□□□　6　個別損益計算書の当期純利益または当期純損失は，個別株主資本等変動計算書においてその他利益剰余金またはその内訳科目である繰越利益剰余金の変動事由として表示する。

B　□□□　7　連結損益計算書の親会社株主に帰属する当期純利益は，連結株主資本等変動計算書においてその他利益剰余金またはその内訳科目である繰越利益剰余金の変動事由として表示する。

□□□ 1：【〇】（テキストp. 206参照）

「株主資本等変動計算書に関する会計基準」第1項

□□□ 2：【×】**後者ではなく，前者の考え方が採用されている**（テキストp. 207参照）

　株主資本等変動計算書に記載すべき項目の範囲については，①純資産の部のすべての項目とする考え方と，②純資産の部のうち株主資本の項目のみとする考え方があるが，会計基準の国際的調和化等の観点から純資産の部のすべての項目を記載範囲としている（「株主資本等変動計算書に関する会計基準」第20項，第21項）。

□□□ 3：【〇】（テキストp. 208参照）

「株主資本等変動計算書に関する会計基準」第5項

□□□ 4：【×】**純額ではなく，変動事由ごとに表示する**（テキストp. 208参照）

　株主資本の各項目は，当期首残高，当期変動額および当期末残高に区分し，当期変動額は純額ではなく，変動事由ごとにその金額を表示する（「株主資本等変動計算書に関する会計基準」第6項）。

□□□ 5：【×】**変動事由ごとに表示することもできる**（テキストp. 208参照）

　株主資本以外の各項目は，当期首残高，当期変動額および当期末残高に区分し，当期変動額は純額で表示することが原則とされるが，主な変動事由ごとにその金額を表示（注記による開示を含む。）することもできる（「株主資本等変動計算書に関する会計基準」第8項）。

□□□ 6：【〇】（テキストp. 208参照）

「株主資本等変動計算書に関する会計基準」第7項

□□□ 7：【×】**利益剰余金の変動事由として表示する**（テキストp. 208参照）

　連結損益計算書の親会社株主に帰属する当期純利益は，連結株主資本等変動計算書において利益剰余金の変動事由として表示する（「株主資本等変動計算書に関する会計基準」第7項）。

A □□□ 8 「財務諸表等規則」によれば，株主資本等変動計算書の様式は，純資産の各項目を横に並べる様式が採用されている。

A □□□ 9 「株主資本等変動計算書に関する会計基準」によれば，連結財務諸表を作成する会社においては，連結株主資本等変動計算書に，①発行済株式の種類および総数に関する事項，②自己株式の種類および株式数に関する事項，③新株予約権および自己新株予約権に関する事項，④配当に関する事項を注記しなければならない。

B □□□ 10 「株主資本等変動計算書に関する会計基準」によれば，連結財務諸表作成会社において，自己株式の種類および株式数に関する事項は，連結株主資本等変動計算書に注記すればよく，個別株主資本等変動計算書に注記する必要はない。

第4節　キャッシュ・フロー計算書

B □□□ 1 金融商品取引法の適用を受ける会社は，連結財務諸表を開示している会社であっても，個別キャッシュ・フロー計算書を開示しなければならない。

A □□□ 2 キャッシュ・フロー計算書は，企業から外部へ資金が出ていく，あるいは，外部から企業へ資金が入ってくるという，2つの資金の動きをとらえるものであるため，会計上の利益の数値に比べて，恣意的操作の入り込む余地は相対的に少なくなるといえる。

□□□ 8：【○】（テキストp. 208参照）

　　株主資本等変動計算書の様式には，純資産の各項目を横に並べる様式と縦に並べる様式があるが，「財務諸表等規則」では，各項目を横に並べる様式が採用されている（「財務諸表等規則」第99条2項，様式第七号，様式第七号の二）。

□□□ 9：【○】（テキストp. 209参照）

　　「株主資本等変動計算書に関する会計基準」第9項

□□□ 10：【×】**個別株主資本等変動計算書にも注記する**（テキストp. 209参照）

　　「株主資本等変動計算書に関する会計基準」によれば，連結財務諸表作成会社において，自己株式の種類および株式数に関する事項は，連結株主資本等変動計算書のみならず，個別株主資本等変動計算書にも注記することとされている（「株主資本等変動計算書に関する会計基準」第9項）。

　　なお，「連結財務諸表規則」および「財務諸表等規則」によれば，当該事項は連結株主資本等変動計算書に注記すればよく，個別株主資本等変動計算書に注記する必要はないこととされている（「連結財務諸表規則」第78条，「財務諸表等規則」第107条）。

□□□ 1：【×】**個別キャッシュ・フロー計算書を開示する必要はない**（テキストp. 210参照）

　　金融商品取引法の適用を受ける会社は，連結財務諸表を作成・開示しない場合には，個別キャッシュ・フロー計算書を作成・開示しなければならないが，連結財務諸表を作成・開示している場合には，個別キャッシュ・フロー計算書を開示する必要はない（「財務諸表等規則」第111条）。

□□□ 2：【○】（テキストp. 210参照）

　　一般的に会計上の利益は，その算定に際し多くの主観的見積りが含まれ，また1つの取引につき複数の会計処理方法が認められていることから，その採用する方法により異なる数値がいくつも生じることがあり，恣意的操作の入り込む余地がある。これに対し，キャッシュ・フロー計算書は，企業から外部へ資金が出ていく，あるいは，外部から企業へ資金が入ってくるという，2つの資金の動きをとらえるものであるため，恣意的操作の入り込む余地は相対的に少なくなるといえる。

B □□□ 3　キャッシュ・フロー計算書が対象とする資金の範囲は，現金（手許現金，要求払預金および特定の電子決済手段）および現金同等物であるが，要求払預金には，当座預金，普通預金，定期預金が含まれる。

A □□□ 4　キャッシュ・フロー計算書が対象とする資金の範囲は，現金および現金同等物であるが，ここにおける現金同等物とは，容易に換金可能であり，かつ，価値の変動について僅少なリスクしか負わない短期投資をいい，短期所有目的の株式も含まれる。

B □□□ 5　現金同等物に具体的に何を含めるのかについては経営者の判断に委ねられている。

B □□□ 6　現金同等物には，取得日から満期日または償還日までの期間が３か月以内の短期投資である定期預金，譲渡性預金，コマーシャル・ペーパー，売戻し条件付現先，公社債投資信託などが含まれる。したがって，発行時より保有している期間５年の社債で満期日が３か月以内となったものは，現金同等物に振り替えなければならない。（平成18年本試験一部改題）

B □□□ 7　当座借越を貸借対照表上短期借入金に含めている場合，キャッシュ・フロー計算書上は，「財務活動によるキャッシュ・フロー」の区分に記載しなければならない。

A □□□ 8　キャッシュ・フロー計算書において，営業活動，投資活動および財務活動によるキャッシュ・フローの各区分のいずれに属するのか明確でないキャッシュ・フローは，営業活動によるキャッシュ・フローの区分に記載する。（平成22年第Ⅰ回本試験）

A □□□ 9　災害による保険金収入と損害賠償金の支払は，財務活動によるキャッシュ・フローの区分に記載する。

A □□□ 10　自己株式の取得による支出は，有価証券の取得による支出と同様に，投資活動によるキャッシュ・フローの区分に記載する。

□□□ 3 :【×】**定期預金は含まれない**（テキストp. 211参照）

　　　要求払預金には，当座預金，普通預金，通知預金が含まれるが，定期預金は含まれない（「連結キャッシュ・フロー計算書等の作成基準注解」注1）。

□□□ 4 :【×】**株式は含まれない**（テキストp. 211参照）

　　　現金同等物とは，容易に換金可能であり，かつ，価値の変動について僅少なリスクしか負わない短期投資をいい，価格変動リスクの高い株式等は資金の範囲から除かれる（「連結キャッシュ・フロー計算書等の作成基準の設定に関する意見書」三2(1)）。

□□□ 5 :【○】（テキストp. 211参照）

　　　「連結キャッシュ・フロー計算書等の作成基準の設定に関する意見書」三2(1)

□□□ 6 :【×】**現金同等物への振り替えは行わない**（テキストp. 211参照）

　　　現金同等物には，決算日の翌日から満期日までの期間が3か月以内ではなく，取得日から満期日または償還日までの期間が3か月以内の短期投資が含まれる（「連結キャッシュ・フロー計算書等の作成基準注解」注2）。したがって，発行時より保有している期間5年の社債で満期日が3か月以内となっても，現金同等物への振り替えは行わない。

□□□ 7 :【×】**当座借越の状況により取扱いが異なる**（テキストp. 211参照）

　　　当座借越を貸借対照表上短期借入金に含めている場合であっても，当座借越が企業の日常の資金管理活動において現金同等物とほとんど同様に利用されているときは，「財務活動によるキャッシュ・フロー」の区分に記載するのではなく，負の現金同等物を構成するものとして取り扱う。なお，当座借越の状況が明らかに短期借入金と同様の資金調達活動と判断される場合は「財務活動によるキャッシュ・フロー」の区分に記載する。

□□□ 8 :【○】（テキストp. 212参照）

　　　「連結キャッシュ・フロー計算書等の作成基準」第二・二1①

□□□ 9 :【×】**「財務活動」ではなく，「営業活動」の区分に記載する**（テキストp. 212参照）

　　　災害による保険金収入と損害賠償金の支払は，営業活動によるキャッシュ・フローの区分に記載する（「連結キャッシュ・フロー計算書等の作成基準注解」注3）。

□□□ 10 :【×】**「投資活動」ではなく，「財務活動」の区分に記載する**（テキストp. 212参照）

　　　自己株式の取得による支出は，財務活動によるキャッシュ・フローの区分に記載する（「連結キャッシュ・フロー計算書等の作成基準注解」注5）。

B　□□□ 11　手形の割引および売掛金のファクタリング等による収入は，その発生原因が営業活動にあるが，当該手形割引等が資金獲得の目的を有する取引であるため，「財務活動によるキャッシュ・フロー」区分に記載する。（平成17年本試験）

B　□□□ 12　連結会社が振り出した商業手形を他の連結会社が金融機関で割引いた場合の収入額は，当該手形の売却とみなされることから，連結キャッシュ・フロー計算書上，「財務活動によるキャッシュ・フロー」の区分ではなく，「営業活動によるキャッシュ・フロー」の区分に記載されることになる。（平成18年本試験一部改題）

B　□□□ 13　割賦取引または延払取引により固定資産を取得した場合の代金支払は，原則として，「投資活動によるキャッシュ・フロー」の区分に記載する。

B　□□□ 14　非支配株主に対する配当金の支払額は，「財務活動によるキャッシュ・フロー」の区分に記載する。

A　□□□ 15　キャッシュ・フロー計算書の作成上，法人税等は「営業活動によるキャッシュ・フロー」の区分に一括して記載する方法と，「営業活動によるキャッシュ・フロー」，「投資活動によるキャッシュ・フロー」および「財務活動によるキャッシュ・フロー」のそれぞれの区分に分けて記載する方法とがあるが，わが国の会計基準では両者の選択適用が認められている。

B　□□□ 16　事業税のうち付加価値割および資本割に係る支払は，「営業活動によるキャッシュ・フロー」における「法人税等の支払額」に含めて記載する。

A　□□□ 17　キャッシュ・フロー計算書上，受取利息と受取配当金は，「営業活動によるキャッシュ・フロー」と「財務活動によるキャッシュ・フロー」のいずれかの区分に記載する。

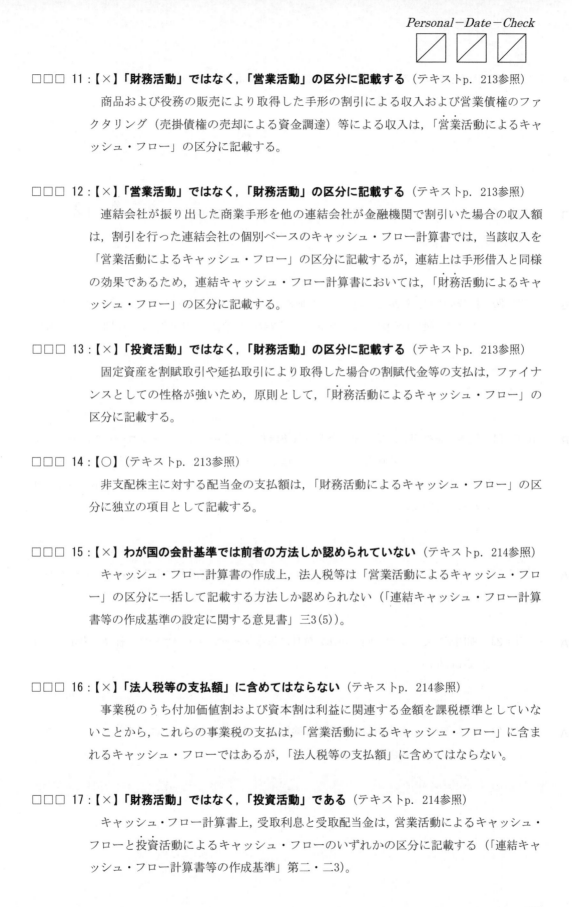

□□□ 11：【×】**「財務活動」ではなく，「営業活動」の区分に記載する**（テキストp. 213参照）
　　　　商品および役務の販売により取得した手形の割引による収入および営業債権のファクタリング（売掛債権の売却による資金調達）等による収入は，「営業活動によるキャッシュ・フロー」の区分に記載する。

□□□ 12：【×】**「営業活動」ではなく，「財務活動」の区分に記載する**（テキストp. 213参照）
　　　　連結会社が振り出した商業手形を他の連結会社が金融機関で割引いた場合の収入額は，割引を行った連結会社の個別ベースのキャッシュ・フロー計算書では，当該収入を「営業活動によるキャッシュ・フロー」の区分に記載するが，連結上は手形借入と同様の効果であるため，連結キャッシュ・フロー計算書においては，「財務活動によるキャッシュ・フロー」の区分に記載する。

□□□ 13：【×】**「投資活動」ではなく，「財務活動」の区分に記載する**（テキストp. 213参照）
　　　　固定資産を割賦取引や延払取引により取得した場合の割賦代金等の支払は，ファイナンスとしての性格が強いため，原則として，「財務活動によるキャッシュ・フロー」の区分に記載する。

□□□ 14：【○】（テキストp. 213参照）
　　　　非支配株主に対する配当金の支払額は，「財務活動によるキャッシュ・フロー」の区分に独立の項目として記載する。

□□□ 15：【×】**わが国の会計基準では前者の方法しか認められていない**（テキストp. 214参照）
　　　　キャッシュ・フロー計算書の作成上，法人税等は「営業活動によるキャッシュ・フロー」の区分に一括して記載する方法しか認められない（「連結キャッシュ・フロー計算書等の作成基準の設定に関する意見書」三3(5)）。

□□□ 16：【×】**「法人税等の支払額」に含めてはならない**（テキストp. 214参照）
　　　　事業税のうち付加価値割および資本割は利益に関連する金額を課税標準としていないことから，これらの事業税の支払は，「営業活動によるキャッシュ・フロー」に含まれるキャッシュ・フローではあるが，「法人税等の支払額」に含めてはならない。

□□□ 17：【×】**「財務活動」ではなく，「投資活動」である**（テキストp. 214参照）
　　　　キャッシュ・フロー計算書上，受取利息と受取配当金は，営業活動によるキャッシュ・フローと投資活動によるキャッシュ・フローのいずれかの区分に記載する（「連結キャッシュ・フロー計算書等の作成基準」第二・二3）。

A　□□□ 18　キャッシュ・フロー計算書上，支払利息と支払配当金は，「財務活動によるキャッシュ・フロー」の区分に記載しなければならない。

B　□□□ 19　キャッシュ・フロー計算書上，利息の受取額および支払額は，純額で表示する。

B　□□□ 20　持分法適用会社からの配当金の受取額は，「営業活動によるキャッシュ・フロー」の区分または「投資活動によるキャッシュ・フロー」の区分のいずれかに原則として記載する。

B　□□□ 21　間接法を採用し，受取配当金を「営業活動によるキャッシュ・フロー」の区分に記載することとしている場合であっても，連結キャッシュ・フロー計算書上，持分法適用会社からの配当金受取額を持分法による投資（損）益と（合算）相殺して表示することは認められていない。

A　□□□ 22　「投資活動によるキャッシュ・フロー」および「財務活動によるキャッシュ・フロー」は，原則として，主要な取引ごとにキャッシュ・フローを総額表示しなければならない。

A　□□□ 23　期間が短く，かつ，回転が速い項目に係るキャッシュ・フローは，純額で表示しなければならない。

A　□□□ 24　従業員からの源泉所得税や社会保険料等の預かりおよび納付に係るキャッシュ・フローは，それぞれ総額で表示する。

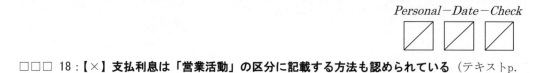
□□□ 18：【×】**支払利息は「営業活動」の区分に記載する方法も認められている**（テキストp. 214参照）

　　支払配当金は「財務活動によるキャッシュ・フロー」の区分に記載しなければならないが，支払利息は「営業活動によるキャッシュ・フロー」の区分に記載する方法も認められている（「連結キャッシュ・フロー計算書等の作成基準」第二・二3）。

□□□ 19：【×】**純額ではなく，総額で表示する**（テキストp. 214参照）

　　キャッシュ・フロー計算書上，利息の受取額および支払額は，総額で表示する（「連結キャッシュ・フロー計算書等の作成基準注解」注6）。

□□□ 20：【○】（テキストp. 214参照）

　　持分法適用会社からの配当金の受取額は，利息および配当金に係るキャッシュ・フローの表示区分について選択した方法に従い，「営業活動によるキャッシュ・フロー」の区分または「投資活動によるキャッシュ・フロー」の区分のいずれかに原則として記載する。

□□□ 21：【×】**認められている**（テキストp. 214参照）

　　間接法を採用し，受取配当金を「営業活動によるキャッシュ・フロー」の区分に記載することとしている場合には，連結キャッシュ・フロー計算書上，持分法適用会社からの配当金受取額を持分法による投資（損）益と（合算）相殺して表示することが認められている。

□□□ 22：【○】（テキストp. 215参照）

　　「連結キャッシュ・フロー計算書等の作成基準」第三・二

□□□ 23：【×】**強制ではなく，容認である**（テキストp. 215参照）

　　期間が短く，かつ，回転が速い項目に係るキャッシュ・フローについては，純額で表示することができる（「連結キャッシュ・フロー計算書等の作成基準注解」注8）。

□□□ 24：【×】**総額ではなく，純額で表示する**（テキストp. 215参照）

　　従業員からの源泉所得税や社会保険料等の預かりおよび納付に係るキャッシュ・フローのように，企業が第三者のために行う取引に係るキャッシュ・フローは，企業の活動を反映しているものではなく，それを総額表示すると利用者が企業の活動と誤認するおそれがあるので，純額で表示する。

A   □□□ 25   株式交付費に重要性がある場合は，株式の発行価額と株式交付費のそれぞれのキャッシュ・フローを，総額によって表示しなければならない。

A   □□□ 26   資産除去債務の履行に係る支出額は，「営業活動によるキャッシュ・フロー」の区分に記載する。

A   □□□ 27   売買処理された借手側のファイナンス・リース取引に係る支払リース料のうち，元本返済額部分は，「投資活動によるキャッシュ・フロー」の区分に記載し，利息相当額部分については，企業が採用した支払利息の表示区分に従って記載する。

A   □□□ 28   オペレーティング・リース取引に係る支払リース料のキャッシュ・フローは，原則として「投資活動によるキャッシュ・フロー」の区分に記載する。

A   □□□ 29   貸手側の受取リース料については，それが営業損益計算の対象とならない場合，元本返済額部分と利息相当額部分を一括して，「投資活動によるキャッシュ・フロー」の区分に記載しなければならない。

B   □□□ 30   連結キャッシュ・フロー計算書において，他の会社（A社）の株式を現金を対価として取得し，A社が新たに連結子会社となった場合，A社の現金および現金同等物の額は，「営業活動によるキャッシュ・フロー」の区分の収入となる。（平成13年本試験）

188

□□□ 25：【×】**総額ではなく，実質手取額によって表示する**（テキストp. 215参照）

　　　新株の発行等による資金調達の実質手取額は，発行価額から株式交付費を控除した額であるため，株式交付費に重要性がある場合は，キャッシュ・フロー計算書上，実質手取額によって表示する。なお，株式交付費に重要性がない場合は，それぞれのキャッシュ・フローを総額によって表示することが認められている。

□□□ 26：【×】**「営業活動」ではなく，「投資活動」の区分に記載する**（テキストp. 216参照）

　　　「資産除去債務に関する会計基準」では，資産除去債務に対応する除去費用を有形固定資産の取得に関する付随費用と同様に処理するものとしていることを考慮すると，固定資産の取得による支出と同様に，投資活動による支出と見ることが整合的と考えられることなどを理由に，資産除去債務の履行に係る支出額は，「投資活動によるキャッシュ・フロー」の区分に記載することとされている。

□□□ 27：【×】**「投資活動」ではなく，「財務活動」の区分に記載する**（テキストp. 216参照）

　　　売買処理された借手側のファイナンス・リース取引に係る支払リース料のうち，元本返済額部分は，当該リースが資金調達活動の一環として利用されているものと認められることから，「財務活動によるキャッシュ・フロー」の区分に記載し，利息相当額部分については，企業が採用した支払利息の表示区分に従って記載する。

□□□ 28：【×】**「投資活動」ではなく，「営業活動」の区分に記載する**（テキストp. 216参照）

　　　オペレーティング・リース取引に係る支払リース料のキャッシュ・フローは，通常は営業損益計算の対象に含まれるため，原則として「営業活動によるキャッシュ・フロー」の区分に記載する。

□□□ 29：【×】**一括して「投資活動」の区分に記載するとは限らない**（テキストp. 216参照）

　　　貸手側の受取リース料については，それが営業損益計算の対象とならない場合，元本返済額部分については「投資活動によるキャッシュ・フロー」の区分に記載し，利息相当額部分については，企業が採用した受取利息の表示区分に従って記載する。

　　　なお，利息相当額部分を区分計算していない場合は，受取リース料を「投資活動によるキャッシュ・フロー」の区分に記載する。

□□□ 30：【×】**「営業活動」の区分の収入とはならない**（テキストp. 217参照）

　　　A社が新たに連結子会社となった場合，A社の現金および現金同等物の額は，「営業活動によるキャッシュ・フロー」の区分の収入ではなく，「投資活動によるキャッシュ・フロー」の区分における株式の取得による支出額から控除して記載される（「連結キャッシュ・フロー計算書等の作成基準」第二・二4)）。

A □□□ 31 連結範囲の変動を伴う子会社株式の取得または売却に係るキャッシュ・フローは，「投資活動によるキャッシュ・フロー」の区分に独立の項目として記載する。

A □□□ 32 連結範囲の変動を伴わない子会社株式の取得または売却に係るキャッシュ・フローについては，有価証券の取得および売却に係るキャッシュ・フローであるため，連結キャッシュ・フロー計算書上，「投資活動によるキャッシュ・フロー」の区分に記載する。

B □□□ 33 支配獲得時に生じた取得関連費用に係るキャッシュ・フローは，「投資活動によるキャッシュ・フロー」の区分に記載する。

A □□□ 34 連結キャッシュ・フロー計算書の作成に当たっては，連結会社相互間のキャッシュ・フローを相殺消去することが容認されている。

A □□□ 35 在外子会社における外貨によるキャッシュ・フローは，「外貨建取引等会計処理基準」における収益および費用の換算方法に準じて換算する。

B □□□ 36 在外子会社の外貨によるキャッシュ・フローの換算に当たって，配当金の支払や増資等の資本取引に関連するキャッシュ・フローについては，期中平均相場または決算時の為替相場による円換算額を付す。

A □□□ 37 現金および現金同等物に係る換算差額は，キャッシュ・フロー計算書において，「財務活動によるキャッシュ・フロー」の区分に記載する。

A □□□ 38 「営業活動によるキャッシュ・フロー」の表示方法については，主要な取引ごとに収入総額と支出総額を表示する方法（直接法）と，純利益に必要な調整項目を加減して表示する方法（間接法）とがある。このうち間接法は，継続適用を前提に例外的に認められている。

□□□ 31 :【○】(テキストp. 217参照)

「連結キャッシュ・フロー計算書等の作成基準」第二・二 4

□□□ 32 :【×】**「投資活動」ではなく，「財務活動」の区分に記載する**（テキストp. 217参照）

連結範囲の変動を伴わない子会社株式の取得または売却に係るキャッシュ・フローは，非支配株主との取引として「財務活動によるキャッシュ・フロー」の区分に記載する。

□□□ 33 :【×】**「投資活動」ではなく，「営業活動」の区分に記載する**（テキストp. 217参照）

支配獲得時に生じた取得関連費用に係るキャッシュ・フローは，「営業活動によるキャッシュ・フロー」の区分に記載する。

□□□ 34 :【×】**容認ではなく，強制である**（テキストp. 217参照）

連結キャッシュ・フロー計算書の作成に当たっては，連結会社相互間のキャッシュ・フローを相殺消去しなければならない（「連結キャッシュ・フロー計算書等の作成基準」第二・三）。

□□□ 35 :【○】(テキストp. 217参照)

「連結キャッシュ・フロー計算書等の作成基準」第二・四

□□□ 36 :【×】**期中平均相場または決算時の為替相場ではなく，発生時の為替相場による**（テキストp. 217参照）

配当金の支払や増資等の資本取引に関連するキャッシュ・フローについては，当該キャッシュ・フローの発生時の為替相場による円換算額を付す。

□□□ 37 :【×】**「財務活動」の区分ではなく，別区分に記載する**（テキストp. 217参照）

現金および現金同等物に係る換算差額は，「財務活動によるキャッシュ・フロー」の下に「現金または現金同等物に係る換算差額」として区分表示する（「連結キャッシュ・フロー計算書等の作成基準」第三・三）。

□□□ 38 :【×】**直接法と間接法は選択適用できる**（テキストp. 218参照）

「営業活動によるキャッシュ・フロー」の表示方法としては，継続適用を条件として，直接法と間接法の選択適用が認められており，そこには原則と例外の区別はない（「連結キャッシュ・フロー計算書等の作成基準の設定に関する意見書」三 4）。

A　□□□ 39　間接法による表示方法は，営業活動に係るキャッシュ・フローが総額で表示される点に長所が認められる。（平成15年本試験）

A　□□□ 40　直接法は，事務的に簡便な方法である。

A　□□□ 41　純利益と営業活動に係るキャッシュ・フローの関係が明示されるのは直接法であり，一会計期間におけるキャッシュ・フローの状況を報告するというキャッシュ・フロー計算書の作成目的と整合するのは間接法である。

B　□□□ 42　「営業活動によるキャッシュ・フロー」を間接法により表示する場合には，法人税等を控除する前の当期純利益から開始し，法人税等の支払額は独立の項目として「営業活動によるキャッシュ・フロー」の区分に記載する。（平成23年第Ⅰ回本試験）

A　□□□ 43　キャッシュ・フロー計算書における「営業活動によるキャッシュ・フロー」の区分は，「小計」をはさんで2つの部分に分けて表示される。「営業活動によるキャッシュ・フロー」の区分の表示方法として直接法と間接法のいずれの方法を適用したとしても，「小計」以降の部分についての記載方法は同じである。

A　□□□ 44　貸借対照表上の「現金および預金」のうち，預金として扱われる当座預金や普通預金は，キャッシュ・フロー計算書が対象とする資金の範囲である「現金および現金同等物」のうち，現金に該当する。このような関連性を明らかにするため，資金の範囲に含めた現金および現金同等物の内容とその期末残高の貸借対照表科目別の内訳をキャッシュ・フロー計算書に注記しなければならない。

A　□□□ 45　株式の取得または売却により新たに連結子会社となった会社の資産・負債または連結子会社でなくなった会社の資産・負債がある場合には，重要性の有無にかかわらず，当該資産・負債の主な内訳をキャッシュ・フロー計算書に注記する。

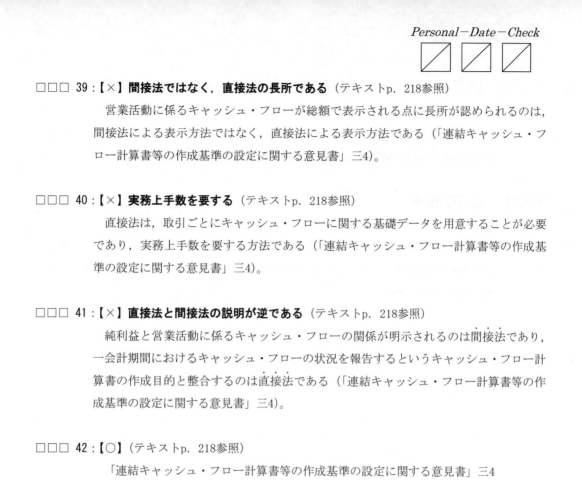

□□□ 39：【×】**間接法ではなく，直接法の長所である**（テキストp. 218参照）

　　営業活動に係るキャッシュ・フローが総額で表示される点に長所が認められるのは，間接法による表示方法ではなく，直接法による表示方法である（「連結キャッシュ・フロー計算書等の作成基準の設定に関する意見書」三4）。

□□□ 40：【×】**実務上手数を要する**（テキストp. 218参照）

　　直接法は，取引ごとにキャッシュ・フローに関する基礎データを用意することが必要であり，実務上手数を要する方法である（「連結キャッシュ・フロー計算書等の作成基準の設定に関する意見書」三4）。

□□□ 41：【×】**直接法と間接法の説明が逆である**（テキストp. 218参照）

　　純利益と営業活動に係るキャッシュ・フローの関係が明示されるのは間接法であり，一会計期間におけるキャッシュ・フローの状況を報告するというキャッシュ・フロー計算書の作成目的と整合するのは直接法である（「連結キャッシュ・フロー計算書等の作成基準の設定に関する意見書」三4）。

□□□ 42：【○】（テキストp. 218参照）

　　「連結キャッシュ・フロー計算書等の作成基準の設定に関する意見書」三4

□□□ 43：【○】（テキストp. 219, 220参照）

　　直接法と間接法のいずれを適用するかによって，記載方法に相違が生じるのは，「小計」以前の部分についてである。

□□□ 44：【○】（テキストp. 221参照）

　　「連結キャッシュ・フロー計算書等の作成基準」第二・一1，第四1，「連結キャッシュ・フロー計算書等の作成基準注解」注1

□□□ 45：【×】**重要性がある場合に注記する**（テキストp. 221参照）

　　株式の取得または売却により新たに連結子会社となった会社の資産・負債または連結子会社でなくなった会社の資産・負債に重要性がある場合，当該資産・負債の主な内訳をキャッシュ・フロー計算書に注記する（「連結キャッシュ・フロー計算書等の作成基準」第四3）。

B　□□□ 46　連結キャッシュ・フロー計算書に注記すべき重要な非資金取引には，社債の償還と引換えによる新株予約権付社債に付された新株予約権の行使，貸借対照表に計上されたリース資産の取得，株式の発行等による資産の取得または合併，現物出資による株式の取得または資産の交換，資産除去債務の計上がある。（平成15年本試験一部改題）

第5節　附属明細表

A　□□□ 1　連結財務諸表を作成している会社が有価証券報告書において開示することが要求されている連結附属明細表の種類は，有形固定資産等明細表，借入金等明細表，資産除去債務明細表の3つである。

B　□□□ 2　連結財務諸表を作成している会社は，有価証券報告書において個別附属明細表を開示する必要はない。

B　□□□ 3　金融商品取引法に規定される一定の有価証券の発行者（上場会社やこれに準ずる会社）については，有価証券明細表の作成が不要とされる。

第6節　注記

A　□□□ 1　注記の対象となる会計方針とは，企業が財務諸表の作成にあたって採用した会計処理の原則および手続並びに表示方法をいう。

B　□□□ 2　会計基準等の定めが明らかであり，当該会計基準等において代替的な会計処理の原則および手続が認められていない場合であっても，会計方針の注記を省略することはできない。

B　□□□ 3　会計方針として注記の対象となる有価証券の評価方法には，取得原価を算定するために採用した方法（例えば，移動平均法，総平均法等）やその他有価証券の評価差額の取扱い（全部純資産直入法，部分純資産直入法）が含まれる。

□□□ 46：【○】（テキストp. 221参照）
　　　「連結キャッシュ・フロー計算書等の作成基準」第四4，「連結キャッシュ・フロー計
算書等の作成基準注解」注9

□□□ 1：【×】**有形固定資産等明細表ではなく，社債明細表である**（テキストp. 222参照）
　　　連結財務諸表を作成している会社が有価証券報告書において開示することが要求さ
れている連結附属明細表の種類は，社債明細表，借入金等明細表，資産除去債務明細表
の3つである（「連結財務諸表規則」第92条）。

□□□ 2：【×】**個別附属明細表を開示する必要がある**（テキストp. 222参照）
　　　連結財務諸表を作成している会社は，個別附属明細表として，有価証券明細表，有形
固定資産等明細表，引当金明細表を開示する。
　　　なお，重複記載を避けるため，社債明細表，借入金等明細表，資産除去債務明細表の
作成は要しないものとされている（「財務諸表等規則」第121条）。

□□□ 3：【○】（テキストp. 222参照）
　　　「財務諸表等規則」第121条

□□□ 1：【×】**表示方法は会計方針に含まれない**（テキストp. 223, 231参照）
　　　会計方針とは，企業が財務諸表の作成にあたって採用した会計処理の原則および手続
をいい，表示方法は会計方針に含まれない（「会計方針の開示，会計上の変更及び誤謬
の訂正に関する会計基準」第4項(1)）。

□□□ 2：【×】**省略することができる**（テキストp. 223参照）
　　　会計基準等の定めが明らかであり，当該会計基準等において代替的な会計処理の原則
および手続が認められていない場合には，会計方針の注記を省略することができる（「会
計方針の開示，会計上の変更及び誤謬の訂正に関する会計基準」第4-6項）。

□□□ 3：【○】（テキストp. 223参照）
　　　「財務諸表等規則ガイドライン」8の2・2(1)，3(1)②

B □□□ 4 　会計方針として注記の対象となる繰延資産の処理方法には，繰延資産として計上することが認められている株式交付費，社債発行費等について，支出時に全額費用として処理する方法を採用している場合が含まれる。

B □□□ 5 　外貨建資産・負債の本邦通貨への換算基準については，「外貨建取引等会計処理基準」に準拠している場合，当該換算基準の注記を省略できる。（平成20年本試験）

A □□□ 6 　当年度の財務諸表に計上した金額が会計上の見積りによるもののうち，翌年度の財務諸表に重要な影響を及ぼすリスクがある項目における会計上の見積りの内容について，財務諸表利用者の理解に資する情報を開示することが求められるが，ここでのリスクとは，不利となる場合を指すため，有利となる場合は含まれない。

A □□□ 7 　会計上の見積りの開示を行うにあたり，当年度の財務諸表に計上した金額が会計上の見積りによるもののうち，翌年度の財務諸表に重要な影響を及ぼすリスクがある項目を識別するが，ここで識別する項目は，通常，当年度の財務諸表に計上した収益および費用とされている。

A □□□ 8 　「企業会計原則注解」における後発事象とは，貸借対照表日後に発生した事象で，当期の財政状態および経営成績に影響を及ぼすものをいう。

A □□□ 9 　重要な後発事象を注記事項として開示することは，当該企業の将来の財政状態および経営成績を理解するための補足情報として有用である。

A □□□ 10 　発生した事象が翌事業年度以降の財務諸表に影響を及ぼすため，財務諸表に注記を行う必要がある事象を，修正後発事象という。

A □□□ 11 　受取手形の割引高または裏書譲渡高，保証債務等の偶発債務，債務の担保に供している資産などがある場合，財務諸表利用者の注意を促すために，貸借対照表に注記する。

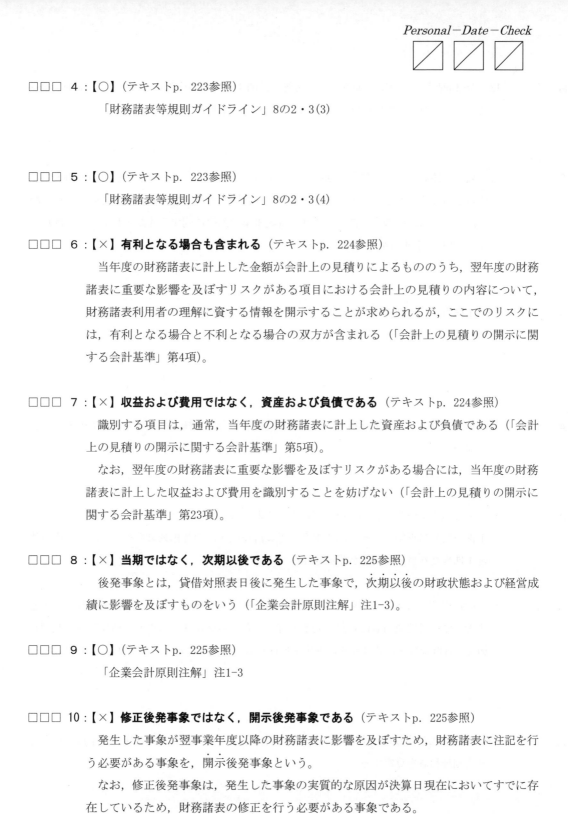

□□□ 4 :【○】（テキストp. 223参照）

「財務諸表等規則ガイドライン」8の2・3(3)

□□□ 5 :【○】（テキストp. 223参照）

「財務諸表等規則ガイドライン」8の2・3(4)

□□□ 6 :【×】**有利となる場合も含まれる**（テキストp. 224参照）

　　当年度の財務諸表に計上した金額が会計上の見積りによるもののうち，翌年度の財務諸表に重要な影響を及ぼすリスクがある項目における会計上の見積りの内容について，財務諸表利用者の理解に資する情報を開示することが求められるが，ここでのリスクには，有利となる場合と不利となる場合の双方が含まれる（「会計上の見積りの開示に関する会計基準」第4項）。

□□□ 7 :【×】**収益および費用ではなく，資産および負債である**（テキストp. 224参照）

　　識別する項目は，通常，当年度の財務諸表に計上した資産および負債である（「会計上の見積りの開示に関する会計基準」第5項）。

　　なお，翌年度の財務諸表に重要な影響を及ぼすリスクがある場合には，当年度の財務諸表に計上した収益および費用を識別することを妨げない（「会計上の見積りの開示に関する会計基準」第23項）。

□□□ 8 :【×】**当期ではなく，次期以後である**（テキストp. 225参照）

　　後発事象とは，貸借対照表日後に発生した事象で，次期以後の財政状態および経営成績に影響を及ぼすものをいう（「企業会計原則注解」注1-3）。

□□□ 9 :【○】（テキストp. 225参照）

「企業会計原則注解」注1-3

□□□ 10 :【×】**修正後発事象ではなく，開示後発事象である**（テキストp. 225参照）

　　発生した事象が翌事業年度以降の財務諸表に影響を及ぼすため，財務諸表に注記を行う必要がある事象を，開示後発事象という。

　　なお，修正後発事象は，発生した事象の実質的な原因が決算日現在においてすでに存在しているため，財務諸表の修正を行う必要がある事象である。

□□□ 11 :【○】（テキストp. 225参照）

「企業会計原則」第三・一C

B　□□□ 12　金融商品については，原則として時価等に関する事項の注記が求められるが，貸付金・借入金などの金銭債権債務については，当該注記は不要である。

A　□□□ 13　貸借対照表日後に重要な債務の返済の困難性が発生し，この事象や状況の解消または改善するための対応の結果，継続企業の前提に関する重要な不確実性が認められなくなったとしても，その事実については，継続事業の前提に関する注記として示さなければならない。（平成24年第Ⅱ回本試験）

A　□□□ 14　1株当たり当期純利益は，普通株式に係る当期純利益（連結財務諸表においては，親会社株主に帰属する当期純利益）を普通株式の期末発行済株式数で除して算定する。

A　□□□ 15　損益計算書上，当期純損失が計上されている場合，1株当たり当期純損失の開示は要しない。

A　□□□ 16　潜在株式に係る権利の行使を仮定することにより算定した1株当たり当期純利益が，1株当たり当期純利益を下回る場合，当該潜在株式は希薄化効果を有し，潜在株式調整後1株当たり当期純利益が開示される。

A　□□□ 17　潜在株式が希薄化効果を有する場合，潜在株式調整後一株当たり当期純利益は，普通株式に係る当期純利益に希薄化効果を有する各々の潜在株式に係る当期純利益調整額を加えた合計金額を，普通株式の期中平均株式数で除して算定する。（平成18年本試験）

A　□□□ 18　潜在株式が複数存在する場合は，最小希薄化効果を反映した潜在株式調整後1株当たり当期純利益を算定する。

A　□□□ 19　潜在株式が存在しない場合や潜在株式が存在しても希薄化効果を有しない場合，1株当たり当期純損失の場合には，その旨を開示し，潜在株式調整後1株当たり当期純利益の開示は行わない。

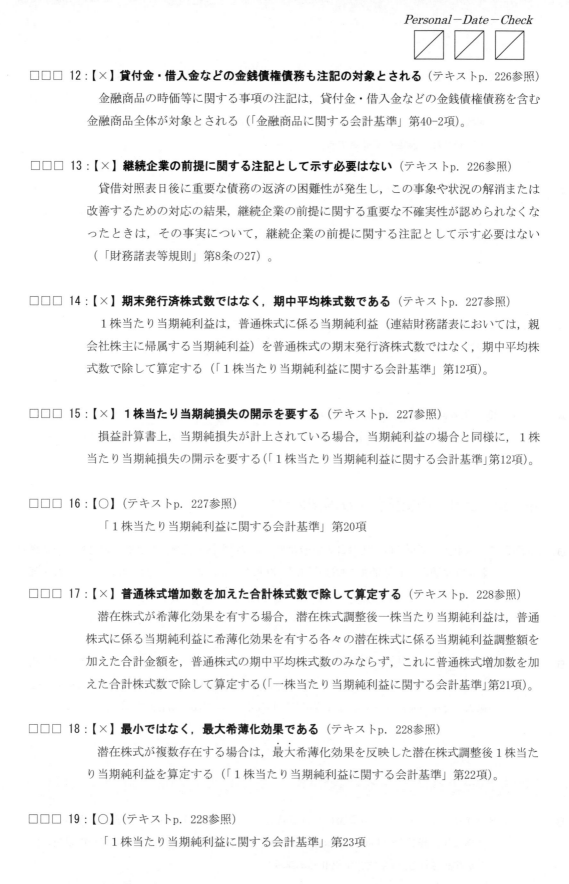

Personal−Date−Check

□□□ 12：【×】**貸付金・借入金などの金銭債権債務も注記の対象とされる**（テキストp. 226参照）

　　金融商品の時価等に関する事項の注記は，貸付金・借入金などの金銭債権債務を含む金融商品全体が対象とされる（「金融商品に関する会計基準」第40-2項）。

□□□ 13：【×】**継続企業の前提に関する注記として示す必要はない**（テキストp. 226参照）

　　貸借対照表日後に重要な債務の返済の困難性が発生し，この事象や状況の解消または改善するための対応の結果，継続企業の前提に関する重要な不確実性が認められなくなったときは，その事実について，継続企業の前提に関する注記として示す必要はない（「財務諸表等規則」第8条の27）。

□□□ 14：【×】**期末発行済株式数ではなく，期中平均株式数である**（テキストp. 227参照）

　　1株当たり当期純利益は，普通株式に係る当期純利益（連結財務諸表においては，親会社株主に帰属する当期純利益）を普通株式の期末発行済株式数ではなく，期中平均株式数で除して算定する（「1株当たり当期純利益に関する会計基準」第12項）。

□□□ 15：【×】**1株当たり当期純損失の開示を要する**（テキストp. 227参照）

　　損益計算書上，当期純損失が計上されている場合，当期純利益の場合と同様に，1株当たり当期純損失の開示を要する（「1株当たり当期純利益に関する会計基準」第12項）。

□□□ 16：【○】（テキストp. 227参照）

　　「1株当たり当期純利益に関する会計基準」第20項

□□□ 17：【×】**普通株式増加数を加えた合計株式数で除して算定する**（テキストp. 228参照）

　　潜在株式が希薄化効果を有する場合，潜在株式調整後一株当たり当期純利益は，普通株式に係る当期純利益に希薄化効果を有する各々の潜在株式に係る当期純利益調整額を加えた合計金額を，普通株式の期中平均株式数のみならず，これに普通株式増加数を加えた合計株式数で除して算定する（「一株当たり当期純利益に関する会計基準」第21項）。

□□□ 18：【×】**最小ではなく，最大希薄化効果である**（テキストp. 228参照）

　　潜在株式が複数存在する場合は，最大希薄化効果を反映した潜在株式調整後1株当たり当期純利益を算定する（「1株当たり当期純利益に関する会計基準」第22項）。

□□□ 19：【○】（テキストp. 228参照）

　　「1株当たり当期純利益に関する会計基準」第23項

A □□□ 20　当期に株式併合または株式分割が行われた場合，１株当たり当期純利益算定上の普通
株式の期中平均株式数および潜在株式調整後１株当たり当期純利益算定上の普通株式増
加数は，表示する財務諸表のうち，最も古い期間の期首に当該株式併合または株式分割
が行われたと仮定して計算する。

A □□□ 21　会計方針の変更または過去の誤謬の訂正により財務諸表に遡及適用または修正再表示
が行われた場合，表示期間の１株当たり当期純利益および潜在株式調整後１株当たり当
期純利益を，遡及適用後または修正再表示後の金額により算定する必要はない。

A □□□ 22　１株当たり純資産額は，普通株式に係る期末の純資産額を，自己株式数を含む期末の
普通株式の発行済株式数で除して算定する。

A □□□ 23　財務諸表には，財務諸表等規則において特に定める注記のほか，利害関係人が会社の
財政状態，経営成績およびキャッシュ・フローの状況に関する適正な判断を行うために
必要と認められる事項があるときは，当該事項を注記しなければならない。

第７節　会計上の変更および誤謬の訂正

B □□□ 1　会計上の変更とは，①会計方針の変更，②表示方法の変更，③会計上の見積りの変更
および④過去の財務諸表における誤謬の訂正をいい，このうち①②④について遡及処理
が行われる。

B □□□ 2　会計方針の変更が行われた場合には，新たな会計方針を過去の財務諸表に遡って適用
したかのような会計処理が行われる。過去の誤謬が発見された場合にも，誤謬の訂正を
過去の財務諸表に反映する遡及適用が行われる。（平成26年第Ⅱ回本試験）

B □□□ 3　キャッシュ・フロー計算書における資金の範囲の変更は，各企業の資金管理活動によ
り異なり，経営者の判断に委ねられるので，会計上の見積りの変更としてその変更の内
容が注記される。（平成23年第Ⅱ回本試験）

◻◻◻ 20：【○】（テキストp. 228参照）

　　　　「１株当たり当期純利益に関する会計基準」第30-2項，第30-3項

◻◻◻ 21：【×】**算定する必要がある**（テキストp. 228参照）

　　　　会計方針の変更または過去の誤謬の訂正により財務諸表に遡及適用または修正再表示が行われた場合，表示期間の１株当たり当期純利益および潜在株式調整後１株当たり当期純利益を，遡及適用後または修正再表示後の金額により算定する必要がある（「１株当たり当期純利益に関する会計基準」第30-4項）。

◻◻◻ 22：【×】**自己株式数を控除した株式数で除して算定する**（テキストp. 229参照）

　　　　１株当たり純資産額は，普通株式に係る期末の純資産額を，期末の普通株式の発行済株式数から自己株式数を控除した株式数で除して算定する。

◻◻◻ 23：【○】（テキストp. 229参照）

　　　　「財務諸表等規則」第8条の5

◻◻◻ 1：【×】**過去の誤謬の訂正は会計上の変更に該当しない**（テキストp. 230参照）

　　　　会計上の変更とは，会計方針の変更，表示方法の変更および会計上の見積りの変更をいい，過去の財務諸表における誤謬の訂正は会計上の変更に該当しない（「会計方針の開示，会計上の変更及び誤謬の訂正に関する会計基準」第4項(4)）。

◻◻◻ 2：【×】**過去の誤謬の訂正は，遡及適用ではなく修正再表示である**（テキストp. 230参照）

　　　　過去の誤謬が発見された場合には，誤謬の訂正を過去の財務諸表に反映する修正再表示が行われる（「会計方針の開示，会計上の変更及び誤謬の訂正に関する会計基準」第4項(11)）。なお，遡及適用とは，新たな会計方針を過去の財務諸表に遡って適用していたかのように会計処理することをいう（「会計方針の開示，会計上の変更及び誤謬の訂正に関する会計基準」第4項(9)）。

◻◻◻ 3：【×】**会計上の見積りの変更ではなく，会計方針の変更である**（テキストp. 231参照）

　　　　キャッシュ・フロー計算書における資金の範囲の変更は，会計方針の変更である。

A　□□□　4　ある項目に対する会計処理として，重要性が低いと判断し現金基準を適用していたが，重要性が増したことに伴い発生基準へ変更する場合は，会計方針の変更に該当する。

A　□□□　5　新規事業を開始することに伴って新たに取得した有形固定資産の経済的便益の消費パターンが，既存事業における有形固定資産の経済的便益の消費パターンと異なることが予測される場合に，新たに取得した有形固定資産の減価償却方法として，既存事業の有形固定資産の減価償却方法とは異なる方法を採用することは，会計方針の変更に該当しない。

A　□□□　6　連結財務諸表作成のための基本となる重要な事項のうち，連結または持分法の適用の範囲に関する変動は，会計方針の変更に該当する。

A　□□□　7　会計基準等の改正に伴う会計方針の変更の場合，新たな会計方針を過去の期間に遡及適用することは求められない。

A　□□□　8　新たな会計方針を遡及適用する場合，表示期間より前の期間に関する遡及適用による累積的影響額は，表示する財務諸表のうち，最も古い期間の期末の資産，負債および純資産の額に反映する。

A　□□□　9　新たな会計方針を遡及適用する場合，表示する過去の各期間の財務諸表には，当該各期間の影響額を反映する。

□□□ 4 :【×】**会計方針の変更には該当しない**（テキストp. 231参照）

　　　会計方針の変更とは，従来採用していた一般に公正妥当と認められた会計方針から他の一般に公正妥当と認められた会計方針に変更することをいう（「会計方針の開示，会計上の変更及び誤謬の訂正に関する会計基準」第4項(5)）。重要性が増した会計事象等に対する現金基準の適用は一般に公正妥当と認められた会計処理にあたらないので，当該変更は会計方針の変更には該当しない。

□□□ 5 :【○】（テキストp. 231参照）

　　　新規事業を開始することに伴って新たに取得した有形固定資産の経済的便益の消費パターンが，既存事業における有形固定資産の経済的便益の消費パターンと異なることが予測される場合に，新たに取得した有形固定資産の減価償却方法として，既存事業の有形固定資産の減価償却方法とは異なる方法を採用することは，会計処理の対象となる新たな事実の発生に伴う新たな会計処理の原則および手続の採用であり，会計方針の変更に該当しない。

□□□ 6 :【×】**会計方針の変更には該当しない**（テキストp. 231参照）

　　　連結財務諸表作成のための基本となる重要な事項のうち，連結または持分法の適用の範囲は，財務諸表の作成にあたって採用した会計処理の原則および手続に該当しないため，その変動は会計方針の変更に該当しない。

□□□ 7 :【×】**原則として，遡及適用することが求められる**（テキストp. 232参照）

　　　会計基準等の改正に伴う会計方針の変更の場合，当該会計基準等に特定の経過的な取扱いが定められている場合には，その経過的な取扱いに従うが，特定の経過的な取扱いが定められていない場合には，原則として新たな会計方針を過去の期間に遡及適用することが求められる（「会計方針の開示，会計上の変更及び誤謬の訂正に関する会計基準」第6項）。

□□□ 8 :【×】**期末ではなく，期首の資産，負債および純資産である**（テキストp. 232参照）

　　　新たな会計方針を遡及適用する場合，表示期間より前の期間に関する遡及適用による累積的影響額は，表示する財務諸表のうち，最も古い期間の期首の資産，負債および純資産の額に反映する（「会計方針の開示，会計上の変更及び誤謬の訂正に関する会計基準」第7項(1)）。

□□□ 9 :【○】（テキストp. 232参照）

　　　「会計方針の開示，会計上の変更及び誤謬の訂正に関する会計基準」第 7 項(2)

A □□□ 10 会計方針を変更し，当期の期首時点において，過去の期間のすべてに新たな会計方針を遡及適用した場合の累積的影響額を算定することはできるものの，表示期間のいずれかにおいて，当該期間に与える影響額を算定することが実務上不可能な場合，遡及適用が実行可能な最も古い期間（これが当期となる場合もある。）の期首時点で累積的影響額を算定し，当該期首残高から新たな会計方針を適用する。

A □□□ 11 当期の期首時点において，過去の期間のすべてに新たな会計方針を遡及適用した場合の累積的影響額を算定することが実務上不可能な場合，当期の期首時点から将来にわたり新たな会計方針を適用する。

A □□□ 12 会計方針を変更した場合で，当期および過去の期間に影響があるときには，原則として，当期および過去の期間における会計方針の変更による影響額を注記することが求められる。

B □□□ 13 表示方法の変更には，財務諸表における同一区分内での科目の独立掲記，統合あるいは科目名の変更および重要性の増加に伴う表示方法の変更が含まれるが，財務諸表の表示区分を超えた表示方法の変更は含まれない。

B □□□ 14 キャッシュ・フロー計算書の表示方法を，間接法から直接法へ変更する場合，会計方針の変更に該当することになる。

B □□□ 15 ある収益取引について営業外収益から売上高に表示区分を変更する場合，資産および負債並びに損益の認識または測定について何ら変更を伴うものではないときは，表示方法の変更として取り扱う。

□□□ 10：【○】（テキストp. 233参照）

　　　「会計方針の開示，会計上の変更及び誤謬の訂正に関する会計基準」第9項(1)

□□□ 11：【×】**当期の期首時点ではなく，期首以前の実行可能な最も古い日からである**（テキストp. 233参照）

　　　当期の期首時点において，過去の期間のすべてに新たな会計方針を遡及適用した場合の累積的影響額を算定することが実務上不可能な場合，期首以前の実行可能な最も古い日から将来にわたり新たな会計方針を適用する（「会計方針の開示，会計上の変更及び誤謬の訂正に関する会計基準」第9項(2)）。

□□□ 12：【×】**当期における影響額の注記は求められていない**（テキストp. 234参照）

　　　会計方針を変更した場合で，当期または過去の期間に影響があるときには，原則として，過去の期間における会計方針の変更による影響額を注記することが求められているが，当期における会計方針の変更による影響額の注記は求められていない（「会計方針の開示，会計上の変更及び誤謬の訂正に関する会計基準」第10項(5)，第11項(3)，第50項）。

□□□ 13：【×】**財務諸表の表示区分を超えた表示方法の変更も含まれる**（テキストp. 235参照）

　　　表示方法の変更には，財務諸表における同一区分内での科目の独立掲記，統合あるいは科目名の変更および重要性の増加に伴う表示方法の変更のほか，財務諸表の表示区分を超えた表示方法の変更も含まれる。

□□□ 14：【×】**会計方針の変更ではなく，表示方法の変更に該当する**（テキストp. 235参照）

　　　営業活動によるキャッシュ・フローに関する表示方法（直接法または間接法）の変更は，表示方法の変更に該当する。

□□□ 15：【○】（テキストp. 235参照）

　　　会計方針の変更と表示方法の変更との区分は，表示方法の変更が，会計処理の変更に伴うものであったかどうかにより判断する。このため，ある収益取引について営業外収益から売上高に表示区分を変更する場合，資産および負債並びに損益の認識または測定について何ら変更を伴うものではないときは，表示方法の変更として取り扱う。

A □□□ 16 財務諸表の表示方法を変更した場合には，原則として表示する過去の財務諸表について，新たな表示方法に従い財務諸表の組替えを行うが，原則的な取扱いが実務上不可能な場合には，財務諸表の組替えが実行可能な最も古い期間から新たな表示方法を適用する。

A □□□ 17 会計上の見積りを変更した場合，過去に遡って処理することが求められる。

A □□□ 18 会計上の見積りの変更は，当該変更が変更期間のみに影響する場合には，当該変更期間に会計処理を行い，当該変更が将来の期間にも影響する場合には，将来にわたり会計処理を行う。

A □□□ 19 臨時償却は，耐用年数の変更等に関する影響額を，その変更期間で一時に認識する方法（キャッチ・アップ方式）であるが，わが国では，固定資産の耐用年数の変更については，当期以降の費用配分に影響させる方法（プロスペクティブ方式）のみを認めることとしているため，臨時償却の採用は認められない。

A □□□ 20 減価償却方法は会計方針の1つとされており，その変更は会計方針の変更として位置づけられている。したがって，減価償却方法を変更した場合は，新たな減価償却方法を過去の財務諸表に遡及適用することが求められる。

B □□□ 21 会計基準上，誤謬とは，財務諸表の意図的でない虚偽の表示を指し，不正に起因するものと区別されている。

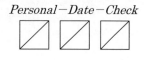

□□□ 16 :【○】（テキストp. 235参照）

　　　「会計方針の開示，会計上の変更及び誤謬の訂正に関する会計基準」第14項，第15項

□□□ 17 :【×】**過去に遡って処理することは求められない**（テキストp. 236参照）

　　　会計上の見積りの変更は，新しい情報によってもたらされるものであるとの認識から，過去に遡って処理せず，その影響は将来に向けて認識する（「会計方針の開示，会計上の変更及び誤謬の訂正に関する会計基準」第55項）。

□□□ 18 :【○】（テキストp. 236参照）

　　　「会計方針の開示，会計上の変更及び誤謬の訂正に関する会計基準」第17項

□□□ 19 :【○】（テキストp. 237参照）

　　　「会計方針の開示，会計上の変更及び誤謬の訂正に関する会計基準」第57項

□□□ 20 :【×】**遡及適用することは求められない**（テキストp. 238参照）

　　　減価償却方法は会計方針の1つとされているが，その変更の場面においては固定資産に関する経済的便益の消費パターンに関する見積りの変更を伴うものと考えられる。このため，減価償却方法の変更は，会計方針の変更を会計上の見積りの変更と区別することが困難な場合に該当するものとし，会計上の見積りの変更と同様に会計処理を行い，その遡及適用は求めないこととされている（「会計方針の開示，会計上の変更及び誤謬の訂正に関する会計基準」第59項，第62項）。

□□□ 21 :【×】**不正に起因するものを区別していない**（テキストp. 239参照）

　　　監査上は，財務諸表の虚偽の表示の原因となる行為が意図的であるか意図的でないかで不正と誤謬を区別した上で，誤謬とは，財務諸表の意図的でない虚偽の表示であって，金額または開示の脱漏を含むとしているが，会計上は，それが意図的であるか否かにより，取扱いを区別する必要性はないと考えられるため，誤謬を不正に起因するものも含めて定義している（「会計方針の開示，会計上の変更及び誤謬の訂正に関する会計基準」第41項，第42項）。

A　□□□　22　過去の財務諸表における誤謬が発見された場合，①表示期間より前の期間に関する修正再表示による累積的影響額は，表示する財務諸表のうち，最も古い期間の期首の資産，負債および純資産の額に反映させ，②表示する過去の各期間の財務諸表には，当該各期間の影響額を反映させる。

B　□□□　23　過去の誤謬について，重要性が乏しいという判断に基づき，過去の財務諸表を修正再表示しないことが認められている。この場合には，過去の誤謬を当期の特別損益（前期損益修正項目）として認識する処理が行われる。

B　□□□　24　「会計方針の開示，会計上の変更及び誤謬の訂正に関する会計基準」では，会計方針の変更，表示方法の変更および過去の誤謬の訂正を行った場合において，遡及処理の原則的な取扱いが実務上不可能な場合の取扱いが定められている。

A　□□□　25　過年度における引当金過不足修正額が生じた場合，過去の財務諸表作成時において入手可能な情報に基づき最善の見積りを行っていたときには，特別損益として認識する。

A　□□□　26　過年度における引当金過不足修正額が生じた場合，当該過不足が計上時の見積り誤りに起因するときは，損益計算書の特別損益に表示する。

A　□□□　27　有形固定資産の耐用年数を変更した場合，過去に定めた耐用年数が，これを定めた時点での合理的な見積りに基づくものであったときは，会計方針の変更に該当する。

□□□ 22：【○】（テキストp. 239参照）

　　「会計方針の開示，会計上の変更及び誤謬の訂正に関する会計基準」第21項

□□□ 23：【×】**特別損益ではなく，その性質により，営業損益または営業外損益として認識する**
　　（テキストp. 239参照）

　　過去の誤謬については，原則として，比較情報として表示される過去の財務諸表を修正再表示することが求められるが，重要性の判断に基づき，過去の財務諸表を修正再表示しないことも認められている。この場合には，損益計算書上，その性質により，営業損益または営業外損益として認識する処理が行われることになる（「会計方針の開示，会計上の変更及び誤謬の訂正に関する会計基準」第65項）。

□□□ 24：【×】**過去の誤謬の訂正については定められていない**（テキストp. 239参照）

　　会計方針の変更および表示方法の変更については，遡及処理の原則的な取扱いが実務上不可能な場合の取扱いが定められている（「会計方針の開示，会計上の変更及び誤謬の訂正に関する会計基準」第8項，第9項，第15項）が，過去の誤謬の訂正については，このような状況を想定した取扱いは明示されていない（「会計方針の開示，会計上の変更及び誤謬の訂正に関する会計基準」第67項）。

□□□ 25：【×】**特別損益ではなく，その性質により，営業損益または営業外損益として認識する**
　　（テキストp. 240参照）

　　過年度における引当金過不足修正額が生じた場合，過去の財務諸表作成時において入手可能な情報に基づき最善の見積りを行っていたときには，その性質により，営業損益または営業外損益として認識する（「会計方針の開示，会計上の変更及び誤謬の訂正に関する会計基準」第55項）。

□□□ 26：【×】**特別損益に表示するのではなく，修正再表示を行う**（テキストp. 240参照）

　　過年度における引当金過不足修正額が生じた場合，当該過不足が計上時の見積り誤りに起因するときは，過去の誤謬に該当するため，修正再表示を行う（「会計方針の開示，会計上の変更及び誤謬の訂正に関する会計基準」第55項）。

□□□ 27：【×】**会計方針の変更ではなく，会計上の見積りの変更である**（テキストp. 240参照）

　　有形固定資産の耐用年数を変更した場合，過去に定めた耐用年数が，これを定めた時点での合理的な見積りに基づくものであったときは，会計上の見積りの変更に該当する。

第8節　臨時計算書類

A　□□□　1　株式会社は，臨時決算制度により，期中に獲得した利益を剰余金に含めることができる。

A　□□□　2　臨時計算書類には，貸借対照表，損益計算書のほか，株主資本等変動計算書が含まれる。

☐☐☐　1 :【○】（テキストp．241参照）

　　　会社法では，株式会社はいつでも何度でも剰余金の配当を実施することができるが，配当財源である剰余金（その他資本剰余金とその他利益剰余金）が配当予定額を下回る場合，そのままでは四半期配当等を実施することができない。そこで，臨時決算日までに獲得した期中の利益を剰余金に含めることができるように，臨時決算制度が設けられている。

☐☐☐　2 :【×】**株主資本等変動計算書は含まれない**（テキストp．241参照）

　　　臨時計算書類には，貸借対照表と損益計算書が含まれるが，株主資本等変動計算書は含まれない（「会社法」第441条）。

第12章
金融商品

第12章　金融商品

第1節　金融資産および金融負債の範囲等

A □□□ 1　金融負債とは，支払手形，買掛金，借入金および社債等の金銭債務ならびにデリバティブ取引により生じる正味の債務等をいう。

B □□□ 2　金融商品取引法に定義する有価証券以外のものが，会計上，有価証券として取り扱われることはない。

B □□□ 3　現物商品（コモディティ）に係るデリバティブ取引は，「金融商品に関する会計基準」の適用対象とならない。

A □□□ 4　「時価の算定に関する会計基準」において定義される時価とは，算定日において市場参加者間で秩序ある取引が行われると想定した場合の，当該取引における資産を取得するために支払った価格または負債を引き受けるために受け取った価格をいう。

B □□□ 5　時価の算定にあたっては，状況に応じて，十分なデータが利用できる評価技法を用い，当該評価技法を用いるにあたっては，関連性のある観察可能なインプットを最大限利用し，観察できないインプットの利用を最小限にする。

□□□　1：【○】（テキストp. 244参照）

　　　　「金融商品に関する会計基準」第5項

□□□　2：【×】**有価証券として取り扱われるものもある**（テキストp. 244参照）

　　　　有価証券の範囲は，原則として，金融商品取引法に定義する有価証券に基づくが，それ以外のもので，金融商品取引法上の有価証券に類似し企業会計上の有価証券として取り扱うことが適当と認められるもの（例えば，国内ＣＤ）についても有価証券の範囲に含める（「金融商品に関する会計基準」脚注1-2）。

□□□　3：【×】**適用対象となる場合がある**（テキストp. 244参照）

　　　　現物商品（コモディティ）に係るデリバティブ取引のうち，通常差金決済により取引されるものから生じる正味の債権または債務についても，「金融商品に関する会計基準」の適用対象となる（「金融商品に関する会計基準」脚注1）。

□□□　4：【×】**資産の売却によって受け取る価格または負債の移転のために支払う価格である**（テキストp. 245参照）

　　　　時価とは，算定日において市場参加者間で秩序ある取引が行われると想定した場合の，当該取引における資産を取得するために支払った価格または負債を引き受けるために受け取った価格ではなく，資産の売却によって受け取る価格または負債の移転のために支払う価格をいう（「時価の算定に関する会計基準」第5項）。

□□□　5：【○】（テキストp. 245参照）

　　　　「時価の算定に関する会計基準」第8項

第2節　金融資産および金融負債の発生の認識

A　□□□　1　商品等の売買の対価に係る金銭債権債務は，原則として，当該商品売買契約を締結したときにその発生を認識する。（平成14年本試験）

A　□□□　2　有価証券については，原則として約定時に発生を認識し，デリバティブ取引については，契約上の決済時に発生を認識しなければならない。

A　□□□　3　株式売買取引については約定時点で会計上認識されるが，それは約定時点で株式に関わるリスクとリターンが売手から買手に移転するからである。（平成19年本試験）

B　□□□　4　有価証券の売買契約については，約定日から受渡日までの期間が市場の規則または慣行に従った通常の期間よりも長い場合，約定日基準に代えて保有目的区分ごとに買手は約定日から受渡日までの時価の変動のみを認識し，また，売手は売却損益のみを約定日に認識する修正受渡日基準によることが認められている。

第3節　金融資産および金融負債の消滅の認識

B　□□□　1　債権者が貸付金等の債権に係る資金を回収したとき，保有者がオプション権を行使しないままに行使期限が到来したときまたは保有者が有価証券等を譲渡したときなどには，それらの金融資産の消滅を認識する。

B　□□□　2　債務者が金融負債の契約上の第一次債務者の地位から免責される場合であっても，第一次債務を引き受けた第三者が倒産等に陥ったときに二次的に責任を負うという条件が付されている場合には，当該債務に係る金融負債の消滅を認識することはできない。

□□□ 1 :【×】**商品等を受け渡したときに発生を認識する**（テキストp. 246参照）

　　商品等の売買の対価に係る金銭債権債務は，原則として，当該商品売買契約を締結したときではなく，当該商品等を受け渡したときにその発生を認識する（「金融商品に関する会計基準」脚注3）。

□□□ 2 :【×】**デリバティブ取引は，契約の締結時に発生を認識する**（テキストp. 246参照）

　　有価証券については，原則として約定時に発生を認識し，デリバティブ取引については，契約上の決済時ではなく契約の締結時にその発生を認識しなければならない（「金融商品に関する会計基準」第55項）。

□□□ 3 :【〇】（テキストp. 246参照）

　　「金融商品に関する会計基準」第55項

□□□ 4 :【×】**通常の期間より長い場合ではなく，通常の期間である場合に修正受渡日基準によることが認められている**（テキストp. 246参照）

　　有価証券の売買契約については，約定日から受渡日までの期間が市場の規則または慣行に従った通常の期間である場合，約定日基準に代えて保有目的区分ごとに買手は約定日から受渡日までの時価の変動のみを認識し，また，売手は売却損益のみを約定日に認識する修正受渡日基準によることが認められている。

　　なお，約定日から受渡日までの期間が通常の期間よりも長い場合，売買契約は先渡契約であり，買手も売手も約定日に当該先渡契約による権利義務の発生を認識する。

□□□ 1 :【〇】（テキストp. 247参照）

　　「金融商品に関する会計基準」第56項

□□□ 2 :【×】**金融負債の消滅を認識する**（テキストp. 247参照）

　　第一次債務を引き受けた第三者が倒産等に陥ったときに二次的に責任を負うという条件の下で，債務者が金融負債の契約上の第一次債務者の地位から免責される場合には，財務構成要素アプローチにより当該債務に係る金融負債の消滅を認識し，その債務に対する二次的な責任を金融負債として認識する（「金融商品に関する会計基準」第60項）。

A　□□□　3　金融資産を譲渡する場合には，譲渡後において譲渡人が譲渡資産や譲受人と一定の関係を有する場合があるが，このような条件付きの金融資産の譲渡については，金融資産のリスクと経済価値のほとんどすべてが他に移転した場合に金融資産の消滅を認識する方法が採用されている。

A　□□□　4　甲は保有する債権を乙に譲渡するとともに，譲渡した債権の貸倒リスクを保証している。この場合，リスク・経済価値アプローチによれば，甲は債権の消滅を認識し，貸倒リスクに対する負債（例えば，債務保証損失引当金）を計上する。

A　□□□　5　金融商品会計基準では，金融資産の消滅の認識は財務構成要素アプローチによることとし，支配が他に移転するのは，倒産隔離，利益享受，買戻特約の不存在という3要件のいずれかが充たされた場合としている。

A　□□□　6　譲渡した金融資産を満期日前に買戻すことが予め合意されている取引は，支配が移転しているとは認められないので，当該金融資産の譲渡を売買取引ではなく金融取引として処理する。（平成16年本試験）

B　□□□　7　金融資産の契約上の権利に対する支配が他に移転したと認められるためには，譲受人が譲渡された金融資産の契約上の権利を直接または間接に通常の方法で享受できることが必要であり，譲受人が一定の要件を充たす特別目的会社の場合，当該特別目的会社が譲渡された金融資産の契約上の権利を直接または間接に通常の方法で享受できるか否かにより支配の移転を判断する。

A　□□□　8　金融資産の一部の消滅を認識する場合には，当該金融資産全体の時価に対する消滅部分の時価と残存部分の時価の比率により，当該金融資産の帳簿価額を消滅部分と残存部分の帳簿価額に按分する。（平成14年本試験）

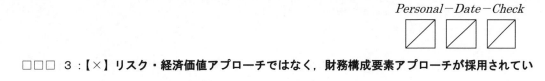

□□□ 3：【×】**リスク・経済価値アプローチではなく，財務構成要素アプローチが採用されている**（テキストp. 248参照）

　　金融資産の譲渡については，金融資産のリスクと経済価値のほとんどすべてが他に移転した場合に金融資産の消滅を認識する方法（リスク・経済価値アプローチ）ではなく，金融資産を構成する財務的要素に対する支配が他に移転した場合に当該移転した財務構成要素の消滅を認識し，留保される財務構成要素の存続を認識する方法（財務構成要素アプローチ）が採用されている（「金融商品に関する会計基準」第57項，第58項）。

□□□ 4：【×】**甲は債権の消滅を認識することはできない**（テキストp. 248参照）

　　甲は保有する債権を乙に譲渡するとともに，譲渡した債権の貸倒リスクを保証している。この場合，債権に係るリスクは乙に移転していないため，リスク・経済価値アプローチによれば，甲は債権の消滅を認識することができず，乙からの入金額を負債（借入金等）として計上することになる。

　　なお，財務構成要素アプローチによれば，甲は債権の消滅を認識し（消滅の認識の要件を充たす場合），貸倒リスクに対する負債（例えば，債務保証損失引当金）を計上する。

□□□ 5：【×】**いずれかがではなく，すべてが充たされた場合である**（テキストp. 249参照）

　　金融商品会計基準では，金融資産の消滅の認識は財務構成要素アプローチによることとし，支配が他に移転するのは，倒産隔離，利益享受，買戻特約の不存在という3要件のすべてが充たされた場合としている（「金融商品に関する会計基準」第9項）。

□□□ 6：【○】（テキストp. 249参照）

　　「金融商品に関する会計基準」第9項(3)，第58項(3)

□□□ 7：【×】**特別目的会社が発行する証券の保有者を金融資産の譲受人とみなして判断する**（テキストp. 249参照）

　　譲受人が一定の要件を充たす特別目的会社の場合，当該特別目的会社が発行する証券の保有者を当該金融資産の譲受人とみなして，譲渡された金融資産の契約上の権利を直接または間接に通常の方法で享受できるか否かにより支配の移転を判断する（「金融商品に関する会計基準」脚注4）。

□□□ 8：【○】（テキストp. 251参照）

　　「金融商品に関する会計基準」第12項

A　□□□　9　金融資産または金融負債の消滅に伴って新たに発生した金融資産または金融負債は，消滅した金融資産または金融負債の帳簿価額に基づき計上する。

A　□□□　10　ローン・パーティシペーションは，債権に係るリスクと経済的利益のほとんどすべてが譲渡人から譲受人に移転している場合等一定の要件を充たすときには，当該債権の消滅を認識しなければならない。

A　□□□　11　ローン・パーティシペーションは，譲渡された金融資産に対する譲受人の契約上の権利が譲渡人およびその債権者から法的に保全されるため，債権の消滅の認識が認められている。

A　□□□　12　デット・アサンプションは，契約上の義務が消滅せず，また，第一次債務者の地位から免責されないため，金融負債の消滅の認識の要件を充たさない。

A　□□□　13　デット・アサンプションは，社債発行会社が社債の満期日前にその償還額と社債利息に相当する金額を金融機関に対して預託するものであり，実質的には社債の繰り上げ償還ないし買入償還の経済効果を有するため，当該社債の償還と同様に会計処理を行わなければならない。（平成24年第I回本試験）

A　□□□　14　デット・エクイティ・スワップが行われた場合，債権者は当該債権の消滅を認識するとともに，消滅した債権の帳簿価額とその対価としての受取額（債権者が取得する株式の取得時の時価）との差額を，資本剰余金として処理する。

220

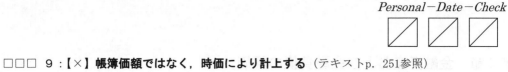

□□□ 9：【×】**帳簿価額ではなく，時価により計上する**（テキストp. 251参照）

　　　金融資産または金融負債の消滅に伴って新たに発生した金融資産または金融負債は，時価により計上する（「金融商品に関する会計基準」第13項）。

□□□ 10：【×】**強制ではなく，容認である**（テキストp. 253参照）

　　　ローン・パーティシペーションは，債権に係るリスクと経済的利益のほとんどすべてが譲渡人から譲受人に移転している場合等一定の要件を充たすものに限り，当該債権の消滅を認識することが認められる（「金融商品に関する会計基準」第42項(1)）。

□□□ 11：【×】**法的に保全されない**（テキストp. 253参照）

　　　ローン・パーティシペーションは，譲受人の権利の法的保全がなされないため支配の移転の要件を充たさないが，債権譲渡に代わる債権流動化の手法として広く利用されている実情を考慮し，一定の要件を充たすものに限り，債権の消滅を認識することが認められている（「金融商品に関する会計基準」第9項(1)，第42項(1)）。

□□□ 12：【○】（テキストp. 253参照）

　　　「金融商品に関する会計基準」第10項，第42項(2)

□□□ 13：【×】**強制ではなく，容認である**（テキストp. 253参照）

　　　デット・アサンプションは，実質的には社債の繰り上げ償還ないし買入償還の経済効果を有するが，当該社債の償還と同様の会計処理（消滅の認識）は強制ではなく，認められているに過ぎない（「金融商品に関する会計基準」第42項(2)）。

□□□ 14：【×】**資本剰余金ではなく，当期の損益として処理する**（テキストp. 254参照）

　　　デット・エクイティ・スワップが行われた場合，債権者は当該債権の消滅を認識するとともに，消滅した債権の帳簿価額とその対価としての受取額（債権者が取得する株式の取得時の時価）との差額を，当期の損益として処理する。

第4節　金融資産および金融負債の評価

A　□□□　1　受取手形，売掛金，貸付金その他の債権を債権金額より低い価額または高い価額で取得した場合において，取得価額と債権金額との差額の性格が金利の調整と認められるときは，取得価額から貸倒見積高に基づいて算定された貸倒引当金を控除した金額，または償却原価法に基づいて算定された価額から貸倒見積高に基づいて算定された貸倒引当金を控除した金額のいずれかを選択して評価する。

B　□□□　2　償却原価法とは，金融資産または金融負債を債権額または債務額と異なる金額で計上した場合において，当該差額に相当する金額を弁済期または償還期に至るまで毎期一定の方法で取得価額に加減する方法をいう。この場合，当該加減額を受取利息または支払利息に含めて処理する。

A　□□□　3　売買目的有価証券は，売却することについて事業遂行上等の制約がなく，時価の変動にあたる評価差額が企業にとっての財務活動の成果と考えられることから，その評価差額は当期の損益として処理される。

A　□□□　4　満期保有目的の債券については，時価が算定できるものを除き，取得原価もしくは償却原価をもって評価する。

B　□□□　5　債券の保有期間をあらかじめ決めていない場合や，市場金利や為替相場の変動等の将来の不確定要因の発生いかんによっては売却が予測される場合には，満期保有目的の債券に分類することはできない。

B　□□□　6　売買目的有価証券またはその他有価証券に分類した債券を，取得後に満期保有目的の債券へ振り替えることは認められている。

□□□ 1 ：【×】**償却原価法によらなければならない**（テキストp. 256参照）

　　受取手形，売掛金，貸付金その他の債権については，取得価額から貸倒見積高に基づ
いて算定された貸倒引当金を控除した金額により評価する。ただし，債権を債権金額よ
り低い価額または高い価額で取得した場合において，取得価額と債権金額との差額の性
格が金利の調整と認められるときは，償却原価法に基づいて算定された価額から貸倒見
積高に基づいて算定された貸倒引当金を控除した金額と̇し̇な̇け̇れ̇ば̇な̇ら̇な̇い̇（「金融商
品に関する会計基準」第14項，脚注5）。

□□□ 2 ：【○】（テキストp. 256参照）

　　「金融商品に関する会計基準」脚注5

□□□ 3 ：【○】（テキストp. 257参照）

　　「金融商品に関する会計基準」第70項

□□□ 4 ：【×】**時価が算定できるものを含む**（テキストp. 258参照）

　　満期保有目的の債券については，時価が算定できるものであっても，満期まで保有す
ることによる約定利息および元本の受取りを目的としており，満期までの間の金利変動
による価格変動のリスクを認める必要がないため，取得原価もしくは償却原価をもって
評価する（「金融商品に関する会計基準」第71項）。

□□□ 5 ：【○】（テキストp. 258参照）

　　債券の保有期間をあらかじめ決めていない場合や，市場金利や為替相場の変動等の将
来の不確定要因の発生いかんによっては売却が予測される場合，満期まで所有する意思
があるとは認められず，満期保有目的の債券に分類することはできない。

□□□ 6 ：【×】**認められていない**（テキストp. 258参照）

　　満期保有目的の債券への分類はその取得当初の意図に基づくものであるので，売買目
的有価証券またはその他有価証券を，取得後に満期保有目的の債券へ振り替̇え̇る̇ことは
認められていない。

B　□□□　7　満期保有目的の債券に分類された債券の一部を償還期限前に売却した場合，満期保有目的の債券に分類された残りのすべての債券について，保有目的の変更があったものとされるが，その直後に取得した債券を満期保有目的の債券に分類することは否定されない。

B　□□□　8　満期保有目的の債券の保有目的を変更した場合，当該債券は変更後の保有目的に係る評価基準に従って処理する。（平成15年本試験）

B　□□□　9　償却原価法を適用していた満期保有目的の債券に関して減損処理を行った場合でも，以後，償却原価法の適用を継続する。

A　□□□　10　関連会社株式が取得原価により評価されるのは，当該株式が，他の企業への支配力の行使を目的として保有する事業投資としての性格を有するためである。

A　□□□　11　子会社株式は，他の企業への支配力の行使を目的として保有しており，金融投資と同じく時価の変動を成果とはとらえないため，取得原価により評価される。

B　□□□　12　連結財務諸表上，子会社株式については子会社純資産の実質価額が反映され，関連会社株式については持分法により評価される。

B　□□□　13　その他有価証券は業務上の関係を有する企業の株式等から市場動向によっては売却を想定している有価証券まで多様な性格を有しているため，個々の保有目的等に応じてその性格付けをさらに細分化してそれぞれ会計処理を定める方法が採用されている。

A　□□□　14　その他有価証券の評価差額は，切放し方式に基づき，原則として，評価差額の合計額を純資産の部に計上する。

□□□ 7 :【×】**否定される**（テキストp. 258参照）

　　満期保有目的の債券に分類された債券の一部を償還期限前に売却した場合，満期保有目的の債券に分類された残りのすべての債券について，保有目的の変更があったものとされ，さらに，保有目的の変更を行った事業年度を含む2事業年度においては，取得した債券を満期保有目的の債券に分類することもできない。

□□□ 8 :【○】（テキストp. 258参照）

　　「金融商品に関する会計基準」脚注6

□□□ 9 :【×】**償却原価法は適用しない**（テキストp. 258参照）

　　償却原価法を適用していた満期保有目的の債券に関して減損処理を行った場合，取得差額はもはや金利調整差額ではないため，以後，償却原価法は適用しない。

□□□ 10 :【×】**支配力ではなく，影響力の行使である**（テキストp. 259参照）

　　関連会社株式が取得原価により評価されるのは，当該株式が，他の企業への影響力の行使を目的として保有する事業投資としての性格を有するためである（「金融商品に関する会計基準」第74項）。

□□□ 11 :【×】**金融投資はなく，事業投資である**（テキストp. 259参照）

　　子会社株式は，他の企業への支配力の行使を目的として保有しており，事業投資と同じく時価の変動を成果とはとらえないため，取得原価により評価される（「金融商品に関する会計基準」第73項）。

□□□ 12 :【○】（テキストp. 259参照）

　　「金融商品に関する会計基準」第73項，第74項

□□□ 13 :【×】**当該方法は採用されていない**（テキストp. 260参照）

　　その他有価証券は，売買目的有価証券と子会社株式および関連会社株式との中間的な性格を有するものとして一括して捉えられており，個々の保有目的等に応じてその性格付けをさらに細分化してそれぞれ会計処理を定める方法は採用されていない（「金融商品に関する会計基準」第75項）。

□□□ 14 :【×】**切放し方式ではなく，洗替え方式である**（テキストp. 259参照）

　　その他有価証券の評価差額は，洗替え方式に基づき，原則として，評価差額の合計額を純資産の部に計上する（「金融商品に関する会計基準」第18項）。

A □□□ 15 前期に取得したその他有価証券を当期に売却した場合には，当期中の時価の変動による損益を反映させるという期間損益計算の適正化の観点から，売却価額と取得原価との差額ではなく，売却価額と前期末の時価との差額が売却損益として当期の損益に算入される。（平成19年本試験）

A □□□ 16 その他有価証券の評価差額は，原則として，純資産の部に直入するが，例外として，時価が取得原価を下回る銘柄に係る評価差額は当期の損失として処理する方法を採用することができる。

B □□□ 17 市場において取引されていない株式は取得原価により評価する。また，出資金など株式と同様に持分の請求権を生じさせるものは，同様の取扱いとする。

A □□□ 18 市場価格のある満期保有目的の債券については，時価が著しく下落したときは，回復する見込があると認められる場合を除き，時価をもって貸借対照表価額とし，評価差額は当期の損失として処理しなければならない。しかし，市場価格のある子会社株式については，時価が著しく下落し，回復する見込がない場合でも，個別貸借対照表においては，取得原価をもって貸借対照表価額としなければならない。（平成19年本試験）

B □□□ 19 一般的に，個々の銘柄の有価証券の時価が取得原価に比べて25％程度以上下落した場合には時価が「著しく下落した」と判断される。

A □□□ 20 その他有価証券のうち，市場価格のない株式等以外のものについて時価が著しく下落したときは，回復する見込があると認められる場合を除き，時価をもって貸借対照表価額とし，評価差額は当期の損失として処理しなければならない。なお，この場合には当該評価切り下げ前の金額をもって翌期首の取得原価とする。

A □□□ 21 「金融商品に関する会計基準」によれば，売買目的有価証券は流動資産とされ，それ以外の有価証券は投資その他の資産とされる。

A □□□ 22 異なる保有目的区分に分類した有価証券であっても，同一銘柄の有価証券に係る売却原価は，これを通算（簿価通算）して計算することができる。

□□□ 15：【×】**売却価額と取得原価との差額である**（テキストp. 259参照）

　　　その他有価証券の評価差額は洗替方式により処理されるため，前期に取得したその他有価証券を当期に売却した場合には，売却価額と取得原価との差額が売却損益として当期の損益に算入される（「金融商品に関する会計基準」第18項，第79項）。

□□□ 16：【○】（テキストp. 259参照）

　　　「金融商品に関する会計基準」第79項，第80項

□□□ 17：【○】（テキストp. 260参照）

　　　「金融商品に関する会計基準」第19項

□□□ 18：【×】**市場価格のある子会社株式についても時価評価する**（テキストp. 260参照）

　　　満期保有目的の債券，子会社株式および関連会社株式ならびにその他有価証券のうち市場価格のあるものについて時価が著しく下落したときは，回復する見込があると認められる場合を除き，時価をもって貸借対照表価額とし，評価差額は当期の損失として処理しなければならない（「金融商品に関する会計基準」第20項）。

□□□ 19：【×】**25％ではなく，50％程度以上である**（テキストp. 260参照）

　　　一般的に，個々の銘柄の有価証券の時価が取得原価に比べて50％程度以上下落した場合には時価が「著しく下落した」と判断される。

□□□ 20：【×】**評価切り下げ前の金額ではなく，時価である**（テキストp. 260参照）

　　　その他有価証券のうち，市場価格のない株式等以外のものについて時価が著しく下落したときは，回復する見込があると認められる場合を除き，時価をもって貸借対照表価額とし，評価差額は当期の損失として処理しなければならない。この場合には当該時価をもって翌期首の取得原価とする（「金融商品に関する会計基準」第20項，第22項）。

□□□ 21：【×】**1年内に満期の到来する債券も流動資産とされる**（テキストp. 261参照）

　　　売買目的有価証券および1年内に満期の到来する社債その他の債券は流動資産に属し，それ以外の有価証券は投資その他の資産に属する（「金融商品に関する会計基準」第23項）。

□□□ 22：【×】**保有目的区分ごとに計算を行う**（テキストp. 261参照）

　　　同一銘柄の有価証券を異なる保有目的区分に分類した場合，売却原価は通算できず，保有目的区分ごとに計算を行う。

A □□□ 23 運用目的の金銭の信託に係る信託財産の構成物の評価差額は，信託契約の終了時まで繰り延べる。

B □□□ 24 運用目的の信託財産の構成物である有価証券は，その他有価証券とみなしてその評価基準に従って処理する。

A □□□ 25 デリバティブ取引により生じる正味の債権および債務については，時価をもって貸借対照表価額とする。

A □□□ 26 金融負債は，借入金のように一般的には市場がないか，社債のように市場があっても，自己の発行した社債を時価により自由に清算するには事業遂行上等の制約があると考えられることから，時価評価の対象となるものは存在しない。

A □□□ 27 支払手形，買掛金，借入金，社債その他の金銭債務は，収入に基づく金額と債務額とが異なる場合であっても，債務額をもって貸借対照表価額としなければならない。

第5節　貸倒見積高の算定

A □□□ 1 経営状態に重大な問題が生じていない債務者に対する債権については，債権の状況に応じて求めた過去の貸倒実績率等の合理的な基準により貸倒見積高を算定する。このとき，債権全体の貸倒実績率では合理的な貸倒見積高が算定できないため，同種・同類の債権ごとに貸倒見積高を算定しなければならない。

A □□□ 2 経営破綻の状態には至っていないが，債務の弁済に重大な問題が生じているかまたは生じる可能性の高い債務者に対する債権については，債権額から担保の処分見込額および保証による回収見込額を減額し，その残額について債務者の財政状態および経営成績を考慮して貸倒見積高を算定する方法によることができる。

☐☐☐ 23：【×】**繰り延べるのではなく，当期の損益とする**（テキストp. 262参照）

　　　運用目的の金銭の信託に係る信託財産の構成物の評価差額は，当期の損益として処理する（「金融商品に関する会計基準」第24項）。

☐☐☐ 24：【×】**その他有価証券ではなく，売買目的有価証券とみなす**（テキストp. 262参照）

　　　運用目的の信託財産の構成物である有価証券は，売買目的有価証券とみなしてその評価基準に従って処理する（「金融商品に関する会計基準」脚注8）。

☐☐☐ 25：【○】（テキストp. 263参照）

　　　「金融商品に関する会計基準」第25項

☐☐☐ 26：【×】**時価評価の対象となるものも存在する**（テキストp. 263, 265参照）

　　　金融負債のうちデリバティブ取引により生じる正味の債務については時価評価の対象となる（「金融商品に関する会計基準」第25項）。

☐☐☐ 27：【×】**債務額ではなく，償却原価法に基づいて算定された価額である**（テキストp. 265参照）

　　　社債を社債金額より低い価額または高い価額で発行した場合など，収入に基づく金額と債務額とが異なる場合には，償却原価法に基づいて算定された価額をもって貸借対照表価額とする（「金融商品に関する会計基準」第26項）。

☐☐☐ 1：【×】**債権全体の貸倒実績率を用いることも認められる**（テキストp. 266参照）

　　　一般債権については，債権全体または同種・同類の債権ごとに，債権の状況に応じて求めた過去の貸倒実績率等合理的な基準により貸倒見積高を算定する（「金融商品に関する会計基準」第27項(1)，第28項(1)）。したがって，債権全体の貸倒実績率等を用いてもよい。

☐☐☐ 2：【○】（テキストp. 266参照）

　　　「金融商品に関する会計基準」第27項(2)，第28項(2)①

A　□□□　3　キャッシュ・フロー見積法とは，債権の元本の回収および利息の受取りに係るキャッシュ・フローを合理的に見積ることができる債権につき，債権の元本および利息について元本の回収および利息の受取りが見込まれるときから当期末までの期間にわたり，当期末における安全性の高い長期の債券の利回りで割り引いた金額の総額と債権の帳簿価額との差額を貸倒見積高とする方法をいう。

A　□□□　4　法的，形式的な経営破綻の事実は発生していないものの，深刻な経営難の状態にあり，再建の見通しがない状態にあると認められる債務者に対する債権については，債権額から担保の処分見込額および保証による回収見込額を減額し，その残額について債務者の財政状態および経営成績を考慮して貸倒見積高を算定する。

B　□□□　5　債権の貸倒見積高に基づき計上された貸倒引当金は，原則として，その債権が属する科目ごとに控除する形式で記載する。なお，二以上の科目について，貸倒引当金を一括して記載する方法や，貸倒引当金を控除した残額のみを記載し，当該貸倒引当金を注記する方法によることも認められている。

B　□□□　6　契約上の利払日を相当期間経過しても債務者から利息の支払を受けていない債権については，すでに計上されている未収収益を当期の損失として処理するが，それ以後の期間に対応する未収利息は計上してよい。（平成16年本試験）

B　□□□　7　破産更生債権等の貸倒見積高は，原則として，債権金額または取得価額から直接減額するが，貸倒引当金として処理することもできる。

B　□□□　8　貸倒見積高を債権から直接減額した後に，残存する帳簿価額を上回る回収があった場合には，原則として特別利益として当該期間に認識する。

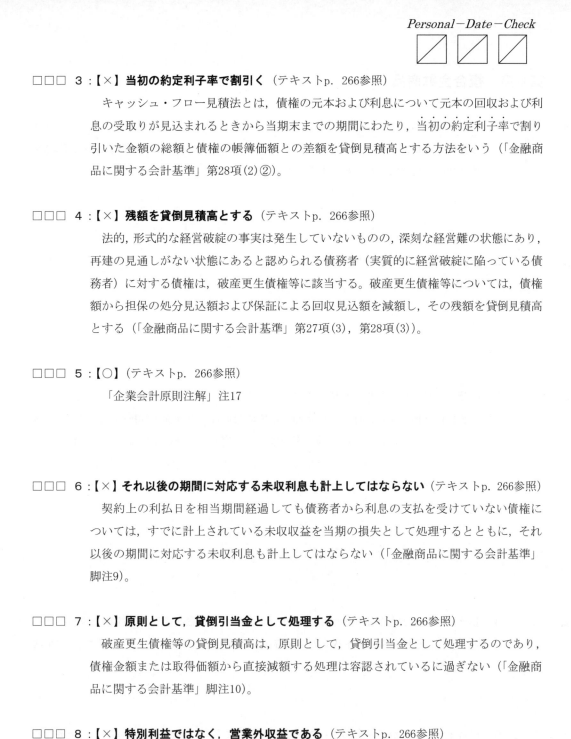

□□□ 3 ：【×】**当初の約定利子率で割引く** （テキストp. 266参照）

　　キャッシュ・フロー見積法とは，債権の元本および利息について元本の回収および利息の受取りが見込まれるときから当期末までの期間にわたり，当初の約定利子率で割り引いた金額の総額と債権の帳簿価額との差額を貸倒見積高とする方法をいう（「金融商品に関する会計基準」第28項(2)②）。

□□□ 4 ：【×】**残額を貸倒見積高とする** （テキストp. 266参照）

　　法的，形式的な経営破綻の事実は発生していないものの，深刻な経営難の状態にあり，再建の見通しがない状態にあると認められる債務者（実質的に経営破綻に陥っている債務者）に対する債権は，破産更生債権等に該当する。破産更生債権等については，債権額から担保の処分見込額および保証による回収見込額を減額し，その残額を貸倒見積高とする（「金融商品に関する会計基準」第27項(3)，第28項(3)）。

□□□ 5 ：【○】（テキストp. 266参照）

　　「企業会計原則注解」注17

□□□ 6 ：【×】**それ以後の期間に対応する未収利息も計上してはならない** （テキストp. 266参照）

　　契約上の利払日を相当期間経過しても債務者から利息の支払を受けていない債権については，すでに計上されている未収収益を当期の損失として処理するとともに，それ以後の期間に対応する未収利息も計上してはならない（「金融商品に関する会計基準」脚注9）。

□□□ 7 ：【×】**原則として，貸倒引当金として処理する** （テキストp. 266参照）

　　破産更生債権等の貸倒見積高は，原則として，貸倒引当金として処理するのであり，債権金額または取得価額から直接減額する処理は容認されているに過ぎない（「金融商品に関する会計基準」脚注10）。

□□□ 8 ：【×】**特別利益ではなく，営業外収益である** （テキストp. 266参照）

　　貸倒見積高を債権から直接減額した後に，残存する帳簿価額を上回る回収があった場合には，原則として営業外収益として当該期間に認識する。

第6節　複合金融商品

A　□□□ 1　転換社債型新株予約権付社債以外の新株予約権付社債の発行者側においては，社債部分と新株予約権部分に区分して処理することを原則とするが，それぞれの部分を区分せず普通社債の発行に準じて処理することも認められている。

A　□□□ 2　転換社債型新株予約権付社債の会計処理は，発行者および取得者ともに一括法によらなければならない。

B　□□□ 3　転換社債型新株予約権付社債以外の新株予約権付社債の発行者側においては，当該新株予約権付社債の発行に伴う払込金額を社債の対価部分と新株予約権の対価部分とに区分しなければならない。この場合の区分は，①社債および新株予約権の払込金額またはそれらの合理的な見積額の比率で配分する方法，②算定が容易な一方の対価を決定し，これを払込金額から差し引いて他方の対価を算定する方法，③社債および新株予約権の市場価格の比率により区分する方法のいずれかによる。

A　□□□ 4　払込資本を増加させる可能性がある部分を含む複合金融商品以外の複合金融商品は，原則として，それを構成する個々の金融資産または金融負債に区分して処理する。（平成21年本試験）

A　□□□ 5　通貨オプションが組み合わされた円建借入金のように，現物の金融資産または金融負債にリスクが及ぶ可能性がある場合に，当該複合金融商品の評価差額が損益に反映されないときには，当該複合金融商品を構成する個々の金融資産または金融負債を一体として処理することが必要である。

□□□ 1：【×】**一括法は認められていない**（テキストp. 268参照）

　　　転換社債型新株予約権付社債以外の新株予約権付社債の発行者側においては，その発行に伴う払込金額を社債の対価部分と新株予約権の対価部分とに区分せず普通社債の発行に準じて処理する方法（一括法）は認められていない（「金融商品に関する会計基準」第38項）。

□□□ 2：【×】**発行者側は区分法も認められる**（テキストp. 268参照）

　　　転換社債型新株予約権付社債の発行者側においては，一括法と区分法のいずれかにより処理する（「金融商品に関する会計基準」第36項）。したがって，発行者側においては，一括法で処理するとは限らない。なお，取得者側においては一括法による（「金融商品に関する会計基準」第37項）。

□□□ 3：【×】**③の方法は発行者側では認められていない**（テキストp. 269参照）

　　　転換社債型新株予約権付社債以外の新株予約権付社債の発行者側においては，①社債および新株予約権の払込金額またはそれらの合理的な見積額の比率で配分する方法，②算定が容易な一方の対価を決定し，これを払込金額から差し引いて他方の対価を算定する方法のいずれかの方法により，新株予約権付社債の発行に伴う払込金額を社債の対価部分と新株予約権の対価部分とに区分しなければならないのであり，③の方法，すなわち社債および新株予約権の市場価格の比率により区分する方法は認められていない。

　　　なお，③の方法は，転換社債型新株予約権付社債以外の新株予約権付社債の取得者側において認められているものである（「金融商品に関する会計基準」脚注15）。

□□□ 4：【×】**区分して処理するのではなく，一体として処理する**（テキストp. 270参照）

　　　払込資本を増加させる可能性がある部分を含む複合金融商品以外の複合金融商品は，原則として，それを構成する個々の金融資産または金融負債に区分せず一体として処理する（「金融商品に関する会計基準」第40項）。

□□□ 5：【×】**一体として処理するのではなく，区分して処理する**（テキストp. 270参照）

　　　通貨オプションが組み合わされた円建借入金のように，現物の金融資産または金融負債にリスクが及ぶ可能性がある場合に，当該複合金融商品の評価差額が損益に反映されないときには，当該複合金融商品を構成する個々の金融資産または金融負債に区分して処理することが必要である（「金融商品に関する会計基準」第117項）。

第7節　ヘッジ会計

A　□□□ 1　価格変動リスクのヘッジにおいて，ヘッジ対象もヘッジ手段も時価で評価され，評価差額が当期の損益に算入される場合は，ヘッジの効果を財務諸表に適切に反映させるための特殊な会計処理であるヘッジ会計は必要とされない。（平成14年本試験）

B　□□□ 2　ヘッジ会計において，ヘッジ手段として用いられるものは，デリバティブ取引に限られる。

A　□□□ 3　ヘッジ会計におけるヘッジ対象には，貸借対照表上で認識されていない資産または負債が含まれる。

B　□□□ 4　予定取引のうち，ヘッジ対象として適格とみなされるのは未履行の確定契約に限られる。この場合は，原則としてヘッジ手段に係る損益または評価差額をヘッジ対象に係る損益が認識されるまで繰り延べる方法が適用される。（平成14年本試験）

A　□□□ 5　事前テストにおいてヘッジ取引が企業のリスク管理方針に従ったものであることは，①文書により確認できること，②リスク管理方針に関して明確な内部規定および内部統制組織が存在し，当該取引がこれに従って処理されることが期待されること，のいずれかによって客観的に認められる必要がある

A　□□□ 6　資産または負債に係るキャッシュ・フローをヘッジの対象にするためには，その要件のひとつとして，ヘッジ取引時以降において，ヘッジ対象のキャッシュ・フローが固定され，その変動が回避される状態が継続しており，ヘッジ手段の効果が定期的に確認されることが必要である。（平成14年本試験）

□□□ 1：【○】(テキストp. 271参照)

　　ヘッジ会計とは，ヘッジ取引のうち一定の要件を充たすものについて，ヘッジ対象に係る損益とヘッジ手段に係る損益を同一の会計期間に認識し，ヘッジの効果を会計に反映させるための特殊な会計処理をいう（「金融商品に関する会計基準」第29項）。したがって，価格変動リスクのヘッジにおいて，ヘッジ対象もヘッジ手段も時価評価され，評価差額が当期の損益に算入される場合は，ヘッジの効果は財務諸表に適切に反映されており，ヘッジ会計は必要とされない。

□□□ 2：【×】**デリバティブ取引に限られない**（テキストp. 271参照）

　　デリバティブ取引以外のものであっても，ヘッジ手段として有効であると認められる現物資産があり得る場合には，ヘッジ会計が適用されるヘッジ手段となり得る（「金融商品に関する会計基準」第98項）。

□□□ 3：【○】(テキストp. 272参照)

　　ヘッジ会計におけるヘッジ対象には，予定取引により発生が見込まれる資産または負債が含まれるため，貸借対照表上で認識されていない資産または負債が含まれる（「金融商品に関する会計基準」第30項）。

□□□ 4：【×】**未履行の確定契約に限られない**（テキストp. 272参照）

　　契約は成立していないが，取引予定時期，取引予定物件，取引予定量，取引予定価格等の主要な取引条件が合理的に予測可能であり，かつ，それが実行される可能性が極めて高い取引も予定取引に含まれるため，ヘッジ対象として適格とみなされるのは未履行の確定契約に限られない（「金融商品に関する会計基準」脚注12）。

□□□ 5：【○】(テキストp. 272参照)

　　「金融商品に関する会計基準」第31項(1)

□□□ 6：【○】(テキストp. 272参照)

　　「金融商品に関する会計基準」第31項(2)

B　□□□　7　ヘッジ開始時から有効性判定時点までの期間におけるヘッジ手段の損失額が60でヘッジ対象の利益額が100の場合，ヘッジの有効性が認められる。

B　□□□　8　ヘッジ対象が複数の資産または負債から構成されている場合は，個々の資産または負債が共通の相場変動等による損失の可能性にさらされており，かつ，その相場変動等に対して同様に反応することが予想されるものでなければならない。（平成14年本試験）

A　□□□　9　その他有価証券の価格変動リスクをヘッジした場合，ヘッジの効果を財務諸表に適切に反映させるため，ヘッジ手段に係る損益または評価差額をヘッジ対象に係る損益が認識されるまで純資産の部において繰り延べる方法のみが認められている。（平成14年本試験一部改題）

B　□□□　10　ヘッジ対象が複数の資産または負債から構成されている場合には，ヘッジ手段の損益を個々のヘッジ対象に個別的に関連づけることは困難であることから，ヘッジ会計が適用されるヘッジ取引からは除かれる。

A　□□□　11　資産または負債に係る金利の受払条件を変換することを目的として利用されている金利スワップが金利変換の対象となる資産または負債とヘッジ会計の要件を充たしており，かつ，その想定元本，利息の受払条件（利率，利息の受払日等）および契約期間が当該資産または負債とほぼ同一である場合には，金利スワップの特例処理を行わなければならない。

A　□□□　12　当期において，ヘッジ手段が満期・売却・終了あるいは行使により消滅した。この場合，繰り延べられているヘッジ手段に係る損益または評価差額は，当期の損益として処理しなければならない。

□□□ 7：【×】**ヘッジの有効性は認められない**（テキストp. 272参照）

　　　ヘッジ手段の損失額が60でヘッジ対象の利益額が100の場合，両者の比率がおおむね80％から125％までの範囲内にないため，有効性は認められない。

□□□ 8：【○】（テキストp. 272参照）

　　　「金融商品に関する会計基準」脚注11

□□□ 9：【×】**繰延ヘッジのほかに時価ヘッジも認められる**（テキストp. 273参照）

　　　その他有価証券の価格変動リスクをヘッジした場合，ヘッジの効果を財務諸表に適切に反映させるため，原則として，ヘッジ手段に係る損益または評価差額をヘッジ対象に係る損益が認識されるまで純資産の部において繰り延べる方法（繰延ヘッジ）によるが，ヘッジ対象である資産または負債に係る相場変動等を損益に反映させることにより，その損益とヘッジ手段に係る損益とを同一の会計期間に認識する方法（時価ヘッジ）も認められている（「金融商品に関する会計基準」第32項）。

□□□ 10：【×】**ヘッジ会計が適用されるヘッジ取引に含まれる**（テキストp. 273参照）

　　　複数の資産または負債から構成されているヘッジ対象をヘッジしている場合には，ヘッジ手段に係る損益または評価差額は，損益が認識された個々の資産または負債に合理的な方法により配分する（「金融商品に関する会計基準」脚注13）。

□□□ 11：【×】**強制ではなく，容認である**（テキストp. 274参照）

　　　資産または負債に係る金利の受払条件を変換することを目的として利用されている金利スワップが金利変換の対象となる資産または負債とヘッジ会計の要件を充たしており，かつ，その想定元本，利息の受払条件（利率，利息の受払日等）および契約期間が当該資産または負債とほぼ同一である場合には，金利スワップの特例処理が認められる（「金融商品に関する会計基準」脚注14）。

□□□ 12：【×】**当期の損益として処理するのではなく，ヘッジ対象に係る損益が認識されるまで繰り延べる**（テキストp. 275参照）

　　　当期において，ヘッジ手段が満期・売却・終了あるいは行使により消滅した（ヘッジ会計の中止）。この場合，繰り延べられているヘッジ手段に係る損益または評価差額は，ヘッジ対象に係る損益が認識されるまで引き続き繰り延べる（「金融商品に関する会計基準」第33項）。

A □□□ 13 ヘッジの有効性が認められなくなった場合，ヘッジ会計の中止以後のヘッジ手段に係る損益や評価差額は，そのつど発生した期の損益に計上しなければならない。

B □□□ 14 ヘッジ会計の要件が充たされなくなった場合における繰り延べられたヘッジ手段に係る損益または評価差額について，ヘッジ対象に係る含み益が減少することによりヘッジ会計の終了時点で重要な損失が生じるおそれがあるときは，当該損失部分を見積り，当期の損失として処理しなければならない。

A □□□ 15 ヘッジ会計において，ヘッジ対象が消滅したときは，繰り延べられているヘッジ手段に係る損益または評価差額を当期の損益として処理しなければならない。（平成22年第Ⅰ回本試験）

A □□□ 16 ヘッジ対象である予定取引が実行されないことが明らかになった場合，繰り延べられているヘッジ手段に係る損益または評価差額は，引き続き繰り延べる。

□□□ 13 :【○】(テキストp. 275参照)

　　　　ヘッジの有効性が認められなくなった場合，ヘッジ会計の中止の時点までの繰延ヘッジ損益または評価差額は，ヘッジ対象の資産・負債に係る損益が計上されるときに損益に計上する（「金融商品に関する会計基準」第33項）が，ヘッジ会計の中止以後のヘッジ手段に係る損益や評価差額は，そのつど発生した期の損益に計上しなければならない。

□□□ 14 :【○】(テキストp. 275参照)

　　　　「金融商品に関する会計基準」第33項

□□□ 15 :【○】(テキストp. 276参照)

　　　　「金融商品に関する会計基準」第34項

□□□ 16 :【×】**引き続き繰り延べるのではなく，当期の損益とする**(テキストp. 276参照)

　　　　ヘッジ対象である予定取引が実行されないことが明らかになった場合，繰り延べられているヘッジ手段に係る損益または評価差額は，当期の損益として処理する（「金融商品に関する会計基準」第34項）。

第13章
ストック・オプション等

第13章　ストック・オプション等

第1節　ストック・オプション会計の概要

B　□□□　1　ストック・オプションとは，企業が従業員等から受けた労働や業務執行等のサービスの対価として，自社の株式を取得する権利を付与するものである。したがって，ストック・オプションは，自社の株式を原資産とするコール・オプションである自社株式オプションには該当しない。（平成29年第Ⅰ回本試験）

A　□□□　2　ストック・オプションの付与と株式の時価未満での発行はともに新旧株主間での富の移転を生じさせる取引であるが，費用認識の要否に違いがあるのは，それぞれの取引における対価関係の内容に差異があるためである。（平成25年第Ⅱ回本試験）

A　□□□　3　「ストック・オプション等に関する会計基準」では，会社財産の流出が生じないストック・オプションについて費用認識を行うこととしており，現行の会計基準の枠組みにおいて，対価としての会社財産の流出は費用認識の必要条件ではないと考えられている。

第2節　ストック・オプション等の会計処理

B　□□□　1　デット・エクイティ・スワップ取引は，「ストック・オプション等に関する会計基準」の適用対象に含まれる。

B　□□□　2　「ストック・オプション等に関する会計基準」は，従業員持株制度において自社の株式購入に関し，奨励金を支出する取引には適用されるが，敵対的買収防止策として付与される自社株式オプションには適用されない。

□□□ 1 :【×】**該当する**（テキストp. 278参照）

　　ストック・オプションとは，企業が従業員等から受けた労働や業務執行等のサービス
の対価として，自社の株式を取得する権利を付与するものであり，自社の株式を原資産
とするコール・オプションである自社株式オプションに該当する（「ストック・オプショ
ン等に関する会計基準」第2項(1)(2)）。

□□□ 2 :【○】（テキスト p. 279 参照）

　　ストック・オプションの付与と株式の時価未満での発行はともに新旧株主間での富の
移転を生じさせる取引であるが，費用認識の要否に違いがあるのは，それぞれの取引に
おける対価関係の内容に差異があるためである。すなわち，ストック・オプションの付
与は，対価として利用されている取引（対価関係にあるサービスの受領・消費を費用と
して認識する）であるのに対し，株式の時価未満での発行は，発行価額の払込み以外に，
対価関係にある給付の受入を伴わない点で差異がある（「ストック・オプション等に関す
る会計基準」第37項）。

□□□ 3 :【○】（テキストp. 279参照）

　　「ストック・オプション等に関する会計基準」第38項

□□□ 1 :【×】**適用対象に含まれない**（テキストp. 280参照）

　　デット・エクイティ・スワップ取引は，「ストック・オプション等に関する会計基準」
の適用対象に含まれない（「ストック・オプション等に関する会計基準」第27項(3)）。

□□□ 2 :【×】**いずれにも適用されない**（テキストp. 280参照）

　　「ストック・オプション等に関する会計基準」は，従業員持株制度において自社の株
式購入に関し，奨励金を支出する取引と，敵対的買収防止策として付与される自社株式
オプションのいずれにも適用されない（「ストック・オプション等に関する会計基準」
第27項(5)(6)）。

A □□□ 3 ストック・オプションに係る新株予約権は，株式を時価未満で引き渡す義務であるため，
          負債の部に表示することも認められる。

B □□□ 4 ストック・オプション取引は，付与したストック・オプションとこれに応じて提供され
          たサービスとが対価関係にあることが前提であり，企業が経済的合理性に基づいて取引を
          行っていれば，当該ストック・オプションとサービスは契約成立時点において等価で交換
          されていると考えられる。なお，取得するものが従業員等から提供される追加的なサービ
          スである場合には，社内的に相当程度の信頼性をもってその価値を測定することができる
          から，付与されるストック・オプションの測定はその価値をもって行うこととなる。（平
          成26年第Ⅰ回本試験）

A □□□ 5 勤務条件は明示されていないが，権利行使期間の開始日が明示されており，かつ，それ
          以前にストック・オプションを付与された従業員等が自己都合で退職した場合に権利行使
          ができなくなる場合には，権利行使期間の開始日の前日を権利確定日とする。

B □□□ 6 株価条件が付されている等，権利確定日を合理的に予測することが困難なため，予測を
          行わないときには，実際の権利確定日に一時に費用を計上する。

A □□□ 7 権利確定条件が付されていない場合には，付与日に一時に費用を計上する。

A □□□ 8 ストック・オプションの公正な評価額は，公正な評価単価にストック・オプション数を
          乗じて算定するが，ストック・オプションの公正な評価単価は，権利確定日現在で算定す
          る。

B □□□ 9 ストック・オプションは，通常，市場価格を観察することができないため，株式オプ
          ションの合理的な価額の見積りに広く受け入れられている算定技法を利用することとな
          る。算定技法の利用にあたっては，付与するストック・オプションの特性や条件等を適
          切に反映するよう必要に応じて調整を加えるため，ストック・オプションの公正な評価
          単価の算定上，失効の見込みについても考慮しなければならない。

□□□ 3：【×】**認められない**（テキストp. 281参照）

　　　ストック・オプションに係る新株予約権は，純資産の部に表示するのであり，負債の部に表示することは認められない（「ストック・オプション等に関する会計基準」第4項）。

□□□ 4：【×】**社内的に測定したサービスの価値ではない**（テキストp. 281参照）

　　　取得するものが従業員等から提供される追加的なサービスである場合には，信頼性をもって測定することができないため，その価値を付与されたストック・オプションの価値で算定する（「ストック・オプション等に関する会計基準」第49項）。

□□□ 5：【○】（テキストp. 281参照）

　　　「ストック・オプション等に関する会計基準」第2項(7)

□□□ 6：【×】**権利確定日ではなく，付与日に一時に費用を計上する**（テキストp. 281参照）

　　　株価条件が付されている等，権利確定日を合理的に予測することが困難なため，予測を行わないときには，対象勤務期間はないものとみなし，付与日に一時に費用を計上する。

□□□ 7：【○】（テキストp. 281参照）

　　　権利確定条件が付されていない場合，すなわち，付与日にすでに権利が確定している場合には，対象勤務期間はなく，付与日に一時に費用計上することになる。

□□□ 8：【×】**権利確定日ではなく，付与日現在で算定する**（テキストp. 282参照）

　　　ストック・オプションの公正な評価額は，公正な評価単価にストック・オプション数を乗じて算定するが，ストック・オプションの公正な評価単価は，付与日現在で算定する（「ストック・オプション等に関する会計基準」第6項(1)）。

□□□ 9：【×】**失効の見込みは公正な評価単価の算定上は考慮しない**（テキストp. 282参照）

　　　算定技法の利用にあたっては，付与するストック・オプションの特性や条件等を適切に反映するよう必要に応じて調整を加える。ただし，失効の見込みについてはストック・オプション数に反映させるため，公正な評価単価の算定上は考慮しない（「ストック・オプション等に関する会計基準」第6項(2)）。

A □□□ 10 ストック・オプションの公正な評価額は，公正な評価単価にストック・オプション数を乗じて算定するが，ストック・オプション数は，付与されたストック・オプション数から，権利不行使による失効の見積数を控除して算定する。

B □□□ 11 権利不確定による失効数は，見積りを行わないことがある。

A □□□ 12 付与日から権利確定日の直前までの間に，ストック・オプション数を見直した場合（条件変更による場合を除く）には，見直し後のストック・オプション数に基づくストック・オプションの公正な評価額に基づき，その期までに費用として計上すべき額と，これまでに計上した額との差額を残存期間にわたって損益として計上する。

A □□□ 13 権利確定日には，ストック・オプション数を権利の確定したストック・オプション数と一致させる。

B □□□ 14 ストック・オプションが権利行使され，これに対して自己株式を処分した場合には，自己株式の取得原価と，新株予約権の帳簿価額および権利行使に伴う払込金額の合計額との差額はその他利益剰余金に計上する。（平成21年本試験）

B □□□ 15 新株予約権の権利が行使されずにストック・オプションが失効した場合には，新株予約権を付与したことに伴う純資産の増加のうち，当該失効に対応する部分を利益（原則として，特別利益）として計上する。ただし，非支配株主に帰属する部分は，非支配株主に帰属する当期純利益に計上する。（平成22年第Ⅱ回本試験一部改題）

□□□ 10：【×】**権利不行使ではなく，権利不確定による失効の見積数である**（テキストp. 283参照）

　　　ストック・オプションの公正な評価額は，公正な評価単価にストック・オプション数を乗じて算定するが，ストック・オプション数は，付与されたストック・オプション数から，権利不確定による失効の見積数を控除して算定する（「ストック・オプション等に関する会計基準」第7項(1)）。

□□□ 11：【○】（テキストp. 283参照）

　　　ストック・オプションの権利不確定による失効数については，最善の見積りを行うことが原則であると考えられるが，十分な信頼性をもって，ストック・オプションの失効数を見積ることができない場合には，見積りを行うべきではない（「ストック・オプション等に関する会計基準」第52項）。

□□□ 12：【×】**残存期間ではなく，見直した期の損益として計上する**（テキストp. 283参照）

　　　付与日から権利確定日の直前までの間に，ストック・オプション数を見直した場合（条件変更による場合を除く）には，見直し後のストック・オプション数に基づくストック・オプションの公正な評価額に基づき，その期までに費用として計上すべき額と，これまでに計上した額との差額を，見直した期の損益として計上する（「ストック・オプション等に関する会計基準」第7項(2)）。

□□□ 13：【○】（テキストp. 283参照）

　　　「ストック・オプション等に関する会計基準」第 7 項(3)

□□□ 14：【×】**その他利益剰余金ではなく，その他資本剰余金である**（テキストp. 283参照）

　　　ストック・オプションが権利行使され，これに対して自己株式を処分した場合には，自己株式の取得原価と，新株予約権の帳簿価額および権利行使に伴う払込金額の合計額との差額（自己株式処分差額）は，その他資本剰余金に計上する（「ストック・オプション等に関する会計基準」第8項，「自己株式及び準備金の額の減少等に関する会計基準」第9項，第10項）。

□□□ 15：【○】（テキストp. 284参照）

　　　「ストック・オプション等に関する会計基準」第46項，第47項

A □□□ 16　権利不行使による失効が生じた場合に，新株予約権として計上した額のうち，当該失効に対応する部分を利益として計上するのは，新株予約権が行使されずに消滅した結果，新株予約権を付与したことに伴う純資産の増加が，株主との直接的な取引によることとなったためである。

A □□□ 17　ストック・オプションの公正な評価単価を変動させる条件変更により，条件変更日における公正な評価単価が付与日における公正な評価単価以下となる場合には，以後，付与日におけるストック・オプションの公正な評価単価に基づく公正な評価額から条件変更日における減少額を減額して費用計上を行う。

B □□□ 18　新たな条件のストック・オプションの付与と引換えに，当初付与したストック・オプションを取り消す場合には，実質的に当初付与したストック・オプションの条件変更と同じ経済実態を有すると考えられる限り，ストック・オプションの条件変更とみなして会計処理を行う。

A □□□ 19　企業の意図により権利確定条件を変更した結果，ストック・オプション数に変動が生じた場合，条件変更によるストック・オプション数の変動に見合うストック・オプションの公正な評価額の影響額については，その全額を，条件を変更した期の損益として処理する。
（平成29年第I回本試験）

A □□□ 20　ストック・オプションにつき，対象勤務期間の短縮に結びつく勤務条件の変更により費用の合理的な計上期間を変動させた場合には，過年度の費用計上の不足額に相当する金額を，一時の費用または損失として計上しなければならない。

A □□□ 21　未公開企業については，ストック・オプションの公正な評価単価に代え，ストック・オプションの単位当たりの本源的価値の見積りに基づいて会計処理を行わなければならない。

□□□ 16：【×】**株主との直接的な取引によらないこととなったためである**（テキストp. 284参照）

　　　権利不行使による失効が生じた場合に，新株予約権として計上した額のうち，当該失効に対応する部分を利益として計上するのは，新株予約権が行使されずに消滅した結果，新株予約権を付与したことに伴う純資産の増加が，株主との直接的な取引によらないこととなったためである（「ストック・オプション等に関する会計基準」第46項）。

□□□ 17：【×】**条件変更日における減少額を減額しない**（テキストp. 285参照）

　　　ストック・オプションの公正な評価単価を変動させる条件変更により，条件変更日における公正な評価単価が付与日における公正な評価単価以下となる場合には，条件変更日における減少額を減額するのではなく，付与日におけるストック・オプションの公正な評価単価に基づく公正な評価額による費用計上を継続する（「ストック・オプション等に関する会計基準」第10項(2)）。

□□□ 18：【○】（テキストp. 285参照）

　　　「ストック・オプション等に関する会計基準」第10項(2)

□□□ 19：【×】**変更した期の損益ではなく，残存期間にわたり計上する**（テキストp. 286参照）

　　　企業の意図により権利確定条件を変更した結果，ストック・オプション数に変動が生じた場合，条件変更によるストック・オプション数の変動に見合うストック・オプションの公正な評価額の影響額については，以後，合理的な方法に基づき残存期間にわたって計上する（「ストック・オプション等に関する会計基準」第11項）。

□□□ 20：【×】**一時の費用または損失として計上するのではない**（テキストp. 287参照）

　　　ストック・オプションにつき，対象勤務期間の短縮に結びつく勤務条件の変更により費用の合理的な計上期間を変動させた場合には，過年度の費用計上の不足額に相当する金額を，一時の費用または損失として計上するのではなく，条件変更前の残存期間に計上すると見込んでいた金額を，新たな残存期間にわたって費用計上する（「ストック・オプション等に関する会計基準」第12項）。

□□□ 21：【×】**強制ではなく，容認である**（テキストp. 287参照）

　　　未公開企業については，ストック・オプションの公正な評価単価に代え，ストック・オプションの単位当たりの本源的価値の見積りに基づいて会計処理を行うことができる（「ストック・オプション等に関する会計基準」第13項，第60項）。

B　□□□　22　本源的価値によった場合，ストック・オプションが，原資産である自社の株式の評価額が行使価格を上回る状態で付与された場合や条件変更がある場合を除き，費用が計上されない。

B　□□□　23　公開直後の企業は，過去の株価情報を十分に利用できず，ストック・オプションの公正な評価単価を求めるために必要な株価変動性について，十分な信頼性のある測定は困難であるから，未公開企業に準じてストック・オプションの本源的価値による算定を行うことが認められる。（平成27年第Ⅰ回本試験）

A　□□□　24　親会社が子会社の従業員等に，親会社株式を原資産とした株式オプションを付与する取引は，「ストック・オプション等に関する会計基準」の適用範囲に含まれない。

A　□□□　25　親会社が子会社の従業員に親会社株式を原資産とした株式オプションを直接付与している場合，当該株式オプションに係る株式報酬費用を親会社の個別財務諸表に計上する。（平成27年第Ⅱ回本試験）

A　□□□　26　親会社が子会社の従業員に親会社株式を原資産とした株式オプションを直接付与している場合，子会社の個別財務諸表では費用の認識・測定は行われない。

250

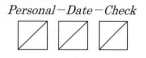
□□□ 22：【○】（テキストp. 287参照）

　　　本源的価値によった場合，ストック・オプションが，原資産である自社の株式の評価額が行使価格を上回る状態で付与された場合や条件変更がある場合を除き，ストック・オプションの価値がゼロとなる結果，事実上費用が計上されないこととなる（「ストック・オプション等に関する会計基準」第61項）。

□□□ 23：【×】**公開直後の企業においては認められない**（テキストp. 287参照）

　　　ストック・オプションの本源的価値による算定は，未公開企業に限って認められており，公開直後の企業においては認められない（「ストック・オプション等に関する会計基準」第63項）。

□□□ 24：【×】**適用範囲に含まれる**（テキストp. 288参照）

　　　親会社が子会社の従業員等に，親会社株式を原資産とした株式オプションを付与するのは，子会社の従業員等に対し，親会社自身の子会社に対する投資の価値を結果的に高めるようなサービス提供を期待しているためと考えられる。したがって，このような取引にも対価性を認めることができるため，「ストック・オプション等に関する会計基準」の適用範囲に含まれる（「ストック・オプション等に関する会計基準」第24項）。

□□□ 25：【○】（テキストp. 288参照）

　　　親会社が子会社の従業員に親会社株式を原資産とした株式オプションを直接付与している場合，当該株式オプション付与に対応して，親会社が子会社において享受したサービスの消費を，親会社の個別財務諸表に費用（株式報酬費用）として計上する。

□□□ 26：【×】**子会社の個別財務諸表で費用の認識・測定が行われることがある**（テキストp. 288参照）

　　　親会社が子会社の従業員に親会社株式を原資産とした株式オプションを直接付与している場合，当該親会社株式オプションの付与が子会社の報酬体系に組み入れられている等，子会社においても自社の従業員に対する報酬として位置付けられている場合には，その付与と引換えに従業員から提供されたサービスの消費を，子会社の個別財務諸表においても費用（給料手当）として計上する。この場合，子会社の個別財務諸表においては，同時に，報酬の負担を免れたことによる利益を特別利益（株式報酬受入益）として計上する。

　　　なお，当該親会社株式オプションの付与が子会社の報酬としては位置付けられていない場合には，子会社の個別財務諸表において会計処理を要しない。

A □□□ 27 ストック・オプションに関する会計処理と整合的なあるいは共通する会計処理が必要とされる事例として，株式公開準備中の企業がコンサルタントからサービスを得る対価として自社株式オプションを付与する場合や機械装置の取得の対価として取引先に自社株式を交付する場合などがあげられる。（平成22年第Ⅱ回本試験）

B □□□ 28 公開企業が財貨またはサービスの取得の対価として自社株式オプションを用いる取引は，通常，自社株式オプションの公正な評価額に基づいて取得価額を算定する。

A □□□ 29 財貨またはサービスの取得の対価として自社株式オプションを用いる取引に関して，自社株式オプションの付与日における公正な評価単価の算定につき，市場価格が用いられることはない。

A □□□ 30 企業が財貨またはサービスを取得する際の対価として自社株式オプションを用いる取引は，ストック・オプションに関する会計処理と整合的な会計処理が求められるため，取得した財貨またはサービスの取得価額は，対価として用いられた自社株式オプションの公正な評価額によって算定しなければならない。

A □□□ 31 財貨またはサービスの取得の対価として，自社株式オプションを付与する取引と同様，対価として自社の株式を交付する取引であっても，取得した財貨またはサービスを財務諸表上認識する必要があると考えられるため，取得した財貨またはサービスを資産または費用として計上し，対応額を新株予約権として計上する。

A □□□ 32 公開企業が財貨またはサービスの取得の対価として自社の株式を交付する場合，自社の株式の市場価格による信頼性のある測定が可能であるから，取得した財貨またはサービスの取得価額は，株式を実際に交付した日の市場価格に基づいて算定する。（平成27年第Ⅰ回本試験）

□□□ 27：【〇】（テキストp. 289, 290参照）

　　　ストック・オプションに関する会計処理と整合的なあるいは共通する会計処理が必要とされる事例として，株式公開準備中の企業がコンサルタントからサービスを得る対価として自社株式オプションを付与する場合（財貨またはサービスの取得の対価として自社株式オプションを付与する取引）や機械装置の取得の対価として取引先に自社株式を交付する場合（財貨またはサービスの取得の対価として自社の株式を交付する取引）などがあげられる（「ストック・オプション等に関する会計基準」第64項，第65項）。

□□□ 28：【〇】（テキストp. 289参照）

　　　公開企業において，財貨またはサービスの取得の対価として自社株式オプションを対価として用いる取引に関しては，通常，自社の株式の市場価格を基礎として，自社株式オプションの公正な評価額を信頼性をもって測定することが可能であり，自社株式オプションの公正な評価額に基づいて算定を行う。

□□□ 29：【×】**市場価格が用いられることもある**（テキストp. 289参照）

　　　自社株式オプションの付与日における公正な評価単価の算定につき，市場価格が観察できる場合には，当該市場価格による（「ストック・オプション等に関する会計基準」第14項(3)）。

□□□ 30：【×】**取得した財貨またはサービスの公正な評価額で算定されることもある**（テキストp. 289参照）

　　　取得した財貨またはサービスの取得価額は，対価として用いられた自社株式オプションの公正な評価額もしくは取得した財貨またはサービスの公正な評価額のうち，いずれかより高い信頼性をもって測定可能な評価額で算定する（「ストック・オプション等に関する会計基準」第14項(2)）。

□□□ 31：【×】**新株予約権ではなく，払込資本として計上する**（テキストp. 290参照）

　　　財貨またはサービスの取得の対価として自社の株式を交付する取引の場合，取得した財貨またはサービスを資産または費用として計上し，対応額を払込資本として計上する（「ストック・オプション等に関する会計基準」第15項(1)）。

□□□ 32：【×】**株式を実際に交付した日ではなく，契約日である**（テキストp. 290参照）

　　　公開企業が財貨またはサービスの取得の対価として自社の株式を交付する場合，取得した財貨またはサービスの取得価額は，契約日の市場価格に基づいて算定する（「ストック・オプション等に関する会計基準」第15項(2)，第66項）。

第14章
リース

第14章　リース

第1節　リース取引の意義と分類

A □□□ 1　あるリース取引が解約不能のリース取引かフルペイアウトのリース取引のいずれかに該当すれば，そのリース取引はファイナンス・リース取引になる。（平成22年第Ⅰ回本試験）

B □□□ 2　未経過のリース期間に係るリース料の概ね全額を支払うことによってリース期間の中途で解約が可能なものはオペレーティング・リース取引になる。（平成22年第Ⅰ回本試験）

A □□□ 3　現在価値基準と経済的耐用年数基準のいずれかにしか該当しない場合，オペレーティング・リース取引と判定される。

A □□□ 4　現在価値基準は，解約不能のリース期間中のリース料総額の現在価値が，当該リース物件を借手が現金で購入するものと仮定した場合の合理的見積金額の概ね75％以上である場合にファイナンス・リース取引と判定する。

B □□□ 5　現在価値基準の判定にあたり，維持管理費用相当額は，リース料総額から控除しないことを原則とする。

B □□□ 6　経済的耐用年数基準においては，リース物件の物理的使用可能期間に見合った年数を用いる。

□□□ 1：【×】**いずれかではなく，いずれにも該当しなければならない**（テキストp. 292参照）

　　　解約不能のリース取引かフルペイアウトのリース取引のいずれかではなく，いずれにも該当するリース取引がファイナンス・リース取引になる（「リース取引に関する会計基準」第5項）。

□□□ 2：【×】**オペレーティング・リース取引になるとは限らない**（テキストp. 292参照）

　　　リース期間の中途で解約が可能であっても，解約時に，未経過のリース期間に係るリース料の概ね全額を支払うこととされているものは，事実上解約不能と認められるリース取引であり，解約不能のリース取引に準ずるリース取引として取扱われる（「リース取引に関する会計基準」第36項）。したがって，本肢のリース取引が，オペレーティング・リース取引になるとは限らない。

□□□ 3：【×】**ファイナンス・リース取引と判定される**（テキストp. 293参照）

　　　現在価値基準と経済的耐用年数基準のいずれかに該当すれば，原則として，ファイナンス・リース取引と判定される。

□□□ 4：【×】**75%ではなく，90%以上である**（テキストp. 293参照）

　　　現在価値基準は，解約不能のリース期間中のリース料総額の現在価値が，当該リース物件を借手が現金で購入するものと仮定した場合の合理的見積金額の概ね90%以上である場合にファイナンス・リース取引と判定する。

□□□ 5：【×】**リース料総額から控除するのが原則である**（テキストp. 293参照）

　　　現在価値基準の判定にあたり，維持管理費用相当額は，リース料総額から控除するのが原則である。なお，維持管理費用相当額の金額がリース料に占める割合に重要性が乏しい場合は，これをリース料総額から控除しないことができる。

□□□ 6：【×】**物理的使用可能期間ではなく，経済的使用可能予測期間である**（テキストp. 293参照）

　　　経済的耐用年数基準においては，リース物件の経済的使用可能予測期間に見合った年数を用いる。

B □□□ 7　リース契約上に残価保証の取決めがある場合は，現在価値基準の判定にあたり，残価
保証額をリース料総額に含める。

B □□□ 8　リース契約上，名目的価額でリース物件を買い取る権利が借手に与えられており，そ
の行使が確実に予想される場合には，たとえリース物件の所有権が借手に移転すること
とされていなくても，所有権移転ファイナンス・リース取引になる。（平成22年第Ⅰ回本
試験）

第2節　リース取引の会計処理

B □□□ 1　ファイナンス・リース取引の借手が，当該取引を売買取引として会計処理することに
より，資産の割賦売買取引との会計処理の比較可能性を確保することができる。

B □□□ 2　ファイナンス・リース取引の借手はリース取引開始日にリース資産およびリース債務
を計上するが，リース取引開始日とは，リース契約が締結された日をいう。

B □□□ 3　ファイナンス・リース取引における借手の処理としては，原則として売買処理が求め
られるが，個々のリース資産に重要性が乏しいと認められる場合には，賃貸借処理が認
められており，これは所有権移転ファイナンス・リース取引の場合も所有権移転外ファ
イナンス・リース取引の場合も同様である。

A □□□ 4　ファイナンス・リース取引を売買処理する場合，当該取引に係るリース物件の取得価額
の算定方法については，リース契約締結時に合意されたリース料総額からこれに含まれて
いる利息相当額の合理的な見積額を控除する方法とこれを控除しない方法とがあるが，割
賦販売の会計処理との整合性を保つために，原則として控除しない方法によることとされ
ている。（平成19年本試験一部改題）

□□□ 7：【○】(テキストp. 293参照)

　　リース契約において，リース期間終了時に，リース物件の処分価額が契約上取り決めた保証価額に満たない場合は，借手に対して，その不足額を貸手に支払う義務が課せられることがある（残価保証）。リース契約上に残価保証の取決めがある場合は，現在価値基準の判定にあたり，残価保証額をリース料総額に含める。

□□□ 8：【○】(テキストp. 294参照)

　　リース契約上，借手に対して，リース期間終了後またはリース期間の中途で，名目的価額またはその行使時点のリース物件の価額に比して著しく有利な価額で買い取る権利（割安購入選択権）が与えられており，その行使が確実に予想されるリース取引は，所有権移転ファイナンス・リース取引に該当するものとされる。

□□□ 1：【○】(テキストp. 295参照)

　　「リース取引に関する会計基準」第29項

□□□ 2：【×】**リース物件を使用収益する権利を行使することができることとなった日である**(テキストp. 296参照)

　　リース取引開始日とは，リース契約が締結された日ではなく，借手が，リース物件を使用収益する権利を行使することができることとなった日をいう（「リース取引に関する会計基準」第7項）。

□□□ 3：【○】(テキストp. 296参照)

　　ファイナンス・リース取引における借手の処理としては，原則として売買処理が求められる（「リース取引に関する会計基準」第9項，第10項）が，個々のリース資産に重要性が乏しいと認められる場合には，所有権移転ファイナンス・リース取引と所有権移転外ファイナンス・リース取引のいずれも賃貸借処理が認められている。

□□□ 4：【×】**原則として控除する方法による**(テキストp. 296参照)

　　ファイナンス・リース取引を売買処理する場合，当該取引に係るリース物件の取得価額の算定方法については，リース契約締結時に合意されたリース料総額からこれに含まれている利息相当額の合理的な見積額を控除する方法とこれを控除しない方法とがあるが，原則として，控除する方法によることとされている（「リース取引に関する会計基準」第11項）。

B　□□□ 5　ファイナンス・リース取引の借手側の会計処理について，利息相当額は，原則として，リース期間にわたり利息法により配分するが，所有権移転ファイナンス・リース取引について，リース資産総額に重要性が乏しいと認められる場合は，利息相当額を定額法により配分することができる。

B　□□□ 6　所有権移転外ファイナンス・リース取引で，個々のリース資産に重要性が乏しいと認められる場合，リース料総額から利息相当額の合理的な見積額を控除しない方法によることができる。

B　□□□ 7　リース資産総額に重要性が乏しいと認められる場合とは，未経過リース料の期末残高が当該期末残高と有形固定資産の期末残高の合計額に占める割合が10パーセント未満の場合である。（平成25年第Ⅰ回本試験）

A　□□□ 8　所有権移転ファイナンス・リース取引に係るリース資産の減価償却費は，リース期間を耐用年数とし，残存価額をゼロとして算定する。（平成22年第Ⅰ回本試験）

A　□□□ 9　所有権移転外ファイナンス・リース取引の借手側の会計処理について，当該リース取引に係るリース資産の償却方法は，定額法，級数法，生産高比例法等の中から企業の実態に応じたものを選択適用し，自己所有の固定資産に適用する減価償却方法と同一の方法による必要はない。

B　□□□ 10　所有権移転外ファイナンス・リース取引は，リース物件の耐用年数とリース期間は異なる場合が多く，また，物件そのものの売買というよりは，使用する権利の売買の性格を有する。

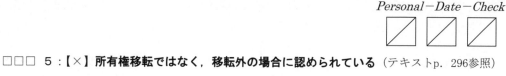
□□□ 5：【×】**所有権移転ではなく，移転外の場合に認められている**（テキストp. 296参照）

　　　ファイナンス・リース取引の借手側の会計処理について，利息相当額は，原則として，リース期間にわたり利息法により配分する（「リース取引に関する会計基準」第11項）が，所有権移転ではなく，所有権移転外ファイナンス・リース取引について，リース資産総額に重要性が乏しいと認められる場合は，利息相当額を定額法により配分することができる。

□□□ 6：【×】**個々のリース資産ではなく，リース資産総額に重要性が乏しい場合である**（テキストp. 296参照）

　　　所有権移転外ファイナンス・リース取引で，リース資産総額に重要性が乏しいと認められる場合，リース料総額から利息相当額の合理的な見積額を控除しない方法によることができる。

□□□ 7：【×】**有形固定資産および無形固定資産の期末残高の合計額に占める割合である**（テキストp. 296参照）

　　　リース資産総額に重要性が乏しいと認められる場合とは，未経過リース料の期末残高が当該期末残高と有形固定資産および無形固定資産の期末残高の合計額に占める割合が10パーセント未満の場合である。

□□□ 8：【×】**所有権移転ではなく，移転外の場合である**（テキストp. 298参照）

　　　所有権移転ファイナンス・リース取引に係るリース資産の減価償却費は，リース期間を耐用年数とし，残存価額をゼロとして算定するのではなく，自己所有の固定資産に適用する減価償却方法と同一の方法により算定する。リース期間を耐用年数とし，残存価額をゼロとして算定するのは，所有権移転外ファイナンス・リース取引に係るリース資産の減価償却費である（「リース取引に関する会計基準」第12項）。

□□□ 9：【○】（テキストp. 298参照）

　　　所有権移転ファイナンス・リース取引に係るリース資産の償却方法は，自己所有の固定資産に適用する減価償却方法と同一の方法によるが，所有権移転外ファイナンス・リース取引に係るリース資産の償却方法は，定額法，級数法，生産高比例法等の中から企業の実態に応じたものを選択適用し，自己所有の固定資産に適用する減価償却方法と同一の方法による必要はない（「リース取引に関する会計基準」第12項）。

□□□ 10：【○】（テキストp. 298参照）

　　　「リース取引に関する会計基準」第38項(2)

A　□□□ 11　貸手は，所有権移転ファイナンス・リース取引の場合，借手からのリース料と割安購入選択権の行使価額の金額の回収を予定しているが，所有権移転外ファイナンス・リース取引の場合はリース料と見積残存価額の金額の回収を予定している点で差異がある。この点を踏まえ，所有権移転ファイナンス・リース取引から生じる資産はリース債権に計上し，所有権移転外ファイナンス・リース取引から生じる資産はリース投資資産に計上する。(平成22年第Ⅱ回本試験)

B　□□□ 12　貸手におけるリース債権とリース投資資産は，その全額が貸倒引当金の設定対象となる。

A　□□□ 13　ファイナンス・リース取引については，借手がリース資産の取得の会計処理であるのに対し，貸手はリース資産の売却の会計処理となるため，貸手は必ず売上高を計上することになる。

A　□□□ 14　貸手が，リース取引開始日に売上高と売上原価を計上する方法による場合，売上高と売上原価の差額全てが，リース開始初年度の損益に計上される。

A　□□□ 15　ファイナンス・リース取引の貸手では，3通りの会計処理が認められており，どの方法を採用するかで各期における利息相当額は異なる。

A　□□□ 16　ファイナンス・リース取引の貸手における利息相当額の総額は，リース契約締結時に合意されたリース料総額および見積残存価額の合計額から，これに対応するリース資産の取得価額を控除することによって算定する。

□□□ 11 : 【○】 (テキストp. 299参照)

「リース取引に関する会計基準」第40項

□□□ 12 : 【×】 **リース投資資産は，その全額が設定対象となるのではない** (テキストp. 299参照)

リース債権は，その全額が貸倒引当金の設定対象となるが，リース投資資産は，その全額ではなく，リース料債権部分のみが貸倒引当金の設定対象となる（「リース取引に関する会計基準」第41項）。

□□□ 13 : 【×】 **貸手は必ず売上高を計上するとは限らない** (テキストp. 300参照)

ファイナンス・リース取引の貸手の会計処理は，①リース取引開始日に売上高と売上原価を計上する方法，②リース料受取時に売上高と売上原価を計上する方法，③売上高を計上せずに利息相当額を各期へ配分する方法の3つがある。したがって，貸手は必ず売上高を計上するとは限らない。

□□□ 14 : 【×】 **各期末日後に対応する利益は繰り延べる** (テキストp. 300参照)

貸手が，リース取引開始日に売上高と売上原価を計上する方法による場合，売上高と売上原価の差額（利息相当額の総額）のうち，各期末日後に対応する利益は繰り延べる。したがって，売上高と売上原価の差額全てがリース開始初年度の損益に計上されるのではない。

□□□ 15 : 【×】 **同額となる** (テキストp. 300参照)

ファイナンス・リース取引の貸手では，3通りの会計処理が認められているが，いずれの方法を採用しても各期における利息相当額は同額となる。

□□□ 16 : 【○】 (テキストp. 301参照)

「リース取引に関する会計基準」第14項

B □□□ 17 所有権移転外ファイナンス・リース取引について，リース取引を主たる事業としている企業は，貸手としてのリース取引に重要性が乏しいと認められる場合であっても，利息相当額の総額をリース期間中の各期に定額で配分することはできない。

A □□□ 18 借手側で，リース資産は，原則として，有形固定資産または無形固定資産に属する各科目に含めて表示し，リース債務については，貸借対照表日後1年以内に支払の期限が到来するものは流動負債に属するものとし，貸借対照表日後1年を超えて支払の期限が到来するものは固定負債に属するものとする。（平成22年第Ⅱ回本試験一部改題）

B □□□ 19 借手におけるリース資産の表示方法について，所有権移転ファイナンス・リース取引には，有形固定資産または無形固定資産に属する各科目に含める方法を適用し，所有権移転外ファイナンス・リース取引には，有形固定資産，無形固定資産の別に一括してリース資産として表示する方法を適用することが認められる。

A □□□ 20 リース会社におけるリース債権またはリース投資資産の表示については，貸借対照表日の翌日から起算して1年以内に入金の期限が到来するものは流動資産に表示し，入金の期限が1年を超えて到来するものは固定資産に表示する。（平成22年第Ⅱ回本試験）

B □□□ 21 ファイナンス・リース取引の借手側については，リース資産の内容につき，勘定科目別に金額を注記する必要はない。

A □□□ 22 所有権移転外ファイナンス・リース取引の貸手側が注記を行う際には，リース投資資産に含まれる将来のリース料を収受する権利部分と見積残存価額部分では性格が異なるため，各々の金額を記載しなければならない。

A □□□ 23 ファイナンス・リース取引の貸手は，リース債権およびリース投資資産に係るリース料債権部分について，貸借対照表日後3年以内における1年ごとの回収予定額および3年超の回収予定額を注記する。

□□□ 17 :【○】(テキストp. 301参照)

　　所有権移転外ファイナンス・リース取引について，貸手としてのリース取引に重要性が乏しいと認められる場合は，利息相当額の総額をリース期間中の各期に定額で配分することができる。ただし，リース取引を主たる事業としている企業は，この処理方法を採用することはできない。

□□□ 18 :【×】**原則として，一括してリース資産として表示する**（テキストp. 302参照）

　　借手側で，リース資産は，原則として，有形固定資産，無形固定資産の別に，一括してリース資産として表示し，リース債務については，貸借対照表日後1年以内に支払の期限が到来するものは流動負債に属するものとし，貸借対照表日後1年を超えて支払の期限が到来するものは固定負債に属するものとする（「リース取引に関する会計基準」第16項，第17項）。リース資産を有形固定資産または無形固定資産に属する各科目に含めて表示する方法は容認されているに過ぎない。

□□□ 19 :【○】(テキストp. 302参照)

　　「リース取引に関する会計基準」第42項

□□□ 20 :【×】**リース会社の場合，流動資産に表示する**（テキストp. 302参照）

　　リース会社におけるリース債権またはリース投資資産の表示については，企業の主目的たる営業取引により発生したものと考えられるため，流動資産に表示する（「リース取引に関する会計基準」第18項）。

□□□ 21 :【○】(テキストp. 303参照)

　　「リース取引に関する会計基準」第43項

□□□ 22 :【○】(テキストp. 303参照)

　　「リース取引に関する会計基準」第20項，第45項

□□□ 23 :【×】**3年ではなく，5年である**（テキストp. 303参照）

　　ファイナンス・リース取引の貸手は，リース債権およびリース投資資産に係るリース料債権部分について，貸借対照表日後3年以内における1年ごとの回収予定額および3年超の回収予定額ではなく，貸借対照表日後5年以内における1年ごとの回収予定額および5年超の回収予定額を注記する（「リース取引に関する会計基準」第21項）。

A □□□ 24 リース取引の中途において当該契約を解除することができないオペレーティング・リース取引については，貸手側は，売買処理することも認められている。（平成19年本試験）

A □□□ 25 オペレーティング・リース取引として分類される取引については，リース期間の中途において契約を解除することができる場合を除き，未経過リース料を注記しなければならないが，貸借対照表日後1年以内のリース期間に係るものと1年を超えるリース期間に係るものとに分けて記載する必要はない。

A □□□ 26 セール・アンド・リースバック取引におけるリース取引がファイナンス・リース取引に該当する場合，借手は，リースの対象となる物件の売却に伴う損失が，当該物件の合理的な見積市場価額が帳簿価額を下回ることにより生じたものであることが明らかな場合は，売却損を繰延処理せずに売却時の損失として計上する。

A □□□ 27 セール・アンド・リースバック取引に関する会計処理として，制度上は売買取引とリース取引を区別して処理を行う方法が採用されているが，売買取引とリース取引を一体のものとみれば，金融取引として処理されると考えられる。

A □□□ 28 転リース取引において，借手としてのリース取引および貸手としてのリース取引の双方がファイナンス・リース取引に該当する場合，貸借対照表上，リース債権またはリース投資資産とリース債務を相殺して計上する。

A □□□ 29 転リース取引は，借手としてのリース取引と貸手としてのリース取引に分解して考えることができるため，支払利息，売上高，売上原価等が損益計算書に計上される。

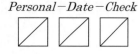

□□□ 24：【×】**売買処理することは認められない**（テキストp. 303参照）

　　　オペレーティング・リース取引については，リース取引の中途において当該契約を解除することができない場合であっても，貸手側は賃貸借処理しなければならず，売買処理することは認められない（「リース取引に関する会計基準」第15項）。

□□□ 25：【×】**分けて記載する**（テキストp. 303参照）

　　　オペレーティング・リース取引のうち解約不能なものに係る未経過リース料は，貸借対照表日後１年以内のリース期間に係るものと１年を超えるリース期間に係るものとに分けて記載する（「リース取引に関する会計基準」第22項）。

□□□ 26：【○】（テキストp. 304参照）

　　　セール・アンド・リースバック取引におけるリース取引がファイナンス・リース取引に該当する場合，借手は，リース対象となる物件の売却に伴う損益を長期前払費用または長期前受収益等として繰延処理し，リース資産の減価償却費の割合に応じ減価償却費に加減して損益に計上する。ただし，当該物件の売却に伴う損失が，当該物件の合理的な見積市場価額が帳簿価額を下回ることにより生じたものであることが明らかな場合は，売却損を繰延処理せずに売却時の損失として計上する。

□□□ 27：【○】（テキストp. 304参照）

　　　セール・アンド・リースバック取引に関する会計処理として，制度上は売買取引とリース取引を区別して処理を行う方法が採用されているが，売買取引とリース取引を一体のものとみれば，金融取引（リース物件を担保にした借入）として処理されると考えられる。

□□□ 28：【×】**相殺するのではなく，双方を計上する**（テキストp. 305参照）

　　　転リース取引において，借手としてのリース取引および貸手としてのリース取引の双方がファイナンス・リース取引に該当する場合，貸借対照表上はリース債権またはリース投資資産とリース債務の双方を計上する。

□□□ 29：【×】**支払利息，売上高，売上原価等は損益計算書に計上しない**（テキストp. 305参照）

　　　転リース取引において，借手としてのリース取引および貸手としてのリース取引の双方がファイナンス・リース取引に該当する場合，支払利息，売上高，売上原価等は計上せずに，貸手として受け取るリース料総額と借手として支払うリース料総額の差額を手数料収入として各期に配分し，転リース差益等の名称で損益計算書に計上する。

第15章
退職給付

第15章 退職給付

第1節 退職給付の概要

A □□□ 1 退職給付とは，一定の期間にわたり労働を提供したこと等の事由に基づいて，退職以後に従業員に支給される給付をいい，退職年金がその典型であり，退職一時金はこれに含まれない。

B □□□ 2 「退職給付に関する会計基準」は，退職給付の会計処理に適用されるため，役員の退職慰労金についても適用される。

第2節 確定給付制度の会計処理

A □□□ 1 退職給付の性格については，①勤続に対する功績報償であるという考え方，②老後の生活保障であるという考え方，③従業員が提供した労働の対価として支払われる賃金の後払いであるという考え方があるが，わが国の「退職給付に関する会計基準」は，③の考え方に立っている。

B □□□ 2 連結貸借対照表上，退職給付債務から年金資産の額を控除した額（積立状況を示す額）は，「退職給付に係る負債」等の適当な科目をもって固定負債に計上する。ただし，年金資産の額が退職給付債務を超える場合には，「退職給付に係る資産」等の適当な科目をもって固定資産に計上する。なお，未認識数理計算上の差異および未認識過去勤務費用については，これらに関する，当期までの期間に課税された法人税等および税効果を調整の上，純資産の部におけるその他の包括利益累計額に「退職給付に係る調整累計額」等の適当な科目をもって計上する。

A □□□ 3 個別貸借対照表上，退職給付債務に未認識数理計算上の差異および未認識過去勤務費用を加減した額から，年金資産の額を控除した額を退職給付に係る負債の科目をもって計上する。

A □□□ 4 個別財務諸表上，年金資産の額が退職給付債務に未認識過去勤務費用および未認識数理計算上の差異を加減した額を超える場合，その超過額は前払年金費用として固定資産に計上する。（平成26年第Ⅱ回本試験一部改題）

□□□ 1：【×】**退職一時金も退職給付に含まれる**（テキストp. 308参照）

　　　退職給付とは，一定の期間にわたり労働を提供したこと等の事由に基づいて，退職以後に従業員に支給される給付をいい，退職一時金および退職年金等がこれに含まれる（「退職給付に関する会計基準」第3項，第43項）。

□□□ 2：【×】**適用されない**（テキストp. 308参照）

　　　「退職給付に関する会計基準」は，役員の退職慰労金については適用されない（「退職給付に関する会計基準」第3項）。

□□□ 1：【○】（テキストp. 309参照）

　　　「退職給付に関する会計基準」第53項

□□□ 2：【○】（テキストp. 310参照）

　　　「退職給付に関する会計基準」第13項, 第27項

□□□ 3：【×】**退職給付に係る負債ではなく，退職給付引当金である**（テキストp. 310参照）

　　　個別貸借対照表上，退職給付債務に未認識数理計算上の差異および未認識過去勤務費用を加減した額から，年金資産の額を控除した額を，退職給付引当金の科目をもって計上する（「退職給付に関する会計基準」第39項(1)(3)）。

□□□ 4：【○】（テキストp. 310参照）

　　　「退職給付に関する会計基準」第39項(1)(3)

B □□□ 5 国際的な会計基準とのコンバージェンスの観点から，積立状況を示す額が負の値となる場合，退職給付制度からの返還または将来掛金の減額による経済的便益がないと判断される部分については資産計上を認めないという，資産に上限を定める考え方が採用されている。

B □□□ 6 複数の退職給付制度を採用している場合において，1つの退職給付制度に係る年金資産が当該退職給付制度に係る退職給付債務を超えるときは，当該年金資産の超過額を他の退職給付制度に係る退職給付債務から控除することができる。

B □□□ 7 退職給付債務とは，一定の期間にわたり労働を提供したこと等の事由に基づいて，退職以後に従業員に支給される給付のうち認識時点までに発生していると認められる部分を割り引いたものいい，原則として個々の従業員ごとに計算しなければならない。（平成21年本試験一部改題）

A □□□ 8 退職給付見込額には将来見込まれる昇給を反映させるが，これは確実に見込まれる昇給に限られる。

A □□□ 9 臨時に支給される退職給付等であってあらかじめ予測できないものは，退職給付見込額に含まれない。

A □□□ 10 各期の退職給付の発生額を見積る方法としては，期間定額基準と給付算定式基準があるが，「退職給付に関する会計基準」では，このうち給付算定式基準を原則としている。

B □□□ 11 給付算定式基準を適用する場合，勤務期間の後期における給付算定式に従った給付が，初期よりも著しく高い水準となるときには，当該期間の給付が均等に生じるとみなして補正した給付算定式によることができる。

□□□ 5 :【×】**採用されていない**（テキストp. 310参照）

　　　国際的な会計基準では，積立状況を示す額が負の値となる場合，退職給付制度からの返還または将来掛金の減額による経済的便益がないと判断される部分については資産計上を認めないという，資産に上限を定める考え方が採用されているが，わが国では，当該考え方は採用されていない（「退職給付に関する会計基準」第72項）。

□□□ 6 :【×】**控除することはできない**（テキストp. 310参照）

　　　複数の退職給付制度を採用している場合において，1つの退職給付制度に係る年金資産が当該退職給付制度に係る退職給付債務を超えるときは，当該年金資産の超過額を他の退職給付制度に係る退職給付債務から控除してはならない（「退職給付に関する会計基準」脚注1）。

□□□ 7 :【○】（テキストp. 310参照）

　　　「退職給付に関する会計基準」第3項，第6項，脚注3

□□□ 8 :【×】**確実に見込まれる昇給ではなく，予想される昇給等である**（テキストp. 311参照）

　　　退職給付見込額には将来見込まれる昇給を反映させるが，これは確実に見込まれる昇給に限られず，予想される昇給等である（「退職給付に関する会計基準」脚注5）。

□□□ 9 :【○】（テキストp. 311参照）

　　　「退職給付に関する会計基準」脚注5

□□□ 10 :【×】**原則・例外の関係ではない**（テキストp. 311参照）

　　　「退職給付に関する会計基準」では，期間定額基準（退職給付見込額について全勤務期間で除した額を各期の発生額とする方法）と給付算定式基準（退職給付制度の給付算定式に従って各勤務期間に帰属させた給付に基づき見積った額を，退職給付見込額の各期の発生額とする方法）のいずれかの方法を選択適用することとしている（「退職給付に関する会計基準」第19項）。

□□□ 11 :【×】**容認ではなく，強制である**（テキストp. 311参照）

　　　給付算定式基準を適用する場合，勤務期間の後期における給付算定式に従った給付が，初期よりも著しく高い水準となるときには，当該期間の給付が均等に生じるとみなして補正した給付算定式に従わなければならない（「退職給付に関する会計基準」第19項）。

A　□□□ 12　割引率の基礎とする安全性の高い債券の利回りとは，国債，政府機関債および優良社債の利回りをいう。その際，割引率として，例えば過去5年間の国債の利回りの平均値を用いることができる。

C　□□□ 13　退職給付見込額の見積りにおいて合理的に見込まれる退職給付の変動要因に，予想される昇給等が含まれるならば，当該計算の基礎にある退職給付債務概念は，累積給付債務である。（平成20年本試験一部改題）

B　□□□ 14　退職給付見込額は，合理的に見込まれる退職給付の変動要因を考慮して見積らなければならないため，臨時に支給される退職給付等であってあらかじめ予測できないものについては退職給付見込額に含めずに，支払時の退職給付費用として処理される。

B　□□□ 15　退職給付費用については，原則として売上原価または販売費および一般管理費に計上する。

B　□□□ 16　新たに退職給付制度を採用したときまたは給付水準の重要な改訂を行ったときに発生する過去勤務費用を発生時に全額費用処理する場合などにおいて，その金額が重要であると認められるときには，当該金額を特別損益として計上しなければならない。

A　□□□ 17　勤務費用は，退職給付見込額のうち期末までに発生していると認められる額を割り引いて計算する。

B　□□□ 18　従業員からの拠出がある企業年金制度を採用している場合であっても，勤務費用は退職給付見込額のうち当期に発生したと認められる額を一定の割引率および残存勤務期間に基づき割り引いて計算し，従業員からの拠出額を差し引いてはならない。（平成21年本試験）

A　□□□ 19　期待運用収益は，期首の年金資産の額に安全性の高い債券の利回りを乗じて計算する。

□□□ 12：【×】**用いることはできない**（テキストp. 313参照）

　　割引率の基礎とする安全性の高い債券の利回りとは，期末における国債，政府機関債および優良社債の利回りをいう（「退職給付に関する会計基準」第20項，第65項，脚注6）ため，割引率として，過去５年間の国債の利回りの平均値を用いることはできない。

□□□ 13：【×】**累積給付債務ではなく，予測給付債務である**（テキストp. 313参照）

　　退職給付見込額の見積りにおいて合理的に見込まれる退職給付の変動要因に，予想される昇給等が含まれるならば，当該計算の基礎にある退職給付債務概念は，予測給付債務である。

□□□ 14：【○】（テキストp. 314参照）

　　「退職給付に関する会計基準」脚注2

□□□ 15：【○】（テキストp. 314参照）

　　「退職給付に関する会計基準」第28項

□□□ 16：【×】**強制ではなく，容認である**（テキストp. 314参照）

　　新たに退職給付制度を採用したときまたは給付水準の重要な改訂を行ったときに発生する過去勤務費用を発生時に全額費用処理する場合などにおいて，その金額が重要であると認められるときには，当該金額を特別損益として計上することができる（「退職給付に関する会計基準」第28項）。

□□□ 17：【×】**期末までにではなく，当期に発生しているものである**（テキストp. 314参照）

　　勤務費用は，退職給付見込額のうち当期に発生したと認められる額を割り引いて計算する。なお，退職給付見込額のうち期末までに発生していると認められる額を割り引いて計算するのは，退職給付債務である（「退職給付に関する会計基準」第16項，第17項）。

□□□ 18：【×】**従業員からの拠出額を差し引く**（テキストp. 314参照）

　　従業員からの拠出がある企業年金制度を採用している場合には，勤務費用の計算にあたり，従業員からの拠出額を差し引く（「退職給付に関する会計基準」脚注4）。

□□□ 19：【×】**長期期待運用収益率を乗ずる**（テキストp. 314参照）

　　期待運用収益は，期首の年金資産の額に合理的に期待される収益率（長期期待運用収益率）を乗じて計算する（「退職給付に関する会計基準」第23項）。

A □□□ 20　年金資産とは，特定の退職給付制度のために，その制度について企業と従業員との契約（退職金規程等）等に基づき積み立てられた特定の資産であり，①退職給付以外に使用できないこと，②事業主および事業主の債権者から法的に分離されていること，③積立超過分を除き，事業主への返還，事業主からの解約・目的外の払出し等が禁止されていること，④資産を事業主の資産と交換できないことという要件のいずれかを満たすものをいう。

A □□□ 21　年金資産の額は，期末における時価（公正な評価額）により計算する。

A □□□ 22　年金資産は退職給付の支払のためのみに使用されることが制度的に担保されていることから，これを収益獲得のために保有する一般の資産と同様に企業の貸借対照表に計上することには問題があることが，年金資産の額を退職給付債務から控除する根拠とされている。

A □□□ 23　一定の要件を満たした退職給付信託（退職給付目的の信託）は年金資産に該当するが，資産の退職給付信託への拠出時に，退職給付信託財産およびそれ以外の年金資産の合計額が，対応する退職給付債務を超える場合には，当該退職給付信託財産は年金資産として認められない。（平成19年本試験）

B □□□ 24　退職給付信託財産を退職給付会計上の年金資産とするには，事業主から当該資産が帳簿価額で拠出されたと同様の会計処理を行う。

A □□□ 25　数理計算上の差異とは，年金資産の期待運用収益と実際の運用成果との差異，退職給付債務の数理計算に用いた見積数値と実績との差異をいい，見積数値の変更等により発生した差異は含まれない。

A □□□ 26　給付水準の引き下げの場合，過去勤務費用の遅延認識は認められない。

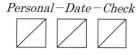
□□□ 20：【×】**いずれかではなく，すべてを満たすものをいう**（テキストp. 315参照）

　　　年金資産とは，特定の退職給付制度のために，その制度について企業と従業員との契約（退職金規程等）等に基づき積み立てられた特定の資産であり，①退職給付以外に使用できないこと，②事業主および事業主の債権者から法的に分離されていること，③積立超過分を除き，事業主への返還，事業主からの解約・目的外の払出し等が禁止されていること，④資産を事業主の資産と交換できないことという要件のすべてを満たすものをいう（「退職給付に関する会計基準」第7項）。

□□□ 21：【○】（テキストp. 315参照）

　　　「退職給付に関する会計基準」第22項

□□□ 22：【○】（テキストp. 315参照）

　　　「退職給付に関する会計基準」第69項

□□□ 23：【○】（テキストp. 315参照）

　　　一定の要件を満たした退職給付信託（退職給付目的の信託）は年金資産に該当するが，退職給付信託は，退職一時金制度および退職年金制度における退職給付債務の積立不足額を積み立てるために設定するものであり，資産の退職給付信託への拠出時に，退職給付信託財産およびそれ以外の年金資産の合計額が，対応する退職給付債務を超える場合には，当該退職給付信託財産は年金資産として認められない。

□□□ 24：【×】**帳簿価額ではなく，時価である**（テキストp. 315参照）

　　　退職給付信託財産を退職給付会計上の年金資産とするには，事業主から当該資産が時価で拠出されたと同様の会計処理を行う。

□□□ 25：【×】**見積数値の変更等により発生した差異も含まれる**（テキストp. 316参照）

　　　数理計算上の差異とは，年金資産の期待運用収益と実際の運用成果との差異，退職給付債務の数理計算に用いた見積数値と実績との差異および見積数値の変更等により発生した差異をいう（「退職給付に関する会計基準」第11項）。

□□□ 26：【×】**遅延認識は認められる**（テキストp. 316参照）

　　　過去勤務費用とは，退職給付水準の改訂等に起因して発生した退職給付債務の増加または減少部分をいい，給付水準の引き下げの場合でも，過去勤務費用の遅延認識は認められる（「退職給付に関する会計基準」第12項，第25項）。

B　□□□　27　初めて退職給付制度を導入した場合で，給付計算対象が現存する従業員の過年度の勤務期間にも及ぶとしても過去勤務費用は生じない。

B　□□□　28　ベース・アップ，つまり給与水準そのものの上方への改訂は，退職給付債務の増加に結び付くため，当該変動部分は過去勤務費用に該当する。（平成20年本試験一部改題）

A　□□□　29　過去勤務費用の発生額については，当期の発生額を翌期から費用処理する方法を用いることができる。

B　□□□　30　割引率等の計算基礎に重要な変動が生じていない場合には，これを見直さないことができる。

B　□□□　31　過去勤務費用および数理計算上の差異は，原則として定率法により費用処理しなければならない。

B　□□□　32　数理計算上の差異および過去勤務費用について，未認識数理計算上の差異および未認識過去勤務費用の残高の一定割合を費用処理する方法による場合の一定割合は，数理計算上の差異および過去勤務費用の発生額が平均残存勤務期間以内に概ね費用処理される割合としなければならない。

B　□□□　33　退職給付水準の改訂等に起因して発生した過去勤務費用について，在籍従業員に係るものと区分し，退職従業員に係る過去勤務費用についてのみ発生時に全額を費用処理することは認められない。（平成21年本試験一部改題）

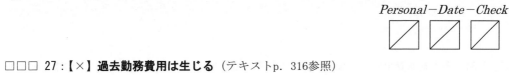

□□□ 27：【×】**過去勤務費用は生じる**（テキストp. 316参照）

　過去勤務費用とは，退職給付水準の改訂等に起因して発生した退職給付債務の増加または減少部分をいう（「退職給付に関する会計基準」第12項）。退職給付水準の改訂等の「等」には，初めて退職給付制度を導入した場合で，給付計算対象が現存する従業員の過年度の勤務期間にも及ぶときが含まれるため，この場合にも過去勤務費用は生じる。

□□□ 28：【×】**過去勤務費用に該当しない**（テキストp. 316参照）

　過去勤務費用は，退職金規程等の改訂に伴い退職給付水準が変更された結果生じる，改訂前の退職給付債務と改訂後の退職給付債務の改訂時点における差額を意味する。ベース・アップ，つまり給与水準そのものの上方への改訂は，退職給付債務の増加に結び付くが，退職金規程自体の改訂には当たらないため，当該変動部分は過去勤務費用に該当しない。

□□□ 29：【×】**翌期から費用処理することは認められない**（テキストp. 316参照）

　過去勤務費用の発生額については，当期の発生額を翌期から費用処理する方法を用いることは認められず，当期から費用処理する方法を採用しなければならない。

　なお，当期の発生額を翌期から費用処理する方法を用いることが認められているのは，数理計算上の差異である（「退職給付に関する会計基準」脚注7）。

□□□ 30：【○】（テキストp. 317参照）

　「退職給付に関する会計基準」脚注8

□□□ 31：【×】**原則として定額法による**（テキストp. 317参照）

　過去勤務費用および数理計算上の差異は，原則として定額法により費用処理するが，定率法によることも認められる（「退職給付に関する会計基準」第24項，第25項，脚注7, 9）。

□□□ 32：【○】（テキストp. 317参照）

　「退職給付に関する会計基準」脚注7, 9

□□□ 33：【×】**認められる**（テキストp. 317参照）

　退職従業員に係る過去勤務費用は，他の過去勤務費用と区分して発生時に全額を費用処理することができる（「退職給付に関する会計基準」脚注10）。

B　□□□　34　過去勤務費用および数理計算上の差異の各年度の発生額については，平均残存勤務期間以内の一定年数で按分した額を毎期費用処理しなければならないが，当該一定年数を1年とすれば，発生年度に全額費用処理することになる。（平成20年本試験一部改題）

B　□□□　35　過去勤務費用および数理計算上の差異には同一規定が適用されるので，これらの費用処理年数は同一としなければならない。

A　□□□　36　過去勤務費用の発生要因である給付水準の改訂等は従業員の勤労意欲が将来にわたって向上するとの期待のもとに行われる面があるため，過去勤務費用の性格を一時の費用とすることには問題がある。

C　□□□　37　未認識数理計算上の差異および未認識過去勤務費用を貸借対照表に計上しない場合，積立超過のときに負債が計上されたり，積立不足のときに資産が計上されたりすることがあり得るなど，退職給付制度に係る状況について財務諸表利用者の理解を妨げるという問題点がある。

C　□□□　38　数理計算上の差異をその他の包括利益を通じて貸借対照表の利益剰余金に計上する方法による場合，当期純利益と株主資本の連携関係（クリーン・サープラス関係）が保たれる。

A　□□□　39　退職給付債務の数値を毎期末時点において厳密に計算し，その結果生じた計算差異に一定の許容範囲を設ける方法を重要性基準という。

A　□□□　40　「退職給付に関する会計基準」は，退職給付費用が長期的な見積計算であることから，重要性による判断を認めることが適切と考え，重要性基準を採用しているが，計算基礎に重要性による判断を認めた上で回廊を設けることとする場合，実質的な許容範囲の幅が極めて大きくなることから，重要性基準に加えてさらに回廊を設けることは行われていない。

□□□ 34 :【○】(テキストp. 317参照)

「退職給付に関する会計基準」第67項(3)

□□□ 35 :【×】**同一とする必要はない**（テキストp. 317参照）

　　過去勤務費用と数理計算上の差異は発生原因または発生頻度が相違するため，費用処理年数は同一とする必要はなく，それぞれ別個に定めることができる。

□□□ 36 :【○】(テキストp. 317参照)

「退職給付に関する会計基準」第67項(1)

□□□ 37 :【○】(テキストp. 318参照)

「退職給付に関する会計基準」第55項

□□□ 38 :【×】**当期純利益と株主資本の連携関係は保たれない**（テキストp. 319参照）

　　数理計算上の差異をその他の包括利益を通じて貸借対照表の利益剰余金に計上する方法による場合，数理計算上の差異は損益計算書に計上されないため，当期純利益と株主資本の連携関係（クリーン・サープラス関係）が保たれないことになる。

□□□ 39 :【×】**重要性基準ではなく，回廊アプローチである**（テキストp. 320参照）

　　退職給付債務の数値を毎期末時点において厳密に計算し，その結果生じた計算差異に一定の許容範囲（回廊）を設ける方法は，回廊アプローチである。

　　なお，重要性基準とは，基礎率等の計算基礎に重要な変動が生じない場合には計算基礎を変更しない等，計算基礎の決定にあたって合理的な範囲で重要性による判断を認める方法をいう（「退職給付に関する会計基準」第67項(2)）。

□□□ 40 :【○】(テキストp. 320参照)

「退職給付に関する会計基準」第67項(2)

B　□□□　41　前期末に用いた割引率により算定されている退職給付債務と比較して，期末の割引率により計算した退職給付債務が5%以上変動すると推定される場合には，重要な影響を及ぼすものとして期末の割引率を用いて退職給付債務を再計算しなければならない。

A　□□□　42　従業員数が比較的少ない小規模な企業において，高い信頼性をもって数理計算上の見積りを行うことが困難である場合または退職給付に係る財務諸表項目に重要性が乏しい場合には，期末の退職給付の要支給額を用いた見積計算を行う等簡便な方法を用いて退職給付費用を計算することが認められている。

第3節　確定拠出制度および複数事業主制度

A　□□□　1　確定拠出制度とは，一定の掛金を外部に積み立て，事業主である企業が，当該掛金以外に退職給付に係る追加的な拠出義務を負う可能性がある退職給付制度をいい，当該制度に基づく要拠出額をもって費用処理を行う。

A　□□□　2　確定拠出制度においては，当該制度に基づく要拠出額をもって費用処理するが，当該費用は，退職給付費用に含めて計上してはならない。

A　□□□　3　確定拠出制度においては，当該制度に基づく要拠出額をもって費用処理し，未拠出の額は退職給付引当金として計上する。

A　□□□　4　複数の事業主により設立された確定給付型企業年金制度を採用している場合には，必ず確定給付制度の会計処理および開示を行うことになる。

☐☐☐ 41：【×】**5%ではなく，10%である**（テキストp. 320参照）

　　わが国では，前期末に用いた割引率により算定されている退職給付債務と比較して，期末の割引率により計算した退職給付債務が 10%以上変動すると推定される場合には，重要な影響を及ぼすものとして期末の割引率を用いて退職給付債務を再計算しなければならない。

☐☐☐ 42：【○】（テキストp. 320参照）

　　「退職給付に関する会計基準」第26項

☐☐☐ 1：【×】**追加的な拠出義務を負わない退職給付制度である**（テキストp. 308, 321参照）

　　確定拠出制度とは，一定の掛金を外部に積み立て，事業主である企業が，当該掛金以外に退職給付に係る追加的な拠出義務を負わない退職給付制度をいい，当該制度に基づく要拠出額をもって費用処理を行う（「退職給付に関する会計基準」第4項, 第31項）。

☐☐☐ 2：【×】**退職給付費用に含める**（テキストp. 321参照）

　　確定拠出制度においては，当該制度に基づく要拠出額をもって費用処理する。当該費用は，退職給付費用に含めて計上し，確定拠出制度に係る退職給付費用の額，企業の採用する確定拠出制度の概要などの事項を注記する（「退職給付に関する会計基準」第31項, 第32項, 第32-2項）。

☐☐☐ 3：【×】**退職給付引当金ではなく，未払金として計上する**（テキストp. 321参照）

　　確定拠出制度においては，当該制度に基づく要拠出額をもって費用処理し，未拠出の額は未払金として計上する（「退職給付に関する会計基準」第31項）。

☐☐☐ 4：【×】**確定拠出制度に準じた会計処理を行う場合もある**（テキストp. 321参照）

　　複数の事業主により設立された確定給付型企業年金制度を採用している場合，合理的な基準により自社の負担に属する年金資産等の計算をした上で，確定給付制度の会計処理および開示を行うが，自社の拠出に対応する年金資産の額を合理的に計算することができないときには，確定拠出制度に準じた会計処理および開示を行う。なお，この場合，当該年金制度全体の直近の積立状況等についても注記する（「退職給付に関する会計基準」第33項）。

第16章
研究開発とソフトウェア

第16章　研究開発とソフトウェア

第1節　研究開発費

A □□□ 1　「研究開発費等に係る会計基準」における開発とは，製品等についての計画若しくは設計または既存の製品等を著しく改良するための計画若しくは設計として，研究の成果その他の知識を具体化することをいうため，市場の開拓のために特別に支出した費用も研究開発費に含まれる。

B □□□ 2　製造現場で行われる改良研究は，それが明確なプロジェクトとして行われている場合であっても，開発の定義における「著しい改良」に該当しない。

B □□□ 3　製造現場で行われる品質管理活動やクレーム処理のための活動は研究開発には含まれない。

A □□□ 4　「研究開発費等に係る会計基準」は，一定の契約のもとに，他の企業に行わせる研究開発については適用されない。

A □□□ 5　「研究開発費等に係る会計基準」は，探査・掘削等の鉱業における資源の開発に特有の活動についても適用される。

A □□□ 6　研究開発費には，原則として，研究開発のために費消されたすべての原価が含まれるが，固定資産の減価償却費は含まれない。

B □□□ 7　特定の研究開発目的にのみ使用され，他の目的に使用できない機械装置や特許権等を取得した場合の原価は，固定資産に計上し，当該資産の減価償却費を研究開発費として処理する。

□□□ 1：【×】**市場の開拓のための支出は研究開発費に含まれない**（テキストp. 324, 325参照）

　　市場の開拓は研究開発に該当しないものと考えられており，市場の開拓のために特別
に支出した費用は，研究開発費には含まれない（「研究開発費等に係る会計基準」一1）。

　　なお，当該費用は，繰延資産計上の対象となる開発費として処理される。

□□□ 2：【×】**「著しい改良」に該当する**（テキストp. 324参照）

　　製造現場で行われる改良研究は，それが明確なプロジェクトとして行われている場合
には，開発の定義における「著しい改良」に該当する（「研究開発費等に係る会計基準
の設定に関する意見書」三1）。

□□□ 3：【○】（テキストp. 324参照）

　　「研究開発費等に係る会計基準の設定に関する意見書」三1

□□□ 4：【×】**適用される**（テキストp. 324参照）

　　「研究開発費等に係る会計基準」は，一定の契約のもとに，他の企業に行わせる研究
開発（委託契約）については適用される。なお，他の企業のために行う研究開発（受託
契約）については適用されない（「研究開発費等に係る会計基準」六1）。

□□□ 5：【×】**適用されない**（テキストp. 324参照）

　　「研究開発費等に係る会計基準」は，探査・掘削等の鉱業における資源の開発に特有
の活動については適用されない（「研究開発費等に係る会計基準」六2）。

□□□ 6：【×】**固定資産の減価償却費も含まれる**（テキストp. 324参照）

　　研究開発費には，人件費，原材料費，固定資産の減価償却費および間接費の配賦額等，
研究開発のために費消されたすべての原価が含まれる（「研究開発費等に係る会計基準」
二）。

□□□ 7：【×】**固定資産計上ではなく，取得時の研究開発費とする**（テキストp. 325参照）

　　特定の研究開発目的にのみ使用され，他の目的に使用できない機械装置や特許権等を
取得した場合の原価は，取得時の研究開発費とする（「研究開発費等に係る会計基準注
解」注1）。

B　□□□　8　特定の研究開発目的にのみ使用され，他の目的に使用できない機械装置等に係る原価は取得時に研究開発費として処理するが，ある研究開発目的に使用された後に他の目的に使用できる場合には，固定資産として計上し，当該固定資産の減価償却費を研究開発費として処理する。（平成24年第Ⅰ回本試験）

A　□□□　9　わが国では，研究開発費について，将来の経済的便益の獲得可能性の確実性や原価の客観的な測定可能性の要件を満たした場合に資産計上が認められる。

B　□□□　10　研究開発費を費用として処理する方法には，一般管理費として処理する方法と特別損失として処理する方法がある。

B　□□□　11　研究開発費を当期製造費用に算入することが認められるのは，製造過程において絶えず新製品に結びつくような研究開発を行っているような場合であり，製造現場で発生していても製造原価に算入することが不合理であると判断される研究開発費については当期製造費用に算入してはならない。　（平成21年本試験）

B　□□□　12　研究開発費の総額を財務諸表に注記する際，ソフトウェアに係る研究開発費は他の研究開発費と区別して注記することが要求されている。

第2節　ソフトウェア制作費

A　□□□　1　ソフトウェア製作費に係る会計基準は，取得形態（自社制作，外部購入）別に設定されている。

A　□□□　2　研究開発目的のソフトウェアの制作費は研究開発費として処理されるが，研究開発目的以外のソフトウェアの制作費が，研究開発費として処理されることはない。

□□□ 8 :【○】（テキストp. 325参照）

　　　特定の研究開発目的にのみ使用され，他の目的に使用できない機械装置等に係る原価は取得時に研究開発費として処理する（「研究開発費等に係る会計基準注解」注1）が，ある研究開発目的に使用された後に他の目的に使用できる場合には，固定資産として計上し，当該固定資産の減価償却費を研究開発費として処理する。

□□□ 9 :【×】**資産計上は認められていない**（テキストp. 326参照）

　　　わが国では，研究開発費について，将来の経済的便益の獲得可能性の確実性や原価の客観的な測定可能性の要件を満たした場合に資産計上する方法は採用されておらず，発生時に費用として処理する方法が採用されている（「研究開発費等に係る会計基準」三）。

□□□ 10 :【×】**特別損失ではなく，当期製造費用である**（テキストp. 326参照）

　　　研究開発費を費用として処理する方法には，一般管理費として処理する方法と当期製造費用として処理する方法がある（「研究開発費等に係る会計基準注解」注2）。

□□□ 11 :【○】（テキストp. 326参照）

　　　研究開発費を当期製造費用として処理し，当該製造費用の大部分が期末仕掛品等として資産計上されることとなる場合には，繰延資産として資産計上する処理と結果的に変わらないこととなるため，妥当な会計処理とは認められない。

□□□ 12 :【×】**区別することは要求されていない**（テキストp. 326参照）

　　　ソフトウェアに係る研究開発費は，他の研究開発費と区別することなく，研究開発費の総額に含めて財務諸表に注記する（「研究開発費等に係る会計基準注解」注6）。

□□□ 1 :【×】**取得形態別ではなく，制作目的別に設定されている**（テキストp. 328参照）

　　　ソフトウェアの制作費は，その制作目的により，将来の収益との対応関係が異なること等から，ソフトウェア制作費に係る会計基準は，制作目的別に設定されている（「研究開発費等に係る会計基準の設定に関する意見書」三3(1)）。

□□□ 2 :【×】**研究開発費として処理されることもある**（テキストp. 328参照）

　　　研究開発目的のソフトウェアの制作費は研究開発費として処理される。また，研究開発目的以外（受注制作，市場販売目的，自社利用）のソフトウェアの制作費についても，制作に要した費用のうち研究開発に該当する部分は研究開発費として処理する（「研究開発費等に係る会計基準の設定に関する意見書」三3）。

A　□□□　3　市場販売目的のソフトウェアである製品マスターの制作費は，研究開発費に該当する部分を除き，資産として計上しなければならないため，機能維持に要した費用も資産として計上することになる。

B　□□□　4　市場販売目的のソフトウェアである製品マスターの制作費は，製造番号を付すこと等により販売の意思が明らかにされた製品マスターが完成するまでの制作活動に要した費用を含め，資産として計上しなければならない。（平成18年本試験）

B　□□□　5　市場販売目的のソフトウェアについて，製品マスターの制作過程のうち研究および開発のために費消した原価は研究開発費として，また，製品マスターの機能の改良（著しいものを除く。）および強化に要した費用ならびにソフトウェア製品の制作原価は無形固定資産として処理する。（平成21年本試験）

A　□□□　6　製品マスターは，それ自体が販売の対象物ではなく，機械装置等と同様にこれを利用（複写）して製品を作成すること，製品マスターは法的権利（著作権）を有していることおよび適正な原価計算により取得原価を明確化できることから，当該取得原価を無形固定資産として計上する。

B　□□□　7　研究開発の終了時点以降に発生した製品マスターの機能の改良および強化に要した費用は，従来の製品マスターの取得原価として処理する。しかし，著しい改良と認められる場合，当該費用は，従来の製品マスターとは別個の新しいマスター制作のためのものとみなされるため，新しい製品マスターの取得原価として処理する。（平成24年第Ⅰ回本試験）

A　□□□　8　ソフトウェアを用いて外部へ業務処理等のサービスを提供する契約等が締結されている場合のように，その提供により将来の収益獲得が確実であると認められる場合には，適正な原価を集計した上，当該ソフトウェアの制作費を資産として計上することが容認されている。

B　□□□　9　市場販売目的のソフトウェアについて，主要なプログラムの過半を再制作する場合，当該再制作に係る費用を資産として計上する。

□□□ 3：【×】**機能維持に要した費用は発生時の費用として処理する**（テキストp. 328参照）

　　市場販売目的のソフトウェアである製品マスターの制作費は，研究開発費に該当する部分を除き，資産として計上しなければならないが，機能維持に要した費用は発生時の費用として処理する（「研究開発費等に係る会計基準」四2）。

□□□ 4：【×】**製品マスターの完成までの費用は資産計上ではなく，研究開発費として費用処理する**（テキストp. 329参照）

　　市場販売目的のソフトウェアである製品マスターの制作費のうち，製造番号を付すこと等により販売の意思が明らかにされた製品マスターが完成するまでの制作活動に要した費用は，研究開発費として費用処理する（「研究開発費等に係る会計基準の設定に関する意見書」三3(3)②イ）。

□□□ 5：【×】**ソフトウェア製品の制作原価は無形固定資産ではなく，棚卸資産として処理する**（テキストp. 329, 330参照）

　　ソフトウェア製品の制作原価（たとえば，製品マスターの複写に必要なコンピューター利用等の経費）は，棚卸資産として処理する。

□□□ 6：【○】（テキストp. 329参照）

　　「研究開発費等に係る会計基準の設定に関する意見書」三3(3)②ロ

□□□ 7：【×】**著しい改良と認められる場合，研究開発費として処理する**（テキストp. 329参照）

　　研究開発の終了時点以降に発生した製品マスターの機能の改良および強化が著しい改良と認められる場合，当該費用は，新しい製品マスターの取得原価ではなく，研究開発費として処理する（「研究開発費等に係る会計基準注解」注3）。

□□□ 8：【×】**容認ではなく，強制である**（テキストp. 328参照）

　　ソフトウェアを用いて外部へ業務処理等のサービスを提供する契約等が締結されている場合のように，その提供により将来の収益獲得が確実であると認められる場合には，適正な原価を集計した上，当該ソフトウェアの制作費を資産として計上しなければならない（「研究開発費等に係る会計基準」四3）。

□□□ 9：【×】**資産ではなく，研究開発費として計上する**（テキストp. 329参照）

　　市場販売目的のソフトウェアについて，主要なプログラムの過半を再制作する場合は，著しい改良に該当するため，当該再制作に係る費用を研究開発費として計上する。

A □□□ 10 社内利用ソフトウェアの完成品を購入した場合，資産計上が要求されるが，独自仕様の社内利用ソフトウェアを自社で制作する場合，費用処理しなければならない。

A □□□ 11 機械装置等に組み込まれているソフトウェアについては，当該機械装置等と区別して処理することを原則とするが，重要性が乏しい場合には，当該機械装置等に含めて処理することが認められる。

B □□□ 12 制作途中のソフトウェアの制作費を資産計上する場合，無形固定資産の仮勘定として計上する。

B □□□ 13 市場販売目的のソフトウェア製品および仕掛品は，無形固定資産として計上する。

B □□□ 14 販売期間の経過に伴い著しく販売価格が下落する性格を有する市場販売目的のソフトウェアの場合，見込販売数量に基づく償却方法を採用することが合理的であると考えられる。

A □□□ 15 無形固定資産として計上したソフトウェアの取得原価を見込販売数量に基づき減価償却を実施している場合，毎期の減価償却額は，見込販売数量に基づく償却額と，残存有効期間に基づく均等配分額とを比較し，いずれか小さい額を計上することになる。

B □□□ 16 自社利用のソフトウェアについては，市場販売目的のソフトウェアに比し収益との直接的な対応関係が希薄な場合が多く，物理的な劣化を伴わない無形固定資産の償却であることから，一般的には定額法による償却が合理的であると考えられる。

A □□□ 17 市場販売目的のソフトウェアについて，販売期間の経過に伴い，減価償却を実施した後の未償却残高が翌期以降の見込販売収益の額を下回った場合，当該超過額は一時の費用または損失として処理する。

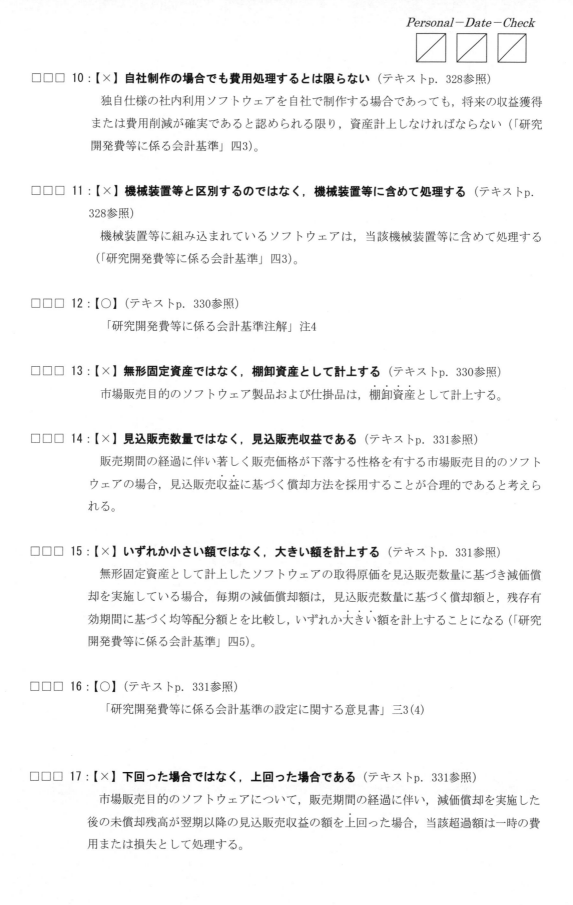

□□□ 10：【×】**自社制作の場合でも費用処理するとは限らない**（テキストp. 328参照）

　　独自仕様の社内利用ソフトウェアを自社で制作する場合であっても，将来の収益獲得
または費用削減が確実であると認められる限り，資産計上しなければならない（「研究
開発費等に係る会計基準」四3）。

□□□ 11：【×】**機械装置等と区別するのではなく，機械装置等に含めて処理する**（テキストp.
328参照）

　　機械装置等に組み込まれているソフトウェアは，当該機械装置等に含めて処理する
（「研究開発費等に係る会計基準」四3）。

□□□ 12：【○】（テキストp. 330参照）

　　「研究開発費等に係る会計基準注解」注4

□□□ 13：【×】**無形固定資産ではなく，棚卸資産として計上する**（テキストp. 330参照）

　　市場販売目的のソフトウェア製品および仕掛品は，棚卸資産として計上する。

□□□ 14：【×】**見込販売数量ではなく，見込販売収益である**（テキストp. 331参照）

　　販売期間の経過に伴い著しく販売価格が下落する性格を有する市場販売目的のソフト
ウェアの場合，見込販売収益に基づく償却方法を採用することが合理的であると考えら
れる。

□□□ 15：【×】**いずれか小さい額ではなく，大きい額を計上する**（テキストp. 331参照）

　　無形固定資産として計上したソフトウェアの取得原価を見込販売数量に基づき減価償
却を実施している場合，毎期の減価償却額は，見込販売数量に基づく償却額と，残存有
効期間に基づく均等配分額とを比較し，いずれか大きい額を計上することになる（「研究
開発費等に係る会計基準」四5）。

□□□ 16：【○】（テキストp. 331参照）

　　「研究開発費等に係る会計基準の設定に関する意見書」三3(4)

□□□ 17：【×】**下回った場合ではなく，上回った場合である**（テキストp. 331参照）

　　市場販売目的のソフトウェアについて，販売期間の経過に伴い，減価償却を実施した
後の未償却残高が翌期以降の見込販売収益の額を上回った場合，当該超過額は一時の費
用または損失として処理する。

第17章
固定資産の減損

第17章　固定資産の減損

第1節　減損会計の概要

A　□□□　1　減損会計とは，固定資産の収益性の低下によって投資額の回収が見込めなくなった場合，その回収可能性を固定資産の貸借対照表価額に反映させる時価主義会計の適用である。（平成23年第Ⅱ回本試験）

A　□□□　2　固定資産の減損処理は，棚卸資産の評価減や固定資産の物理的な滅失による臨時損失などの伝統的な会計処理と同様に，事業用資産の過大な帳簿価額を減額し，将来に損失を繰り延べないために行われる会計処理である。

B　□□□　3　固定資産の部に表示されている繰延税金資産には，「固定資産の減損に係る会計基準」が適用される。

B　□□□　4　前払年金費用（退職給付に係る資産）は，固定資産に分類される資産であるため，「固定資産の減損に係る会計基準」の対象資産に含まれる。

A　□□□　5　減損処理を，投資期間全体を通じた投資額の回収可能性を評価し，投資額の回収が見込めなくなった時点で，将来に損失を繰り延べないために帳簿価額を減額する会計処理であると考えれば，期末の帳簿価額を将来の回収可能性に照らして見直すことにより，減損損失を正しく認識できる。

◻◻◻ 1 ：【×】**時価主義会計の適用ではない**（テキストp. 334, 335参照）

　　　減損会計は，時価主義会計の適用ではなく，取得原価基準のもとで行われる帳簿価額
の臨時的な減額である（「固定資産の減損に係る会計基準の設定に関する意見書」三1）。

◻◻◻ 2 ：【○】（テキストp. 334参照）

　　　「固定資産の減損に係る会計基準の設定に関する意見書」三 1

◻◻◻ 3 ：【×】**適用されない**（テキストp. 334参照）

　　　繰延税金資産については，「税効果会計に係る会計基準」に減損処理に関する定めが
あるため，「固定資産の減損に係る会計基準」は適用されない（「固定資産の減損に係る
会計基準の設定に関する意見書」四1）。

◻◻◻ 4 ：【×】**含まれない**（テキストp. 334参照）

　　　前払年金費用（退職給付に係る資産）は，「退職給付に関する会計基準」に評価に関
する定めがあるため，「固定資産の減損に係る会計基準」の対象資産から除かれる（「固
定資産の減損に係る会計基準の設定に関する意見書」四1）。

◻◻◻ 5 ：【×】**減損損失を正しく認識することはできない**（テキストp. 335参照）

　　　減損処理を，投資期間全体を通じた投資額の回収可能性を評価し，投資額の回収が見
込めなくなった時点で，将来に損失を繰り延べないために帳簿価額を減額する会計処理
であると考えれば，期末の帳簿価額を将来の回収可能性に照らして見直すだけでは，収
益性の低下による減損損失を正しく認識することはできない。帳簿価額の回収が見込め
ない場合であっても，過年度の回収額を考慮すれば投資期間全体を通じて投資額の回収
が見込める場合もあり得るからである（「固定資産の減損に係る会計基準の設定に関す
る意見書」三3）。

第2節　減損損失の認識と測定

A　□□□　1　資産または資産グループが使用されている事業に関連して，経営環境が著しく悪化したか，あるいは，悪化する見込みである場合は，減損の兆候に該当する。

B　□□□　2　資産または資産グループが使用されている事業を廃止または再編成することは，減損の兆候に該当する。

B　□□□　3　資産除去債務が法令の改正等により新たに発生した場合，影響が特に重要であれば，経営環境の著しい悪化として，減損の兆候に該当するが，これまで合理的に見積ることができなかった資産除去債務の金額を合理的に見積ることができるようになったに過ぎない場合は，減損の兆候に該当しない。

A　□□□　4　資産または資産グループの市場価格が帳簿価額から50％程度以上下落した場合，減損損失を計上する必要がある。

A　□□□　5　減損損失を認識するかどうかを判定するために割引前将来キャッシュ・フローを見積る期間には，20年という制限があるが，この取扱いは土地に限って適用される。

B　□□□　6　主要な資産とは，資産グループの将来キャッシュ・フロー生成能力にとって最も重要な構成資産をいうが，共用資産は，原則として，主要な資産には該当しない。

B　□□□　7　資産または資産グループ中の主要な資産の経済的残存使用年数が20年を超える場合には，20年経過時点の正味売却価額を算定し，20年目までの割引前将来キャッシュ・フローに加算する。

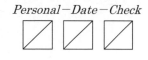

□□□ 1：【○】(テキストp. 336参照)

「固定資産の減損に係る会計基準」二1③

□□□ 2：【○】(テキストp. 336参照)

「固定資産の減損に係る会計基準注解」注2

□□□ 3：【×】**後者の場合も減損の兆候に該当する**（テキストp. 336参照）

　　資産除去債務が法令の改正等により新たに発生した場合，影響が特に重要であれば，経営環境の著しい悪化として，減損の兆候に該当する。また，これまで合理的に見積ることができなかった資産除去債務の金額を合理的に見積ることができるようになった場合も，減損の兆候に該当する（「資産除去債務に関する会計基準」第52項）。

□□□ 4：【×】**割引前将来キャッシュ・フローが帳簿価額を下回らなければ計上されない**（テキストp. 336, 337参照）

　　資産または資産グループの市場価格が帳簿価額から50％程度以上下落した場合，減損の兆候に該当するが，割引前将来キャッシュ・フローが帳簿価額を下回っていない限り，減損損失は計上されない（「固定資産の減損に係る会計基準」二1，2）。

□□□ 5：【×】**土地以外の資産にも適用される**（テキストp. 337参照）

　　減損損失を認識するかどうかを判定するために割引前将来キャッシュ・フローを見積る期間には，20年という制限があるが，この取扱いは土地以外の資産にも適用される（「固定資産の減損に係る会計基準」二2(2)）。

□□□ 6：【○】(テキストp. 337参照)

　　主要な資産とは，資産グループの将来キャッシュ・フロー生成能力にとって最も重要な構成資産をいう（「固定資産の減損に係る会計基準注解」注3）。共用資産やのれんは，原則として，主要な資産には該当しない。

□□□ 7：【×】**正味売却価額ではなく，回収可能価額を算定する**（テキストp. 337参照）

　　資産または資産グループ中の主要な資産の経済的残存使用年数が20年を超える場合には，20年経過時点の回収可能価額を算定し，20年目までの割引前将来キャッシュ・フローに加算する（「固定資産の減損に係る会計基準注解」注4）。

A □□□ 8 減損損失の測定における使用価値の算定には将来キャッシュ・フローの現在価値が用いられるのに対して，減損損失の認識の判定に割引前のキャッシュ・フローが用いられるのは，減損の存在が相当程度確実な場合に限って減損損失を認識するためである。（平成21年本試験）

C □□□ 9 減損損失の認識についての規準には，理論上，減損している可能性が高い場合に減損損失を認識する考え方（蓋然性規準）と，帳簿価額が資産の回収可能な額を上回っている場合に減損損失を認識する考え方（経済性規準）が考えられるが，わが国では経済性規準が採用されている。

C □□□ 10 わが国の会計基準に従って減損処理が行われる場合，減損が生じているにもかかわらず，減損損失を認識しない状況が存在する。

B □□□ 11 減損損失を認識すべきであると判定された資産または資産グループについては，帳簿価額を回収可能価額まで減額し，当該減少額を減損損失として当期の損失とする。この場合，正味売却価額と使用価値のうち，いずれか低い方の金額が固定資産の回収可能価額となる。

B □□□ 12 減損損失の測定において，明らかに正味売却価額が高いと想定される場合や処分がすぐに予定されている場合などを除いて，正味売却価額を算定しないことも認められる。

A □□□ 13 減損会計において，資産の時価を算定するためには将来キャッシュ・フローが用いられなければならないが，その見積りは企業に固有の事情を反映した合理的で説明可能な仮定および予測に基づかなければならない。（平成21年本試験）

□□□ 8 :【○】(テキストp. 338参照)

　　「固定資産の減損に係る会計基準の設定に関する意見書」四2(2)①

□□□ 9 :【×】**経済性規準ではなく，蓋然性規準が採用されている**（テキストp. 338参照）

　　減損損失の認識についての規準には，蓋然性規準と経済性規準が考えられるが，わが国では蓋然性規準が採用されている。

□□□ 10 :【○】(テキストp. 338参照)

　　わが国の会計基準は，蓋然性規準を採用しており，割引前将来キャッシュ・フローが帳簿価額を下回ることを減損損失の認識の条件としている。したがって，回収可能価額が帳簿価額を下回っており，減損が生じている場合であっても，割引前将来キャッシュ・フローが帳簿価額を上回っている場合には，減損損失を認識しないこととなる。

□□□ 11 :【×】**いずれか低い方ではなく，いずれか高い方の金額である**（テキストp. 339参照）

　　減損損失を認識すべきであると判定された資産または資産グループについては，帳簿価額を回収可能価額まで減額し，当該減少額を減損損失として当期の損失とする（「固定資産の減損に係る会計基準」二3）。この場合，正味売却価額と使用価値のうち，いずれか高い方の金額が固定資産の回収可能価額となる（「固定資産の減損に係る会計基準注解」注1・1）。

□□□ 12 :【○】(テキストp. 339参照)

　　通常，使用価値は正味売却価額より高いと考えられるため，減損損失の測定において，明らかに正味売却価額が高いと想定される場合や処分がすぐに予定されている場合などを除いて，正味売却価額を算定しないことも認められる。

□□□ 13 :【×】**時価を算定するためではない**（テキストp. 339, 340参照）

　　減損会計において，将来キャッシュ・フローは，資産または資産グループの時価を算定するためではなく，企業にとって資産または資産グループの帳簿価額が回収可能かどうかを判定するため，あるいは，企業にとって資産または資産グループがどれだけの経済的な価値を有しているかを算定するために見積られる（「固定資産の減損に係る会計基準の設定に関する意見書」四2(4)①）。

B □□□ 14 　将来キャッシュ・フローの見積りに際しては，資産または資産グループの現在の使用状況および合理的な使用計画等を考慮する。しかし，将来の用途が定まっていない遊休資産については，当該資産から得られる将来キャッシュ・フローを将来キャッシュ・フローの見積りに含めてはいけない。

A □□□ 15 　固定資産の減損と資産除去は本質的に異なるものであるから，資産除去債務が負債に計上されている場合，減損処理に際して，将来の資産除去に要する額を含めて将来キャッシュ・フローを見積る。（平成23年第Ⅰ回本試験）

A □□□ 16 　将来キャッシュ・フローの見積りの方法には，生起する可能性の最も高い単一の金額を見積る方法（最頻値法）と，生起し得る複数の将来キャッシュ・フローをそれぞれの確率で加重平均した金額を見積る方法（期待値法）が考えられるが，企業の計画等に基づいて単一の金額を見積る方法が一般的であると考えられるため，わが国の会計基準では，前者の方法によることとされている。

A □□□ 17 　使用価値の算定においては，将来キャッシュ・フローが見積値から乖離するリスクを，将来キャッシュ・フローの見積りと割引率のいずれかに反映させる。

B □□□ 18 　減損損失を認識するかどうかを判定する際に見積られる割引前将来キャッシュ・フローの算定においては，将来キャッシュ・フローが見積値から乖離するリスクを反映させる。

A □□□ 19 　資産または資産グループに関連して間接的に生ずる支出は，関連する資産または資産グループに合理的な方法により配分し，当該資産または資産グループの将来キャッシュ・フローの見積りに際し控除する。

A □□□ 20 　将来キャッシュ・フローの見積りには，利息の支払額を含めるが法人税等の支払額および還付額は含めない。

□□□ 14：【×】**将来キャッシュ・フローの見積りに含める**（テキストp. 340参照）

　　将来の用途が定まっていない遊休資産については，現在の状況に基づき将来キャッシュ・フローを見積る（「固定資産の減損に係る会計基準注解」注5）。

□□□ 15：【×】**資産除去に要する額は含めない**（テキストp. 340参照）

　　資産除去債務が負債に計上されている場合には，除去費用部分の影響を二重に認識しないようにするため，減損処理に際して，将来キャッシュ・フローの見積りに除去費用部分を含めない（「資産除去債務に関する会計基準」第44項）。

□□□ 16：【×】**いずれの方法も適用できる**（テキストp. 340参照）

　　将来キャッシュ・フローの見積りの方法には，最頻値法と期待値法がある。これらのうち，企業の計画等に基づいて単一の金額を見積る前者の方法が一般的であると考えられるが，企業が固定資産の使用や処分に関して，いくつかの選択肢を検討している場合等には，後者の方法も有用であると考えられるため，わが国の会計基準では，いずれの方法も適用できることとしている（「固定資産の減損に係る会計基準の設定に関する意見書」四2(4)③，「固定資産の減損に係る会計基準」二4(3)）。

□□□ 17：【○】（テキストp. 341参照）

　　「固定資産の減損に係る会計基準注解」注6

□□□ 18：【×】**反映させない**（テキストp. 341参照）

　　減損損失を認識するかどうかを判定する際に見積られる割引前将来キャッシュ・フローの算定においては，当該リスクを反映させるか否かで異なる結果が導かれることになるため，将来キャッシュ・フローが見積値から乖離するリスクを反映させない（「固定資産の減損に係る会計基準注解」注6）。

□□□ 19：【○】（テキストp. 341参照）

　　「固定資産の減損に係る会計基準」二4(4)

□□□ 20：【×】**いずれも含めない**（テキストp. 341参照）

　　利息の支払額並びに法人税等の支払額および還付額については，通常，固定資産の使用または処分から直接的に生ずる項目ではないことから，将来キャッシュ・フローの見積りには含めない（「固定資産の減損に係る会計基準の設定に関する意見書」四2(4)⑥，「固定資産の減損に係る会計基準」二4(5)）。

A   □□□ 21   資産または資産グループの使用価値の算定に際しては，将来キャッシュ・フローがその見積値から乖離するリスクを反映させる必要があるが，その方法としては，将来キャッシュ・フローの見積りに反映させる方法と，割引率に反映させる方法がある。この点，前者の方法によれば，割引率は貨幣の時間価値と将来キャッシュ・フローがその見積値から乖離するリスクの両方を反映したものとなる。

B   □□□ 22   使用価値の算定に際して用いられる割引率は，将来キャッシュ・フローが税引前の数値であることに対応して，税引前の利率とする。

A   □□□ 23   減損会計において，資産のグルーピングは，他の資産または資産グループのキャッシュ・フローから概ね独立したキャッシュ・フローを生み出す最大の単位で行う。

B   □□□ 24   連結財務諸表において，原則として，個別財務諸表における資産のグルーピングが用いられる。ただし，連結財務諸表において，独立したキャッシュ・フローを生み出す最小の単位が，各連結会社の個別財務諸表における資産のグルーピングと異なる場合には，連結財務諸表において資産のグルーピングの単位が見直されることとなるが，当該見直しは連結上，連結会社および持分法が適用されている非連結子会社が対象であり，関連会社は含まれない。（平成27年第Ⅰ回本試験）

B   □□□ 25   資産グループについて認識された減損損失は，帳簿価額に基づく比例配分により，当該資産グループの各構成資産に配分しなければならない。

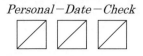

□□□ 21 : 【×】**前者の方法ではなく，後者の方法によると両方を反映させたものとなる**（テキスト p. 341参照）

　　資産または資産グループの使用価値の算定に際しては，将来キャッシュ・フローがその見積値から乖離するリスクを反映させる必要があるが，その方法としては，将来キャッシュ・フローの見積りに反映させる方法と，割引率に反映させる方法がある。この点，後者の方法によれば，割引率は貨幣の時間価値と将来キャッシュ・フローがその見積値から乖離するリスクの両方を反映したものとなる。なお，前者の方法によれば，割引率は貨幣の時間価値だけを反映した無リスクの割引率となる（「固定資産の減損に係る会計基準の設定に関する意見書」四2(5)）。

□□□ 22 : 【〇】（テキスト p. 341参照）

　　「固定資産の減損に係る会計基準の設定に関する意見書」四2(5)，「固定資産の減損に係る会計基準」二5

□□□ 23 : 【×】**最大ではなく，最小の単位で行う**（テキスト p. 342参照）

　　資産のグルーピングは，他の資産または資産グループのキャッシュ・フローから概ね独立したキャッシュ・フローを生み出す最小の単位で行うこととしている（「固定資産の減損に係る会計基準の設定に関する意見書」四2(6)①）。

□□□ 24 : 【×】**非連結子会社は含まれない**（テキスト p. 342参照）

　　連結財務諸表において，独立したキャッシュ・フローを生み出す最小の単位が，各連結会社の個別財務諸表における資産のグルーピングと異なる場合には，連結財務諸表において資産のグルーピングの単位が見直されることとなる（「固定資産の減損に係る会計基準の設定に関する意見書」四2(6)①）。当該見直しは連結上，固定資産が計上される連結会社が対象であり，持分法が適用されている非連結子会社や関連会社は含まれない。

□□□ 25 : 【×】**時価を考慮した配分方法によることもできる**（テキスト p. 342参照）

　　資産グループについて認識された減損損失は，帳簿価額に基づく比例配分等の合理的な方法により，当該資産グループの各構成資産に配分する（「固定資産の減損に係る会計基準」二6(2)）。その方法としては，帳簿価額に基づいて各構成資産に比例配分する方法が考えられるが，各構成資産の時価を考慮した配分等他の方法が合理的であると認められる場合には，当該方法によることができる（「固定資産の減損に係る会計基準の設定に関する意見書」四2(6)②）。

A □□□ 26 共用資産は，複数の資産または資産グループの将来キャッシュ・フローの生成に寄与する資産であるが，共用資産には，のれんは含まれない。（平成27年第Ⅱ回本試験）

A □□□ 27 共用資産を含む，より大きな単位について減損損失を認識するかどうかを判定するに際しては，共用資産を含まない資産グループにおいて算定された減損損失控除後の帳簿価額に共用資産の帳簿価額を加えた金額と，割引前将来キャッシュ・フローの総額とを比較する。

A □□□ 28 共用資産を含む，より大きな単位について減損損失を認識するかどうかを判定する場合に，共用資産を加えることによって算定される減損損失の増加額は，原則として，合理的な基準により各資産または資産グループに配分する。

A □□□ 29 共用資産を含む，より大きな単位でグルーピングを行う方法を採用する場合において，共用資産に配分される減損損失が共用資産の正味売却価額を超過することが明らかな場合には，当該超過額を合理的な基準により各資産または資産グループに配分する。

B □□□ 30 共用資産に係る資産のグルーピングを，共用資産が関連する複数の資産または資産グループに共用資産を加えた，より大きな単位で行う場合，減損の兆候の把握，減損損失を認識するかどうかの判定および減損損失の測定は，先ず，資産または資産グループごとに行い，その後，より大きな単位で行う。

A □□□ 31 共用資産の帳簿価額を合理的な基準で各資産または資産グループに配分する方法を採用する場合であっても，配分後の各資産または資産グループについて減損損失の認識と測定を行うにあたり，共用資産に減損の兆候がない時には，その帳簿価額を各資産または資産グループに配分しない。（平成27年第Ⅱ回本試験）

□□□ 26 :【○】(テキストp. 342参照)

　　　　「固定資産の減損に係る会計基準注解」注1・5

□□□ 27 :【×】**減損損失控除後ではなく，控除前の帳簿価額と比較する**（テキストp. 343参照）

　　　　共用資産を含む，より大きな単位について減損損失を認識するかどうかを判定するに
際しては，共用資産を含まない資産グループにおいて算定された減損損失控除前の帳簿
価額に共用資産の帳簿価額を加えた金額と，割引前将来キャッシュ・フローの総額とを
比較する（「固定資産の減損に係る会計基準」二7）。

□□□ 28 :【×】**各資産または資産グループではなく，共用資産に配分する**（テキストp. 343参照）

　　　　共用資産を含む，より大きな単位について減損損失を認識するかどうかを判定する場
合に，共用資産を加えることによって算定される減損損失の増加額は，原則として，共
用資産に配分する（「固定資産の減損に係る会計基準」二7）。

□□□ 29 :【×】**共用資産の正味売却価額ではなく，帳簿価額と正味売却価額の差額を超過するこ
とが明らかな場合である**（テキストp. 343参照）

　　　　共用資産を含む，より大きな単位でグルーピングを行う方法を採用する場合において，
共用資産に配分される減損損失が，共用資産の帳簿価額と正味売却価額の差額を超過す
ることが明らかな場合には，当該超過額を合理的な基準により各資産または資産グルー
プに配分する（「固定資産の減損に係る会計基準注解」注8）。

□□□ 30 :【○】(テキストp. 343参照)

　　　　「固定資産の減損に係る会計基準注解」注7

□□□ 31 :【×】**共用資産に減損の兆候があるかどうかにかかわらず配分する**（テキスト p. 343
参照）

　　　　共用資産の帳簿価額を合理的な基準で各資産または資産グループに配分する方法を採
用する場合においては，配分後の各資産または資産グループについて減損損失の認識と
測定を行うにあたり，共用資産に減損の兆候があるかどうかにかかわらず，その帳簿価
額を各資産または資産グループに配分する（「固定資産の減損に係る会計基準の設定に
関する意見書」四2(7)②）。

A　□□□ 32　共用資産の帳簿価額を資産または資産グループに配分する方法による場合，資産グループについて認識された減損損失は，共用資産に優先的に配分し，残額は，帳簿価額に基づく比例配分等の合理的な方法により，当該資産グループの各構成資産に配分する。

B　□□□ 33　のれんを認識した取引において取得された事業の単位が複数である場合には，のれんの帳簿価額を合理的な基準に基づき分割する。のれんの帳簿価額を分割し帰属させる事業の単位は，取得の対価が概ね独立して決定され，かつ，取得後も内部管理上独立した業績報告が行われる単位とされる。

A　□□□ 34　のれんを含む，より大きな単位でグルーピングを行う方法によれば，のれんに配分された減損損失が，その正味売却価額を超過する場合には，当該超過額を合理的な基準により各資産グループに配分する。

B　□□□ 35　のれんに係る資産のグルーピングを，のれんが関連する複数の資産グループにのれんを加えた，より大きな単位で行う場合，減損の兆候の把握，減損損失を認識するかどうかの判定および減損損失の測定は，先ず，より大きな単位で行い，その後，資産グループごとに行う。

A　□□□ 36　のれんの帳簿価額を関連する資産グループに配分する方法を採用している場合には，のれんに減損の兆候がある場合にのみ，その帳簿価額を各資産グループに配分する。

A　□□□ 37　のれんの帳簿価額を各資産グループに配分したうえで減損損失を認識するかどうかを判定する場合には，各資産グループについて認識された減損損失は，帳簿価額に基づく比例配分等の合理的な方法により，のれんの配分額を含む当該資産グループの各構成資産に配分する。

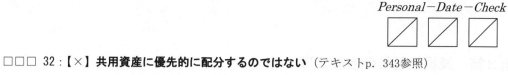

□□□ 32：【×】**共用資産に優先的に配分するのではない**（テキストp. 343参照）

　　　共用資産の帳簿価額を資産または資産グループに配分する方法による場合，資産グループについて認識された減損損失は，共用資産に優先的に配分するのではなく，帳簿価額に基づく比例配分等の合理的な方法により，共用資産の配分額を含む当該資産グループの各構成資産に配分する（「固定資産の減損に係る会計基準」二7）。

□□□ 33：【○】（テキスト p. 344 参照）

　　　「固定資産の減損に係る会計基準」二8，「固定資産の減損に係る会計基準注解」注9

□□□ 34：【×】**正味売却価額ではなく，帳簿価額を超過する場合である**（テキストp. 344参照）

　　　のれんを含む，より大きな単位でグルーピングを行う方法によれば，のれんに配分された減損損失が，その帳簿価額を超過する場合には，当該超過額を合理的な基準により各資産グループに配分する（「固定資産の減損に係る会計基準注解」注11）。

□□□ 35：【×】**先ず，資産グループごとに行い，その後，より大きな単位で行う**（テキストp. 344参照）

　　　のれんに係る資産のグルーピングを，のれんが関連する複数の資産グループにのれんを加えた，より大きな単位で行う場合，減損の兆候の把握，減損損失を認識するかどうかの判定および減損損失の測定は，先ず，資産グループごとに行い，その後，より大きな単位で行う（「固定資産の減損に係る会計基準注解」注7）。

□□□ 36：【×】**のれんに減損の兆候があるかどうかにかかわらず配分する**（テキスト p. 344 参照）

　　　のれんの帳簿価額を関連する資産グループに配分する方法を採用している場合には，のれんに減損の兆候があるかどうかにかかわらず，その帳簿価額を各資産グループに配分する（「固定資産の減損に係る会計基準の設定に関する意見書」四2(8)②）。

□□□ 37：【×】**のれんに優先的に配分し，残額を資産グループの各構成資産に配分する**（テキスト p. 344 参照）

　　　のれんの帳簿価額を各資産グループに配分したうえで減損損失を認識するかどうかを判定する場合には，各資産グループについて認識された減損損失は，のれんに優先的に配分し，残額は，帳簿価額に基づく比例配分等の合理的な方法により，当該資産グループの各構成資産に配分する（「固定資産の減損に係る会計基準」二8）。

第3節　減損処理後の会計処理

A　□□□ 1　減価償却資産の貸借対照表価額は，取得原価から減価償却累計額および減損損失累計額を控除した残額であり，いわば取得に要した支出額のうち未だ費用として各会計期間に配分されていない金額である。（平成18年本試験）

A　□□□ 2　減損処理を行った資産についても，減損処理後の帳簿価額をその後の事業年度にわたって適正に原価配分するため，毎期計画的，規則的に減価償却を実施する。

A　□□□ 3　「固定資産の減損に係る会計基準」によれば，回収可能価額の見積りに変更があり，変更された見積りによれば減損損失が減額される場合には，減損損失の戻入れを行わなければならない。

第4節　財務諸表における開示

A　□□□ 1　減損処理を行った資産の貸借対照表における表示は，減損処理前の取得原価から減損損失累計額を間接控除する形式で表示することが原則であるが，減損損失を直接控除し，控除後の金額を取得原価として表示する直接控除形式によることも認められている。

A　□□□ 2　貸借対照表上，減損損失累計額を，取得原価から間接控除する形式で表示する場合，減損損失累計額は，減価償却累計額と区別して表示しなければならない。

A　□□□ 3　減損損失は，固定資産に関する臨時的な損失であるため，原則として，特別損失とする。

A　□□□ 4　複数の資産が一体となって独立したキャッシュ・フローを生み出す場合には，合理的な範囲で資産のグルーピングを行う必要があり，減損損失の認識の判定および測定において，資産のグルーピングは重要事項である。したがって，資産のグルーピングの方法は，毎期，損益計算書に係る注記事項としなければならない。（平成23年第Ⅱ回本試験）

□□□ 1：【○】（テキストp. 345参照）

　　減価償却資産の貸借対照表価額は，取得原価から減価償却累計額および減損損失累計額を控除した残額である。ここで，取得原価は取得に要した支出額であり，減価償却累計額および減損損失累計額は費用（損失）として各会計期間に配分された金額である。したがって，減価償却資産の貸借対照表価額は，いわば取得に要した支出額のうち未だ費用として各会計期間に配分されていない金額であるといえる。

□□□ 2：【○】（テキストp. 345参照）

　　「固定資産の減損に係る会計基準の設定に関する意見書」四3(1)

□□□ 3：【×】**減損損失の戻入れは行わない**（テキストp. 345参照）

　　「固定資産の減損に係る会計基準」によれば，本肢のような場合でも減損損失の戻入れは行わない（「固定資産の減損に係る会計基準」三2）。

□□□ 1：【×】**原則と例外が逆である**（テキストp. 347参照）

　　減損処理を行った資産の貸借対照表における表示は，減損処理前の取得原価から減損損失を直接控除し，控除後の金額を取得原価として表示する直接控除形式によることが原則であるが，減損損失累計額を間接控除形式で表示することも認められている（「固定資産の減損に係る会計基準」四1）。本肢は原則と例外が逆である。

□□□ 2：【×】**合算して表示することができる**（テキストp. 347参照）

　　貸借対照表上，減損損失累計額を，取得原価から間接控除する形式で表示する場合，減損損失累計額を減価償却累計額に合算して表示することができる（「固定資産の減損に係る会計基準」四1）。

□□□ 3：【○】（テキストp. 347参照）

　　「固定資産の減損に係る会計基準」四2

□□□ 4：【×】**毎期ではなく，重要な減損損失を認識したときに注記する**（テキストp. 347参照）

　　資産のグルーピングの方法は，毎期ではなく，重要な減損損失を認識したときにのみ損益計算書に係る注記事項とする（「固定資産の減損に係る会計基準」四3）。

第18章
法人税等

第18章　法人税等

第1節　税効果会計の仕組み

A　□□□　1　法人税の性格については，費用とみる説と，利益分配とみる説とがあるが，「税効果会計に係る会計基準」ではこれを利益分配として位置づけている。

A　□□□　2　企業会計上の収益および費用と，課税所得計算上の益金および損金の金額との間に相違が全くなければ，税効果が生じることはない。

B　□□□　3　税効果会計の対象となる法人税等には，法人税のほか，都道府県民税，市町村民税および資本金額や報酬給与額等を課税標準とする事業税が含まれる。

A　□□□　4　「税効果会計に係る会計基準」は，法人税等の額を適切に期間配分することにより，法人税等を控除する前の当期純利益と法人税等を合理的に対応させることを税効果会計の目的としている。

A　□□□　5　繰延税金負債は，将来の法人税等の支払額を減額する効果を有し，法人税等の未払額に相当するため，負債としての性格を有する。

A　□□□　6　繰延法のもとでは，一時差異（企業会計上の収益または費用の額と課税所得計算上の益金または損金の額に相違がある場合，その相違項目のうち，損益の期間帰属の相違に基づく差異）が，税効果会計の対象となる。

□□□ 1：【×】**利益分配ではなく，費用として位置づけている**（テキストp．350参照）

　　　法人税の性格については，費用とみる説と，利益分配とみる説とがあるが，「税効果会計に係る会計基準」ではこれを利益分配ではなく，費用として位置づけている（「税効果会計に係る会計基準の設定に関する意見書」二1）。

□□□ 2：【×】**税効果が生じることがある**（テキストp．350, 352, 354, 355参照）

　　　企業会計上の収益および費用と，課税所得計算上の益金および損金の金額との間に相違が全くなくとも，資産の評価替えにより生じた評価差額が直接純資産の部に計上され，かつ，課税所得の計算に含まれていない場合や，将来の課税所得と相殺可能な繰越欠損金がある場合などにおいても，税効果が生じることになる。

□□□ 3：【×】**資本金額や報酬給与額等を課税標準とする事業税は含まれない**（テキストp．350参照）

　　　税効果会計の対象となる法人税等には，法人税のほか，都道府県民税，市町村民税および利益に関連する金額を課税標準とする事業税が含まれるが，資本金額や報酬給与額等を課税標準とする場合（外形標準課税）の事業税は含まれない。

□□□ 4：【○】（テキストp．351参照）

　　　「税効果会計に係る会計基準」第一

□□□ 5：【×】**減額する効果ではなく，増額する効果である**（テキストp．351参照）

　　　繰延税金負債は，将来の法人税等の支払額を増額する効果を有し，法人税等の未払額に相当するため，負債としての性格を有する（「税効果会計に係る会計基準の設定に関する意見書」二2）。

□□□ 6：【×】**繰延法の対象差異は，一時差異ではなく，期間差異である**（テキストp．352参照）

　　　繰延法のもとでは，期間差異（企業会計上の収益または費用の額と課税所得計算上の益金または損金の額に相違がある場合，その相違項目のうち，損益の期間帰属の相違に基づく差異）が，税効果会計の対象となる。

A □□□ 7　繰延法は，企業会計上と課税所得計算上との差異が解消する年度における税引前当期純利益（税金等調整前当期純利益）と法人税等の対応を重視する方法である。

A □□□ 8　資産負債法とは，会計上の資産または負債の金額と課税所得計算上の資産または負債の金額との間に差異があり，当該差異が解消する時にその期の課税所得を減額または増額させる効果がある場合に，当該差異（一時差異）の解消年度にそれに対する繰延税金資産または繰延税金負債を計上する方法である。

A □□□ 9　法人税等について税率の変更があった場合には，過年度に計上された繰延税金資産または繰延税金負債を新たな税率に基づき再計算する。この処理は，繰延法にではなく，資産負債法に基づくものである。（平成18年本試験）

B □□□ 10　企業会計上の資産・負債の額と課税所得計算上の資産・負債の額に相違があるときに，税効果会計が必要となる。これらの差異は永久差異と一時差異に分類されるが，永久差異は税効果会計の適用対象とはならない。（平成16年本試験一部改題）

B □□□ 11　税効果会計の対象となる一時差異は，そのすべてが期間差異に該当するといえる。

第2節　一時差異等

B □□□ 1　将来加算一時差異とは，一時差異が解消する期間の課税所得を増額させる効果をもつ一時差異であり，損金に算入されない棚卸資産評価損等があげられる。（平成15年本試験）

B □□□ 2　剰余金処分方式で積み立てた特別償却準備金の積立額も取崩額も損益計算書には記載されないので，その積立てに際して一時差異は生じない。（平成24年第Ⅰ回本試験）

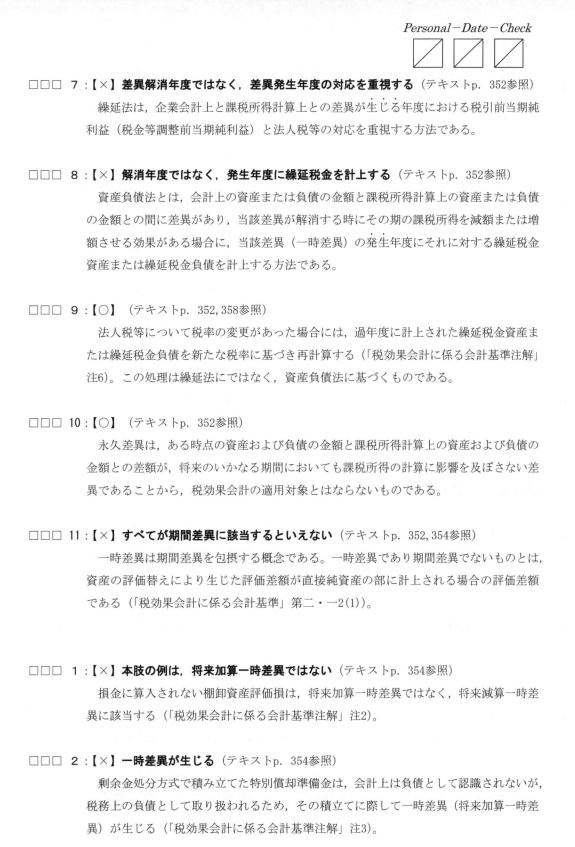

□□□ 7 :【×】**差異解消年度ではなく，差異発生年度の対応を重視する**（テキストp. 352参照）

　　　　繰延法は，企業会計上と課税所得計算上との差異が生じる年度における税引前当期純利益（税金等調整前当期純利益）と法人税等の対応を重視する方法である。

□□□ 8 :【×】**解消年度ではなく，発生年度に繰延税金を計上する**（テキストp. 352参照）

　　　　資産負債法とは，会計上の資産または負債の金額と課税所得計算上の資産または負債の金額との間に差異があり，当該差異が解消する時にその期の課税所得を減額または増額させる効果がある場合に，当該差異（一時差異）の発生年度にそれに対する繰延税金資産または繰延税金負債を計上する方法である。

□□□ 9 :【○】（テキストp. 352, 358参照）

　　　　法人税等について税率の変更があった場合には，過年度に計上された繰延税金資産または繰延税金負債を新たな税率に基づき再計算する（「税効果会計に係る会計基準注解」注6）。この処理は繰延法にではなく，資産負債法に基づくものである。

□□□ 10 :【○】（テキストp. 352参照）

　　　　永久差異は，ある時点の資産および負債の金額と課税所得計算上の資産および負債の金額との差額が，将来のいかなる期間においても課税所得の計算に影響を及ぼさない差異であることから，税効果会計の適用対象とはならないものである。

□□□ 11 :【×】**すべてが期間差異に該当するといえない**（テキストp. 352, 354参照）

　　　　一時差異は期間差異を包摂する概念である。一時差異であり期間差異でないものとは，資産の評価替えにより生じた評価差額が直接純資産の部に計上される場合の評価差額である（「税効果会計に係る会計基準」第二・一2(1)）。

□□□ 1 :【×】**本肢の例は，将来加算一時差異ではない**（テキストp. 354参照）

　　　　損金に算入されない棚卸資産評価損は，将来加算一時差異ではなく，将来減算一時差異に該当する（「税効果会計に係る会計基準注解」注2）。

□□□ 2 :【×】**一時差異が生じる**（テキストp. 354参照）

　　　　剰余金処分方式で積み立てた特別償却準備金は，会計上は負債として認識されないが，税務上の負債として取り扱われるため，その積立てに際して一時差異（将来加算一時差異）が生じる（「税効果会計に係る会計基準注解」注3）。

B　□□□　3　資産の評価替えにより生じた評価差額が直接純資産の部に計上され，かつ，課税所得の計算に含まれていない場合，永久差異に該当するため，税効果会計の対象とならない。

B　□□□　4　連結会社相互間の取引から生ずる未実現利益を消去した場合，連結財務諸表上，将来加算一時差異が発生する。

A　□□□　5　将来の課税所得と相殺可能な繰越欠損金は，将来減算一時差異に該当する。

A　□□□　6　繰越外国税額控除については，税効果会計の対象外とされる。

第3節　繰延税金等の認識と測定

A　□□□　1　繰延税金資産については将来の会計期間において回収の見込まれない税金の額を，また，繰延税金負債については将来の会計期間において支払の見込まれない税金の額をそれぞれ除いて，繰延税金資産または繰延税金負債として計上しなければならない。

A　□□□　2　繰延税金資産の将来の回収の見込みについては，企業の業績が著しく悪化した期に見直しを行う。

B　□□□　3　繰延税金負債の支払可能性は将来の課税所得に依存しているが，企業が清算するまでに課税所得が生じないことが合理的に見込まれる場合に限り，支払可能性がないものと判断される。

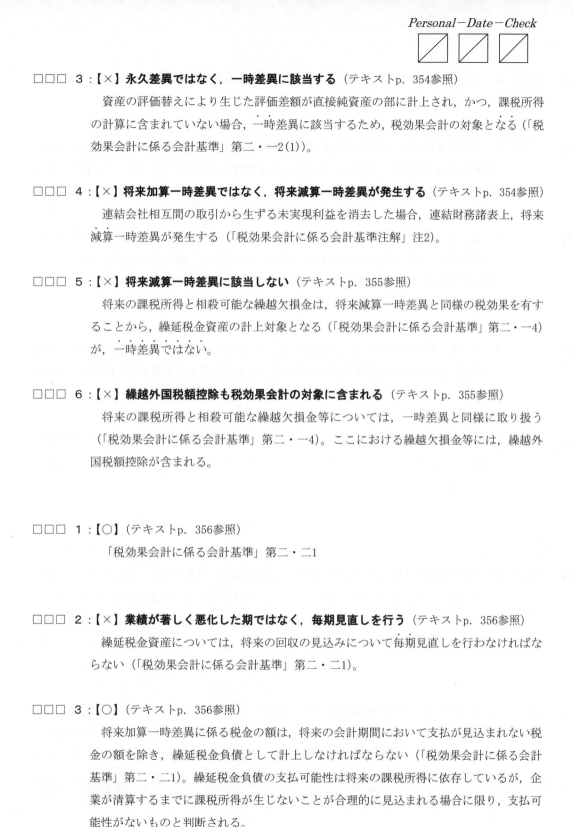

□□□ 3：【×】**永久差異ではなく，一時差異に該当する**（テキストp. 354参照）

　　　資産の評価替えにより生じた評価差額が直接純資産の部に計上され，かつ，課税所得の計算に含まれていない場合，一時差異に該当するため，税効果会計の対象となる（「税効果会計に係る会計基準」第二・一2(1)）。

□□□ 4：【×】**将来加算一時差異ではなく，将来減算一時差異が発生する**（テキストp. 354参照）

　　　連結会社相互間の取引から生ずる未実現利益を消去した場合，連結財務諸表上，将来減算一時差異が発生する（「税効果会計に係る会計基準注解」注2）。

□□□ 5：【×】**将来減算一時差異に該当しない**（テキストp. 355参照）

　　　将来の課税所得と相殺可能な繰越欠損金は，将来減算一時差異と同様の税効果を有することから，繰延税金資産の計上対象となる（「税効果会計に係る会計基準」第二・一4）が，一時差異ではない。

□□□ 6：【×】**繰越外国税額控除も税効果会計の対象に含まれる**（テキストp. 355参照）

　　　将来の課税所得と相殺可能な繰越欠損金等については，一時差異と同様に取り扱う（「税効果会計に係る会計基準」第二・一4）。ここにおける繰越欠損金等には，繰越外国税額控除が含まれる。

□□□ 1：【○】（テキストp. 356参照）

　　　「税効果会計に係る会計基準」第二・二1

□□□ 2：【×】**業績が著しく悪化した期ではなく，毎期見直しを行う**（テキストp. 356参照）

　　　繰延税金資産については，将来の回収の見込みについて毎期見直しを行わなければならない（「税効果会計に係る会計基準」第二・二1）。

□□□ 3：【○】（テキストp. 356参照）

　　　将来加算一時差異に係る税金の額は，将来の会計期間において支払が見込まれない税金の額を除き，繰延税金負債として計上しなければならない（「税効果会計に係る会計基準」第二・二1）。繰延税金負債の支払可能性は将来の課税所得に依存しているが，企業が清算するまでに課税所得が生じないことが合理的に見込まれる場合に限り，支払可能性がないものと判断される。

B　□□□　4　重要性が乏しい一時差異等については，繰延税金資産および繰延税金負債を計上しないことが認められている。

B　□□□　5　繰延税金資産は，将来減算一時差異が解消されるときに課税所得を減少させ，税金負担額を軽減することができると認められる範囲内で計上するものとし，その範囲を超える額については控除しなければならない。

B　□□□　6　過年度に未計上であった繰延税金資産について，その回収見込額を見直した結果，繰延税金資産の回収可能性の判断要件を満たすことになった場合には，回収されると見込まれる金額まで新たに繰延税金資産を計上する。（平成20年本試験）

A　□□□　7　繰延税金資産の回収可能性の判断にあたり，収益力に基づく一時差異等加減算前課税所得は，過去の業績や納税状況から見積るのであり，将来の業績予測を勘案してはならない。

A　□□□　8　将来減算一時差異の解消見込年度に，十分な金額の将来加算一時差異が発生すると見込まれる場合には，その将来減算一時差異に係る繰延税金資産の回収可能性があると判断される。

A　□□□　9　「税効果会計に係る会計基準」では，繰延税金資産の将来の回収可能性についてのみ，毎期見直さなければならないと規定されている。したがって，繰延税金負債については，当初計上された金額を見直すことなく，後の期間で修正することはない。（平成18年本試験）

A　□□□　10　繰延税金資産または繰延税金負債の金額は，回収または支払が行われると見込まれる期の税率に基づいて計算するので，法人税等について税率の変更の可能性が高い場合には，過年度に計上された繰延税金資産および繰延税金負債を変更見込み税率に基づき再計算する。（平成14年本試験）

☐☐☐ 4 :【〇】(テキストp. 356参照)
「税効果会計に係る会計基準注解」注4

☐☐☐ 5 :【〇】(テキストp. 356参照)
「税効果会計に係る会計基準注解」注5

☐☐☐ 6 :【〇】(テキストp. 356参照)
　　　過年度に未計上であった繰延税金資産の回収可能性を見直した結果，回収可能性があると判断された場合には，回収されると見込まれる金額まで新たに繰延税金資産を計上する。

☐☐☐ 7 :【×】**将来の業績予測も勘案する**（テキストp. 356参照）
　　　繰延税金資産の回収可能性の判断にあたり，収益力に基づく一時差異等加減算前課税所得は，過去の業績や納税状況，将来の業績予測等を総合的に勘案して見積る。

☐☐☐ 8 :【×】**将来加算一時差異が発生ではなく，解消すると見込まれる場合である**（テキストp. 357参照）
　　　将来減算一時差異の解消見込年度に，十分な金額の将来加算一時差異が，解消すると見込まれる場合には，その将来減算一時差異に係る繰延税金資産の回収可能性があると判断される。

☐☐☐ 9 :【×】**繰延税金負債も修正されることがある**（テキストp. 358参照）
　　　法人税等について税率の変更があった場合には，過年度に計上された繰延税金資産および繰延税金負債を新たな税率に基づいて再計算する（「税効果会計に係る会計基準注解」注6）。したがって，繰延税金負債について，当初計上された金額が，後の期間で修正されることがある。

☐☐☐ 10 :【×】**本肢の場合に再計算することは求められていない**（テキストp. 358参照）
　　　繰延税金資産または繰延税金負債の金額は，回収または支払が行われると見込まれる期の税率に基づいて計算するので，法人税等について税率の変更があった場合には，過年度に計上された繰延税金資産および繰延税金負債を新たな税率に基づき再計算する（「税効果会計に係る会計基準」第二・二2，「税効果会計に係る会計基準注解」注6）。しかし，法人税等について税率の変更の可能性が高いというだけで，過年度に計上された繰延税金資産および繰延税金負債を変更見込み税率に基づき再計算することはない。

B　□□□　11　繰延税金資産および繰延税金負債の計算に用いる税率は, 決算日において公布されている税法に規定されている税率による。

A　□□□　12　法人税等調整額は, 一時差異等の発生原因にかかわらず, すべての繰延税金資産とすべての繰延税金負債の差額を期首と期末で比較した増減額として計算される。(平成18年本試験)

A　□□□　13　資産の評価替えにより生じた評価差額が直接純資産の部に計上される場合において, 当該評価差額に係る繰延税金資産および繰延税金負債の金額を法人税率の変更があったこと等により修正したときは, 修正差額を法人税等調整額に加減して処理する。

A　□□□　14　税率の変更により, 資本連結に際し, 子会社の資産および負債の時価評価により生じた評価差額に係る繰延税金資産および繰延税金負債の金額を修正した場合には, 修正差額を評価差額に加減して処理する。

A　□□□　15　取得原価の配分残余である会計上ののれんは, 将来加算一時差異に該当するので, 貸借対照表上, 繰延税金負債が計上される。(平成20年本試験)

C　□□□　16　未実現損益の消去に係る税効果会計について, 国際財務報告基準(ＩＦＲＳ)と同様, わが国でも資産負債法が採用されている。

B　□□□　17　税効果会計において, 連結手続上の未実現損益の消去に適用する税率は, 購入側の連結会社において将来の外部売却時に適用される税率による。

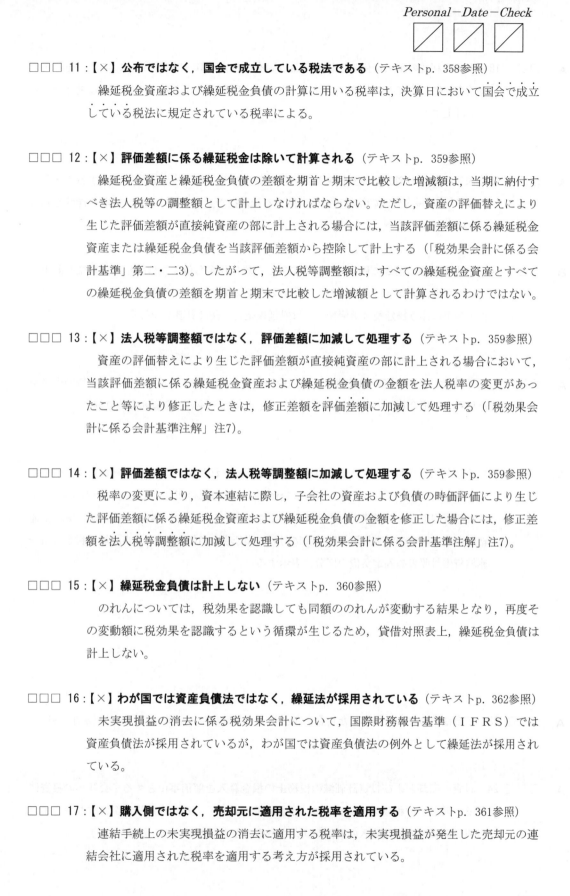

□□□ 11：【×】**公布ではなく，国会で成立している税法である**（テキストp. 358参照）

　　繰延税金資産および繰延税金負債の計算に用いる税率は，決算日において国会で成立している税法に規定されている税率による。

□□□ 12：【×】**評価差額に係る繰延税金は除いて計算される**（テキストp. 359参照）

　　繰延税金資産と繰延税金負債の差額を期首と期末で比較した増減額は，当期に納付すべき法人税等の調整額として計上しなければならない。ただし，資産の評価替えにより生じた評価差額が直接純資産の部に計上される場合には，当該評価差額に係る繰延税金資産または繰延税金負債を当該評価差額から控除して計上する（「税効果会計に係る会計基準」第二・二3）。したがって，法人税等調整額は，すべての繰延税金資産とすべての繰延税金負債の差額を期首と期末で比較した増減額として計算されるわけではない。

□□□ 13：【×】**法人税等調整額ではなく，評価差額に加減して処理する**（テキストp. 359参照）

　　資産の評価替えにより生じた評価差額が直接純資産の部に計上される場合において，当該評価差額に係る繰延税金資産および繰延税金負債の金額を法人税率の変更があったこと等により修正したときは，修正差額を評価差額に加減して処理する（「税効果会計に係る会計基準注解」注7）。

□□□ 14：【×】**評価差額ではなく，法人税等調整額に加減して処理する**（テキストp. 359参照）

　　税率の変更により，資本連結に際し，子会社の資産および負債の時価評価により生じた評価差額に係る繰延税金資産および繰延税金負債の金額を修正した場合には，修正差額を法人税等調整額に加減して処理する（「税効果会計に係る会計基準注解」注7）。

□□□ 15：【×】**繰延税金負債は計上しない**（テキストp. 360参照）

　　のれんについては，税効果を認識しても同額ののれんが変動する結果となり，再度その変動額に税効果を認識するという循環が生じるため，貸借対照表上，繰延税金負債は計上しない。

□□□ 16：【×】**わが国では資産負債法ではなく，繰延法が採用されている**（テキストp. 362参照）

　　未実現損益の消去に係る税効果会計について，国際財務報告基準（ＩＦＲＳ）では資産負債法が採用されているが，わが国では資産負債法の例外として繰延法が採用されている。

□□□ 17：【×】**購入側ではなく，売却元に適用された税率を適用する**（テキストp. 361参照）

　　連結手続上の未実現損益の消去に適用する税率は，未実現損益が発生した売却元の連結会社に適用された税率を適用する考え方が採用されている。

A　□□□　18　未実現利益の消去に係る連結財務諸表固有の将来減算一時差異については，売却元の連結会社において売却年度に納付した当該未実現利益に係る税金の額を繰延税金資産として計上する。

A　□□□　19　未実現利益の消去に係る将来減算一時差異に対して繰延税金資産を計上するにあたっては，「繰延税金資産の回収可能性に関する適用指針」の定めに従い，回収可能性を判断しなければならない。

B　□□□　20　未実現損益の消去に係る一時差異に対して繰延税金負債または繰延税金資産を計上している場合，売却元の連結会社に適用されている税率がその後改正になったときには，税率変更に伴う繰延税金負債額または繰延税金資産額の見直しを行う。

A　□□□　21　連結上，債権債務の相殺消去に伴い貸倒引当金を減額修正した場合，当該貸倒引当金が税務上の損金算入の要件を満たしているときには，繰延税金資産を取り崩す。

A　□□□　22　連結会社相互間の債権と債務が連結手続上消去された場合は，連結会社に対する債権につき個別貸借対照表に計上されていた貸倒引当金は減額修正されることになる。減額修正される貸倒引当金が税務上の損金算入の要件を満たしていない場合，連結決算手続上，連結財務諸表固有の将来加算一時差異に対して繰延税金負債を計上し，当該繰延税金負債を連結貸借対照表の固定負債の区分に表示する。

A　□□□　23　子会社ののれんを償却した場合，子会社への投資に係る将来加算一時差異が生じる。

A　□□□　24　投資の売却および投資評価減の税務上の損金算入を解消事由とする子会社への投資に係る一時差異の税効果に関しては，予測可能な将来，売却の意思決定が明確な場合または投資評価減の損金算入の要件が満たされることとなる場合は，認識しない。

□□□ 18：【○】（テキストp. 361参照）

　　　　未実現利益の消去に係る連結財務諸表固有の将来減算一時差異については，売却元の連結会社において売却年度に納付した当該未実現利益に係る税金の額を繰延税金資産として計上し，当該繰延税金資産については，当該未実現利益の実現に応じて取り崩す。

□□□ 19：【×】**回収可能性を判断しない**（テキストp. 361参照）

　　　　未実現利益の消去に係る将来減算一時差異に対して繰延税金資産を計上するにあたっては，回収可能性を判断しない。

□□□ 20：【×】**見直しは行わない**（テキストp. 361参照）

　　　　未実現損益の消去に係る一時差異に対して繰延税金負債または繰延税金資産を計上している場合，売却元の連結会社に適用されている税率がその後改正になったときには，税率変更に伴う繰延税金負債額または繰延税金資産額の見直しを行わない。

□□□ 21：【×】**繰延税金資産の取崩しではなく，繰延税金負債を計上する**（テキストp. 363参照）

　　　　連結上，債権債務の相殺消去に伴い貸倒引当金を減額修正した場合，当該貸倒引当金が税務上の損金算入の要件を満たしているときには，原則として，繰延税金負債を計上する。

□□□ 22：【×】**繰延税金負債は連結貸借対照表の固定負債に表示されない**（テキストp. 363参照）

　　　　減額修正される貸倒引当金が税務上の損金算入の要件を満たしていない場合，①個別財務諸表において貸倒引当金繰入額に係る将来減算一時差異の全部または一部に対して繰延税金資産が計上されているときは，連結決算手続上，連結財務諸表固有の将来加算一時差異に対して，当該繰延税金資産と同額の繰延税金負債を計上し，当該繰延税金負債については，個別財務諸表において計上した貸倒引当金繰入額に係る将来減算一時差異に対する繰延税金資産と相殺する。また，②個別財務諸表において貸倒引当金繰入額に係る将来減算一時差異に対して繰延税金資産が計上されていないときは，連結決算手続上，連結財務諸表固有の将来加算一時差異に対して繰延税金負債を計上しない。したがって，繰延税金負債は連結貸借対照表の固定負債の区分に表示されない。

□□□ 23：【×】**将来加算一時差異ではなく，将来減算一時差異が生じる**（テキストp. 364参照）

　　　　子会社ののれんを償却した場合，子会社への投資に係る将来減算一時差異が生じる。

□□□ 24：【×】**本肢の場合を除き，認識しない**（テキストp. 364参照）

　　　　投資の売却および投資評価減の税務上の損金算入を解消事由とする子会社への投資に係る一時差異の税効果に関しては，予測可能な将来，売却の意思決定が明確な場合または投資評価減の損金算入の要件が満たされることとなる場合を除き，認識しない。

A ☐☐☐ 25 連結財務諸表の作成上，子会社の留保利益について，親会社に対して配当される可能性が高くその金額を合理的に見積ることができる場合には，将来，親会社が子会社からの受取配当金について負担することになる税金の額を見積計上し，これに対応する金額を繰延税金負債として計上する。（平成14年本試験）

第4節　財務諸表における開示

A ☐☐☐ 1 投資その他の資産に属する繰延税金資産と固定負債に属する繰延税金負債は，相殺することなくそれぞれ別々に表示しなければならない。ただし，異なる納税主体の繰延税金資産と繰延税金負債は，相殺することが認められている。（平成16年本試験一部改題）

A ☐☐☐ 2 当期の法人税等として納付すべき額と法人税等調整額は，法人税等を控除する前の当期純利益から控除する形式で表示する。その際，両者はそれぞれ区分して表示しなければならない。

B ☐☐☐ 3 繰延税金資産および繰延税金負債の発生原因別の主な内訳を注記するにあたっては，繰延税金資産から控除された額（評価性引当額）を併せて記載する。当該内訳として税務上の繰越欠損金を記載している場合であって，当該繰越欠損金の額が重要であるときは，評価性引当額は，税務上の繰越欠損金に係る評価性引当額と将来減算一時差異等の合計に係る評価性引当額に区分して記載する。

A ☐☐☐ 4 税引前当期純利益に対する法人税等調整額を含まない法人税等の比率と法定実効税率との間に重要な差異があるときは，当該差異の原因となった主要な項目別の内訳を注記する。

A ☐☐☐ 5 法人税等について税率の変更があったこと等により繰延税金資産および繰延税金負債の金額を修正した場合，税率の変更により繰延税金資産および繰延税金負債の金額が修正された旨および修正額を注記する。

A ☐☐☐ 6 税率の変更を伴う法律が決算日後に成立した場合には，財務諸表を修正すべき後発事象として取り扱い，当該変更された税率により計算した繰延税金資産または繰延税金負債の額を当該決算日における財務諸表に反映する。（平成31年第Ⅰ回本試験）

□□□ 25 :【○】（テキストp. 364参照）
　　　　「税効果会計に係る会計基準」第二・二4

□□□ 1 :【×】**本肢の前半は相殺が求められ，後半は相殺不可である**（テキストp. 365参照）
　　　　同一納税主体の投資その他の資産に属する繰延税金資産と固定負債に属する繰延税
　　　金負債は，双方を相殺して表示する。ただし，異なる納税主体の繰延税金資産と繰延税
　　　金負債は，双方を相殺せずに表示する（「税効果会計に係る会計基準」第三2）。

□□□ 2 :【○】（テキストp. 365参照）
　　　　「税効果会計に係る会計基準」第三3

□□□ 3 :【○】（テキストp. 366参照）
　　　　「『税効果会計に係る会計基準』の一部改正」第4項

□□□ 4 :【×】**法人税等調整額を含む法人税等の比率である**（テキストp. 366参照）
　　　　税引前当期純利益に対する法人税等調整額を含む法人税等の比率と法定実効税率と
　　　の間に重要な差異があるときは，当該差異の原因となった主要な項目別の内訳を注記す
　　　る（「税効果会計に係る会計基準」第四2）。

□□□ 5 :【○】（テキストp. 366参照）
　　　　「税効果会計に係る会計基準」第四 3

□□□ 6 :【×】**修正後発事象として取り扱うのではない**（テキストp. 366参照）
　　　　税率の変更を伴う法律が決算日後に成立した場合には，その内容およびその影響を注
　　　記する（「税効果会計に係る会計基準」第四4）。

第5節　「法人税，住民税及び事業税等に関する会計基準」

B　□□□　1　企業の純資産に対する持分所有者との直接的な取引のうち，損益に反映されないものに対して課される当事業年度の所得に対する法人税，住民税および事業税等は，株主資本の対応する内訳項目から控除する。

A　□□□　2　過年度の所得等に対する法人税，住民税および事業税等について，更正等により還付される可能性が高く，当該還付税額を合理的に見積ることができる場合（誤謬に該当する場合を除く。）には，当該還付税額を損益に計上しなければならない。

A　□□□　3　損益に計上する法人税，地方法人税，住民税および事業税（所得割）は，損益計算書の税引前当期純利益（又は損失）の次に，法人税，住民税および事業税などその内容を示す科目をもって表示する。

A　□□□　4　事業税（付加価値割および資本割）は，原則として，損益計算書の営業外費用として表示する。ただし，合理的な配分方法に基づきその一部を売上原価として表示することができる。

A　□□□　5　法人税，住民税および事業税等の税額が，中間申告により納付された税額を下回る場合等により還付されるとき，当該還付税額のうち受領されていない税額は，貸借対照表の流動資産の区分に，未収還付法人税等などその内容を示す科目をもって表示する。

A　□□□　6　受取利息および受取配当金等に課される源泉所得税のうち法人税法等に基づき税額控除の適用を受けない税額は，原則として，損益計算書の法人税，地方法人税，住民税および事業税（所得割）に含めて表示する。

A　□□□　7　外国法人税のうち法人税法等に基づき税額控除の適用を受けない税額は，法人税，住民税および事業税に含めて表示しなければならない。

□□□ 1 :【〇】（テキストp. 367参照）
　　　「法人税，住民税及び事業税等に関する会計基準」第5-2項(1)

□□□ 2 :【×】**還付される可能性が高い場合ではなく，確実に見込まれる場合である**（テキスト
　　　p. 367参照）
　　　　過年度の所得等に対する法人税，住民税および事業税等について，更正等により還付
　　　されることが確実に見込まれ，当該還付税額を合理的に見積ることができる場合（誤謬
　　　に該当する場合を除く。）には，当該還付税額を損益に計上する（「法人税，住民税及び
　　　事業税等に関する会計基準」第7項）。

□□□ 3 :【〇】（テキストp. 368, 369参照）
　　　「法人税，住民税及び事業税等に関する会計基準」第9項

□□□ 4 :【×】**原則として，販売費および一般管理費として表示する**（テキストp. 368, 369参照）
　　　　事業税（付加価値割および資本割）は，原則として，損益計算書の販売費および一般
　　　管理費として表示する（「法人税，住民税及び事業税等に関する会計基準」第10項）。

□□□ 5 :【〇】（テキストp. 368, 369参照）
　　　「法人税，住民税及び事業税等に関する会計基準」第12項

□□□ 6 :【×】**原則として，営業外費用として表示する**（テキストp. 368, 369参照）
　　　　受取利息および受取配当金等に課される源泉所得税のうち法人税法等に基づき税額
　　　控除の適用を受けない税額は，損益計算書の営業外費用として表示する。ただし，当該
　　　金額の重要性が乏しい場合，法人税，地方法人税，住民税および事業税（所得割）に含
　　　めて表示することができる（「法人税, 住民税及び事業税等に関する会計基準」第13項）。

□□□ 7 :【×】**その内容に応じて適切な科目に表示する**（テキストp. 368, 369参照）
　　　　外国法人税のうち法人税法等に基づき税額控除の適用を受けない税額は，その内容に
　　　応じて適切な科目に表示する（「法人税，住民税及び事業税等に関する会計基準」第14
　　　項）。

第19章
連結財務諸表

第19章　連結財務諸表

第1節　連結財務諸表制度の概要

A　□□□　1　連結基礎概念として親会社説と経済的単一体説がある。前者は親会社の出資者を会計主体とみる考え方に基づいており，後者は出資者から独立した企業集団そのものを会計主体とみる考え方に基づいている。（平成18年本試験）

B　□□□　2　「連結財務諸表に関する会計基準」では，当期純利益に非支配株主に帰属する部分も含めることとしているものの，親会社株主に係る成果とそれを生み出す原資に関する情報は投資家の意思決定に有用であることから，親会社株主に帰属する当期純利益を区分して内訳表示または付記するとともに，親会社株主に帰属する株主資本のみを株主資本として表示することとしている。

B　□□□　3　支配獲得日の子会社の資本は，親会社に帰属する部分と非支配株主に帰属する部分とに分け，前者は株主資本に計上し，後者は非支配株主持分として処理する。

A　□□□　4　子会社の欠損のうち，当該子会社に係る非支配株主持分に割当てられる額が当該非支配株主の負担すべき額を超える場合には，当該超過額は，親会社の持分に負担させる。この場合において，その後当該子会社に利益が計上されたときは，親会社が負担した欠損が回収されるまで，その利益の金額を親会社の持分に加算する。（平成14年本試験一部改題）

A　□□□　5　非支配株主持分の表示に関しては，親会社説と経済的単一体説のいずれの考え方によっても株主資本以外に表示すべきという点で変わりはない。

☐☐☐ 1 :【×】**後者は親会社の出資者の他，非支配株主をも含めて会計主体とみる考え方である**
　　　（テキストp. 372参照）
　　　　親会社説は，親会社の出資者を会計主体とみる考え方に基づいている。これに対して，
　　　経済的単一体説は，出資者から独立した企業集団そのものを会計主体とみる考え方に基
　　　づくものではなく，親会社の出資者のみならず，非支配株主をも含めて会計主体とみる
　　　考え方に基づいている。

☐☐☐ 2 :【○】（テキストp. 373, 399参照）
　　　　「連結財務諸表に関する会計基準」第51-2項，第51-3項

☐☐☐ 3 :【×】**前者は親会社の投資と相殺消去する**（テキストp. 374参照）
　　　　支配獲得日の子会社の資本は，親会社に帰属する部分と非支配株主に帰属する部分と
　　　に分け，前者は親会社の投資と相殺消去し，後者は非支配株主持分として処理する（「連
　　　結財務諸表に関する会計基準」脚注7(1)）。

☐☐☐ 4 :【○】（テキストp. 374参照）
　　　　「連結財務諸表に関する会計基準」第27項

☐☐☐ 5 :【×】**経済的単一体説では，株主資本に表示すべきこととなる**（テキストp. 375参照）
　　　　親会社説によれば，親会社の株主の持分のみが株主資本に反映されるため，非支配株
　　　主持分は株主資本以外に表示すべきこととなるのに対し，経済的単一体説によれば，企
　　　業集団を構成するすべての連結会社の株主の持分が株主資本に反映されるため，非支配
　　　株主持分は株主資本に表示すべきこととなる（「連結財務諸表に関する会計基準」第51
　　　項）。

A □□□ 6 現行制度上，非支配株主持分は，純資産の部において株主資本とは区別して表示する。これは，非支配株主持分が返済義務のある負債ではなく，また，連結財務諸表における親会社株主に帰属するものでもないためである。

A □□□ 7 比例連結概念によれば，非支配株主持分は連結貸借対照表において株主資本以外の区分に記載される。

B □□□ 8 共同支配の実態にある合弁会社（関連会社）の資産，負債等を一律に持分比率に応じて連結する（比例連結する）ことも認められる。（平成14年本試験）

A □□□ 9 個別財務諸表基準性の原則とは，「連結財務諸表は，企業集団に属する親会社及び子会社が一般に公正妥当と認められる企業会計の基準に準拠して作成した個別財務諸表を基礎として作成しなければならない」という原則である。

B □□□ 10 親会社および子会社の財務諸表が，減価償却の過不足，資産または負債の過大または過小計上等により当該企業の財政状態および経営成績を適正に示していない場合には，重要な影響がないと認められる場合を除き，連結財務諸表の作成上これを適正に修正して連結決算を行わなければならない。

B □□□ 11 「連結財務諸表に関する会計基準」における継続性の原則と，「企業会計原則」における継続性の原則とでは，要求される継続性の内容は同一である。

A □□□ 12 連結財務諸表を作成する対象となる会計期間は1年とされる。連結決算日は親会社の会計期間を基礎として，年1回一定の日が選ばれる。

A □□□ 13 連結決算日が3月31日の場合，1月31日が決算日である連結子会社については，連結決算日と当該子会社の決算日とが異なることから生ずる連結会社間の取引に係る会計記録の重要な不一致について必要な整理を行ったうえで，当該子会社の正規の決算を基礎として連結決算を行うことができる。（平成18年本試験）

□□□ 6 :【○】(テキストp. 375参照)

　　「貸借対照表の純資産の部の表示に関する会計基準」第22項

□□□ 7 :【×】**連結貸借対照表から除外される**（テキストp. 376参照）

　　比例連結概念は，子会社の資産，負債，収益および費用のうち親会社の株主持分に見合う部分のみを連結財務諸表に含める考え方であるため，非支配株主持分は連結貸借対照表から除外される。

□□□ 8 :【×】**比例連結は制度上認められていない**（テキストp. 376参照）

　　共同支配の実態にある合弁会社（関連会社）に対しては，原則として持分法が適用されるのであり，資産，負債等を一律に持分比率に応じて連結する（比例連結する）ことは制度上認められていない（「企業結合に関する会計基準」第117項）。

□□□ 9 :【○】(テキストp. 377参照)

　　「連結財務諸表に関する会計基準」第10項

□□□ 10 :【○】(テキストp. 377参照)

　　「連結財務諸表に関する会計基準」脚注2

□□□ 11 :【×】**要求される継続性の内容は異なる**（テキストp. 378参照）

　　「連結財務諸表に関する会計基準」における継続性の原則では，例えば，連結範囲の継続性が要求されており，「企業会計原則」における継続性の原則と，要求される継続性の内容が同一とはいえない（「連結財務諸表に関する会計基準」第12項）。

□□□ 12 :【○】(テキストp. 378参照)

　　「連結財務諸表に関する会計基準」第15項

□□□ 13 :【○】(テキストp. 378参照)

　　決算日の差異が３か月を超えない場合，連結決算日と当該子会社の決算日とが異なることから生ずる連結会社間の取引に係る会計記録の重要な不一致について必要な整理を行ったうえで，当該子会社の正規の決算を基礎として連結決算を行うことができる（「連結財務諸表に関する会計基準」脚注4）。

第2節　連結の範囲

A　□□□　1　「連結財務諸表に関する会計基準」は，持株基準も支配力基準の一適用形態とした上で，支配力基準を採用している。

A　□□□　2　親会社および子会社または子会社が，他の企業の意思決定機関を支配している場合における当該他の企業も，その親会社の子会社とみなす。

A　□□□　3　当社が，A社の議決権の40％を自己の計算で所有しており，かつ，当社の使用人がA社の取締役会の構成員の過半数を占めている場合，A社は，当社の子会社に該当する。

A　□□□　4　当社が，B社の議決権の30％を自己の計算で所有しており，当社が議決権の20％を所有している会社がB社の議決権の30％を所有している場合，B社は，当社の子会社に該当する。

B　□□□　5　更生会社，破産会社その他これらに準ずる企業は，子会社に該当しないものとされる。

B　□□□　6　子会社の判定における議決権の所有割合は，所有する議決権の数を行使し得る議決権の総数で除して算定するが，当該総数には自己株式が含まれる。

A　□□□　7　特別目的会社については，適正な価額で譲り受けた資産から生ずる収益を当該特別目的会社が発行する証券の所有者に享受させることを目的として設立されており，当該特別目的会社の事業がその目的に従って適切に遂行されているときは，当該特別目的会社の出資者から独立しているものと認め，当該特別目的会社の出資者の子会社に該当しないものと推定する。

□□□ 1：【○】(テキストp. 379参照)

「連結財務諸表に関する会計基準」第54項

□□□ 2：【○】(テキストp. 380参照)

「連結財務諸表に関する会計基準」第6項

□□□ 3：【○】(テキストp. 380参照)

「連結財務諸表に関する会計基準」第7項(2)②

□□□ 4：【×】**子会社に該当しない**（テキストp. 380, 381参照）

　　自己の計算での議決権所有割合が40％未満である場合，緊密な者および同意している者が所有している議決権とを合わせて，他の企業の議決権の過半数を占めており，かつ，支配関係を示す一定の事実が認められれば，他の企業を子会社と判定する（「連結財務諸表に関する会計基準」第7項(3)）。本肢では，支配関係を示す一定の事実が認められないため，B社は当社の子会社に該当しない。

□□□ 5：【×】**有効な支配従属関係が存在すれば子会社に該当する**（テキストp. 381参照）

　　更生会社，破産会社その他これらに準ずる企業であって，かつ，有効な支配従属関係が存在しないと認められる企業は，子会社に該当しないものとされる（「連結財務諸表に関する会計基準」第7項(1)）。

□□□ 6：【×】**自己株式は含まれない**（テキストp. 381参照）

　　子会社の判定における議決権の所有割合は，所有する議決権の数を行使し得る議決権の総数で除して算定するが，当該総数には自己株式は含まれない。

□□□ 7：【×】**出資者ではなく，資産を譲渡した企業の子会社に該当しない**（テキストp. 381参照）

　　特別目的会社については，適正な価額で譲り受けた資産から生ずる収益を当該特別目的会社が発行する証券の所有者に享受させることを目的として設立されており，当該特別目的会社の事業がその目的に従って適切に遂行されているときは，当該特別目的会社に資産を譲渡した企業から独立しているものと認め，当該特別目的会社に資産を譲渡した企業の子会社に該当しないものと推定する（「連結財務諸表に関する会計基準」第7-2項）。したがって，当該特別目的会社の出資者の子会社に該当しないものとは推定されない。

B　□□□　8　連結の範囲に含めた特別目的会社における，当該特別目的会社の資産および当該資産から生じる収益のみを返済原資とし，他の資産および収益に遡及しない債務（ノンリコース債務）については，連結貸借対照表上，他の項目と区別して記載しなければならない。

B　□□□　9　連結の範囲に含めた特別目的会社におけるノンリコース債務に対応する資産については，当該資産の科目および金額を注記する。

B　□□□　10　子会社であっても，支配が一時的であると認められる場合は，連結や持分法の適用範囲に含めてはならない。これは財務諸表の比較可能性を保つためである。なお支配が一時的とは，3ヶ月以内（翌四半期）に株式の処分が予定されている場合を指す。（平成22年第Ⅰ回本試験）

B　□□□　11　資産，売上高等を考慮して，重要性が乏しいと判断された子会社は，連結の範囲に含めてはならない。

A　□□□　12　自己の計算において所有している子会社以外の他の企業に対する議決権の所有割合が15％以上20％未満の場合，役員もしくは使用人である者またはこれらであった者で当該子会社以外の他の企業の財務および営業または事業の方針の決定に関して影響を与えることができる者が，当該子会社以外の他の企業の代表取締役，取締役またはこれらに準ずる役職に就任していれば，当該子会社以外の他の企業は関連会社と判定される。

A　□□□　13　当社は，D社の議決権の13％を自己の計算で所有しており，かつ，自己の意思と同一の内容の議決権を行使することに同意している者がD社の議決権の5％を所有している。さらに，当社はD社に対して重要な技術を提供している。この場合，D社は，当社の関連会社に該当する。

B　□□□　14　非連結子会社および関連会社に対する投資については，原則として，持分法が適用される。ただし，持分法の適用により，連結財務諸表に重要な影響を与えない場合には，持分法の適用会社としないことができる。

□□□ 8：【×】**注記によることもできる** （テキストp. 381参照）

　　　特別目的会社におけるノンリコース債務については，連結貸借対照表上，他の項目と区別して記載する方法に代えて，注記によることもできる（「連結財務諸表に関する会計基準」脚注11-2）。

□□□ 9：【○】（テキストp. 381参照）

　　　「連結財務諸表に関する会計基準」脚注16

□□□ 10：【×】**3ヶ月以内に株式の処分が予定されている場合ではない** （テキストp. 382参照）

　　　支配が一時的とは，当連結会計年度において支配に該当しているものの，直前連結会計年度において支配に該当しておらず，かつ，翌連結会計年度以降相当の期間にわたって支配に該当しないことが確実に予定されている場合を指す。

□□□ 11：【×】**原則として含めるが，含めないこともできる** （テキストp. 382参照）

　　　資産，売上高等を考慮して，重要性が乏しいと判断された子会社は，連結の範囲に含めないことができる（「連結財務諸表に関する会計基準」脚注3）。

□□□ 12：【○】（テキストp. 383参照）

　　　「持分法に関する会計基準」第5-2項(2)

□□□ 13：【×】**関連会社に該当しない** （テキストp. 383参照）

　　　自己の計算において所有している議決権と，自己の意思と同一の内容の議決権を行使することに同意している者が所有している議決権とを合わせて，子会社以外の他の企業の議決権の100分の20以上を占めているときであって，かつ，当該他の企業に対して重要な技術を提供している場合，当該他の企業は関連会社に該当するが，本肢では，両者を合わせてD社の議決権の100分の18しか占めていないため，D社は当社の関連会社には該当しない（「持分法に関する会計基準」第5-2項(3)）。

□□□ 14：【○】（テキストp. 384参照）

　　　「持分法に関する会計基準」第6項

B □□□ 15 関連会社である持分法適用会社が，子会社または関連会社を有する場合の当該子会社または関連会社は持分法の適用範囲に含まれない。非連結子会社である持分法適用会社が，子会社または関連会社を有する場合の当該子会社または関連会社は持分法の適用範囲に含まれる。（平成19年本試験）

第3節　個別財務諸表の修正

B □□□ 1 同一環境下で行われた同一の性質の取引等について，親会社および子会社が採用する会計方針は，原則として統一するが，その際には，子会社の会計処理を親会社の会計処理に合わせなければならない。

A □□□ 2 在外子会社の財務諸表が国際財務報告基準に準拠して作成されている場合には，これを連結決算手続上利用することが認められている。ただし，在外子会社において，退職給付会計における数理計算上の差異をその他の包括利益で認識し，その後費用処理を行わない場合には，連結決算手続上，当該金額を平均残存勤務期間以内の一定の年数で規則的に処理する方法（発生した期に全額を処理する方法を継続して採用することも含む。）により，当期の損益となるよう修正する。

A □□□ 3 連結貸借対照表の作成にあたっては，支配獲得日において，子会社の資産および負債のうち親会社の持分に相当する部分を時価により評価する。

A □□□ 4 部分時価評価法は，親会社が子会社を支配した結果，子会社が企業集団に含まれることになった事実を重視する考え方を基礎としている。

B □□□ 5 支配獲得日，株式の取得日または売却日等が子会社の決算日以外の日である場合には，原則として，当該日の前後いずれかの決算日に支配獲得，株式の取得または売却等が行われたものとみなして処理する。

□□□ 15：【○】(テキストp. 384参照)

　　　関連会社である持分法適用会社（持分法適用関連会社）が子会社または関連会社を有する場合の当該子会社または関連会社は持分法の適用範囲に含まれない。一方，非連結子会社である持分法適用会社（持分法適用非連結子会社）の子会社または関連会社は持分法の適用範囲に含まれる。

□□□ 1：【×】**親会社の会計処理を子会社の会計処理に合わせることもできる**（テキストp. 385参照）

　　　同一環境下で行われた同一の性質の取引等について，親会社および子会社が採用する会計方針は，原則として統一するが，その際には，子会社の会計処理を親会社の会計処理に合わせるだけでなく，親会社の会計処理を子会社の会計処理に合わせることも認められている（「連結財務諸表に関する会計基準」第17項，第58項）。

□□□ 2：【○】(テキストp. 386参照)

　　　「連結財務諸表作成における在外子会社等の会計処理に関する当面の取扱い」

□□□ 3：【×】**子会社の資産および負債のすべてを時価評価する**（テキストp. 387参照）

　　　連結貸借対照表の作成にあたっては，支配獲得日において，子会社の資産および負債のすべてを支配獲得日の時価により評価する方法（全面時価評価法）により評価する（「連結財務諸表に関する会計基準」第20項）。

□□□ 4：【×】**親会社が投資を行った際の親会社の持分を重視する**（テキストp. 387参照）

　　　部分時価評価法は，親会社が投資を行った際の親会社の持分を重視する考え方を基礎としている（「連結財務諸表に関する会計基準」第61項）。

　　　なお，全面時価評価法は，親会社が子会社を支配した結果，子会社が企業集団に含まれることになった事実を重視する考え方を基礎としている。

□□□ 5：【×】**みなし取得日法は原則的方法ではない**（テキストp. 387参照）

　　　いわゆるみなし取得日法は容認されている方法にすぎない（「連結財務諸表に関する会計基準」脚注5）。

第4節　連結貸借対照表

A　□□□　1　資本連結手続において相殺消去の対象となる子会社の資本の額には，個別貸借対照表上の純資産の部における評価・換算差額等および新株予約権は含まれない。（平成22年第Ⅰ回本試験一部改題）

B　□□□　2　子会社相互間の投資とこれに対応する他の子会社の資本とは，親会社の子会社に対する投資とこれに対応する子会社の資本との相殺消去に準じて相殺消去する。

B　□□□　3　支配獲得日後に生じた子会社の利益剰余金および評価・換算差額等のうち親会社に帰属する部分は，投資と相殺消去する。

B　□□□　4　評価差額に重要性が乏しい子会社の資産および負債は，個別貸借対照表上の金額によることができる。

C　□□□　5　のれんの計上に関しては，非支配株主持分に相当する部分についても，親会社の持分について計上した額から推定した額を計上する全部のれん方式が認められている。

A　□□□　6　親会社説によれば，子会社株式の追加取得および一部売却（支配関係が継続している場合）は，資本取引として扱われ，のれんや売却損益は計上されない。

A　□□□　7　子会社に対する支配を獲得した後に，親会社が子会社株式を追加取得した場合には，追加取得した株式に対応する持分を非支配株主持分から減額し，追加取得により増加した親会社の持分（追加取得持分）を追加投資額と相殺消去するが，追加取得持分と追加投資額との間に生じた差額は，利益剰余金として処理する。

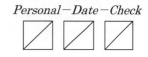

□□□ 1：【×】**評価・換算差額等は子会社の資本の額に含まれる**（テキストp. 388参照）

　　　資本連結手続において相殺消去の対象となる子会社の資本の額には，純資産の部における評価・換算差額等が含まれる（「連結財務諸表に関する会計基準」第23項(2)）。

□□□ 2：【○】（テキストp. 388参照）

　　　「連結財務諸表に関する会計基準」第25項

□□□ 3：【×】**投資と相殺消去するのではない**（テキストp. 388参照）

　　　支配獲得日において算定した子会社の資本のうち親会社に帰属する部分は投資と相殺消去するが，支配獲得日後に生じた子会社の利益剰余金および評価・換算差額等のうち親会社に帰属する部分は，利益剰余金および評価・換算差額等（その他の包括利益累計額）として処理する（「連結財務諸表に関する会計基準」脚注6）。

□□□ 4：【○】（テキストp. 388参照）

　　　「連結財務諸表に関する会計基準」第22項

□□□ 5：【×】**全部のれん方式は認められていない**（テキストp. 389, 390参照）

　　　現行制度上，のれんの計上に関しては，親会社持分に相当する部分だけを計上する購入のれん方式が採用されており，親会社の持分比率に相当する部分のみならず，非支配株主持分に相当する部分についても計上する全部のれん方式は認められていない（「企業結合に関する会計基準」第98項）。

□□□ 6：【×】**損益取引として扱われ，のれんや売却損益が計上される**（テキストp. 391参照）

　　　親会社説によれば，子会社株式の追加取得および一部売却（支配関係が継続している場合）は，損益取引として扱われ，のれんや売却損益が計上される。

　　　なお，経済的単一体説によれば，資本取引として扱われ，のれんや売却損益は計上されない。

□□□ 7：【×】**利益剰余金ではなく，資本剰余金として処理する**（テキストp. 391参照）

　　　子会社に対する支配を獲得した後に，親会社が子会社株式を追加取得した場合には，追加取得した株式に対応する持分を非支配株主持分から減額し，追加取得により増加した親会社の持分（追加取得持分）を追加投資額と相殺消去するが，追加取得持分と追加投資額との間に生じた差額は，資本剰余金として処理する（「連結財務諸表に関する会計基準」第28項）。

B □□□ 8　支配獲得後に，親会社が子会社株式を追加取得した場合，追加取得持分および減額する非支配株主持分は，支配獲得日における非支配株主持分の額により計算する。

A □□□ 9　子会社に対する支配を獲得した後に，親会社が子会社株式を一部売却し，その後も親会社と子会社の支配関係が継続している場合には，売却した株式に対応する持分を親会社の持分から減額し，非支配株主持分を増額する。売却による親会社の持分の減少額（売却持分）と売却価額との間に生じた差額は，子会社株式の売却損益として処理する。

A □□□ 10　親会社が子会社株式を一部売却したことにより、被投資会社が子会社および関連会社に該当しなくなった場合には，連結財務諸表上，残存する当該被投資会社に対する投資は，売却時点の時価をもって評価する。

B □□□ 11　子会社株式の一部売却（支配関係は継続）において，関連する法人税等（子会社への投資に係る税効果の調整を含む。）は，利益剰余金から控除する。

C □□□ 12　支配獲得後に，親会社が子会社株式を一部売却した場合（支配関係は継続），のれんの未償却額のうち売却した株式に対応する額を減額する。

A □□□ 13　連結子会社の時価発行増資等に伴い，親会社の払込額と親会社の持分の増減額との間に差額が生じた場合（親会社と子会社の支配関係が継続している）には，当該差額を利益剰余金に加減する処理が認められている。

□□□ 8 :【×】**支配獲得日ではなく，追加取得日である**（テキストp．391参照）

　　支配獲得後に，親会社が子会社株式を追加取得した場合，追加取得持分および減額する非支配株主持分は，追加取得日における非支配株主持分の額により計算する（「連結財務諸表に関する会計基準」脚注8）。

□□□ 9 :【×】**子会社株式の売却損益ではなく，資本剰余金として処理する**（テキストp．392参照）

　　子会社に対する支配を獲得した後に，親会社が子会社株式を一部売却し，その後も親会社と子会社の支配関係が継続している場合には，売却した株式に対応する持分を親会社の持分から減額し，非支配株主持分を増額する。売却による親会社の持分の減少額（売却持分）と売却価額との間に生じた差額は，資本剰余金として処理する（「連結財務諸表に関する会計基準」第29項）。

□□□ 10 :【×】**時価ではなく，個別貸借対照表上の帳簿価額をもって評価する**（テキストp．392参照）

　　親会社が子会社株式を一部売却したことにより、被投資会社が子会社および関連会社に該当しなくなった場合には，連結財務諸表上，残存する当該被投資会社に対する投資は，個別貸借対照表上の帳簿価額をもって評価する（「連結財務諸表に関する会計基準」第29項）。

□□□ 11 :【×】**利益剰余金ではなく，資本剰余金から控除する**（テキストp．392参照）

　　子会社株式の一部売却（支配関係は継続）において，関連する法人税等（子会社への投資に係る税効果の調整を含む。）は，資本剰余金から控除する（「連結財務諸表に関する会計基準」脚注9）。

□□□ 12 :【×】**減額するではなく，減額しない**（テキストp．392参照）

　　現行制度上，支配獲得後に，親会社が子会社株式を一部売却した場合（支配関係は継続），のれんの未償却額のうち売却した株式に対応する額を減額しない方式が採用されている（「連結財務諸表に関する会計基準」第66-2項）。

□□□ 13 :【×】**利益剰余金に加減する処理は認められていない**（テキストp．393参照）

　　連結子会社の時価発行増資等に伴い，親会社の払込額と親会社の持分の増減額との間に差額が生じた場合（親会社と子会社の支配関係が継続している）には，当該差額は資本剰余金として処理するのであり，利益剰余金に加減する処理は認められていない（「連結財務諸表に関する会計基準」第30項）。

A □□□ 14 子会社の時価発行増資等に伴い，親会社の払込額と親会社の持分の増減額との間に差額が生じた場合（親会社と子会社の支配関係が継続している場合に限る。）には，当該差額を資本剰余金とする。資本剰余金が負の値となる場合には，連結貸借対照表上，資本剰余金をマイナス残高で表示する。

B □□□ 15 持分法適用会社の時価発行増資等に伴い，投資会社の払込額と投資会社の持分の増減額との間に差額が生じた場合における当該差額は，資本剰余金として処理する。

B □□□ 16 連結会社が振り出した手形を他の連結会社が銀行割引した場合には，連結貸借対照表上，これを借入金に振り替える。

B □□□ 17 連結会社相互間の債権と債務とは相殺消去しなければならないが，連結会社が発行した社債で一時所有のものは相殺消去の対象としないことができる。（平成20年本試験）

A □□□ 18 連結子会社が保有する親会社株式は，連結財務諸表上，親会社の持分相当額を売買目的有価証券またはその他有価証券として資産の部に記載し，非支配株主持分相当額は非支配株主持分から控除する。

A □□□ 19 連結子会社における親会社株式は，企業集団で考えた場合，親会社の保有する自己株式と同様の性格であり，その取得および売却は，損益取引であると考えられる。

A □□□ 20 連結子会社における親会社株式の売却損益（内部取引によるものを除いた親会社持分相当額）は，連結財務諸表上，親会社における有価証券の売却損益と同様に処理する。

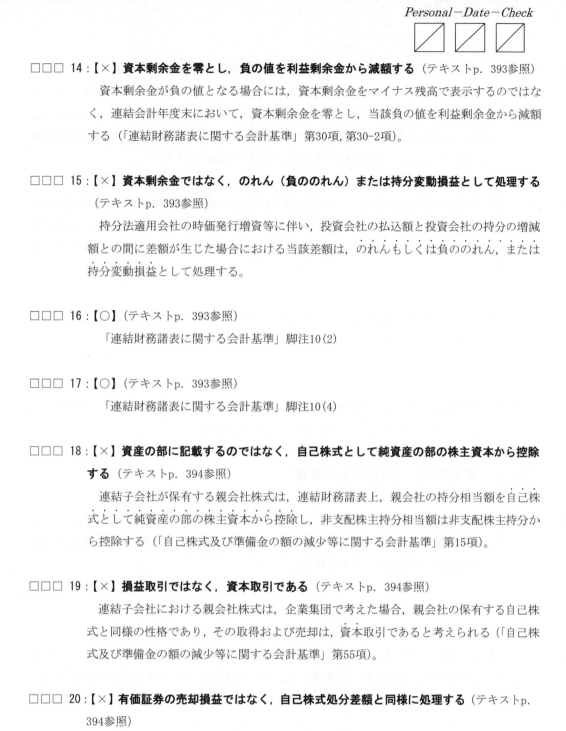

□□□ 14 :【×】**資本剰余金を零とし，負の値を利益剰余金から減額する**（テキストp. 393参照）

　　　　資本剰余金が負の値となる場合には，資本剰余金をマイナス残高で表示するのではな

く，連結会計年度末において，資本剰余金を零とし，当該負の値を利益剰余金から減額

する（「連結財務諸表に関する会計基準」第30項，第30-2項）。

□□□ 15 :【×】**資本剰余金ではなく，のれん（負ののれん）または持分変動損益として処理する**

（テキストp. 393参照）

　　　　持分法適用会社の時価発行増資等に伴い，投資会社の払込額と投資会社の持分の増減

額との間に差額が生じた場合における当該差額は，のれんもしくは負ののれん，または

持分変動損益として処理する。

□□□ 16 :【○】（テキストp. 393参照）

　　　　「連結財務諸表に関する会計基準」脚注10(2)

□□□ 17 :【○】（テキストp. 393参照）

　　　　「連結財務諸表に関する会計基準」脚注10(4)

□□□ 18 :【×】**資産の部に記載するのではなく，自己株式として純資産の部の株主資本から控除**
する（テキストp. 394参照）

　　　　連結子会社が保有する親会社株式は，連結財務諸表上，親会社の持分相当額を自己株

式として純資産の部の株主資本から控除し，非支配株主持分相当額は非支配株主持分か

ら控除する（「自己株式及び準備金の額の減少等に関する会計基準」第15項）。

□□□ 19 :【×】**損益取引ではなく，資本取引である**（テキストp. 394参照）

　　　　連結子会社における親会社株式は，企業集団で考えた場合，親会社の保有する自己株

式と同様の性格であり，その取得および売却は，資本取引であると考えられる（「自己株

式及び準備金の額の減少等に関する会計基準」第55項）。

□□□ 20 :【×】**有価証券の売却損益ではなく，自己株式処分差額と同様に処理する**（テキストp.
394参照）

　　　　連結子会社における親会社株式の売却損益（内部取引によるものを除いた親会社持分

相当額）は，連結財務諸表上，親会社における自己株式処分差額と同様に処理する（「自

己株式及び準備金の額の減少等に関する会計基準」第56項）。

A ☐☐☐ 21 持分法の適用対象となっている子会社および関連会社が親会社株式等（子会社においては親会社株式，関連会社においては当該会社に対して持分法を適用する投資会社の株式）を保有する場合，親会社等（子会社においては親会社，関連会社においては当該会社に対して持分法を適用する投資会社）の持分相当額を自己株式として純資産の部の株主資本から控除し，当該会社に対する投資勘定を同額増額する。

A ☐☐☐ 22 持分法の適用対象となっている関連会社における投資会社株式の売却損益（内部取引によるものを除いた投資会社の持分相当額）は，連結財務諸表の作成上，投資会社における自己株式処分差額と同様に処理するとともに，当該関連会社に対する投資勘定に同額を加減する。

B ☐☐☐ 23 連結貸借対照表上，非連結子会社および関連会社に対する投資は，他の項目と区別して記載しなければならない。

B ☐☐☐ 24 利益剰余金のうち，減債積立金等外部者との契約による特定目的のために積み立てられたものがあるときは，その内容および金額を注記する。

第5節　連結損益・包括利益計算書

B ☐☐☐ 1 収益は外部の第三者に財貨または役務を移転し，対価として貨幣性資産を取得したときに計上することが原則とされることから，商品等を連結会社以外の企業に販売すれば，その収益は必ず実現することになる。

B ☐☐☐ 2 連結財務諸表の作成上，連結会社相互間の取引によって取得した棚卸資産に含まれる未実現損失は，その金額に重要性が乏しいものを除き，その全額を消去しなければならない。

A ☐☐☐ 3 連結会社相互間の取引によって取得した棚卸資産，固定資産その他の資産に含まれる未実現利益は，その全額を消去しなければならない。売手側の子会社に非支配株主が存在する場合には，未実現損益は，親会社と非支配株主持分の持分比率に応じて，親会社の持分と非支配株主持分に配分する。（平成13年本試験一部改題）

□□□ 21：【×】**投資勘定を同額増額するのではなく，減額する**（テキストp．394参照）

　　持分法の適用対象となっている子会社および関連会社が親会社株式等を保有する場合，親会社等の持分相当額を自己株式として純資産の部の株主資本から控除し，当該会社に対する投資勘定を同額減額する（「自己株式及び準備金の額の減少等に関する会計基準」第17項）。

□□□ 22：【○】（テキストp．394参照）

　　「自己株式及び準備金の額の減少等に関する会計基準」第18項

□□□ 23：【×】**注記の方法も認められている**（テキストp．395参照）

　　非連結子会社および関連会社に対する投資は，他の項目と区別して記載する方法のほか，注記の方法も認められている（「連結財務諸表に関する会計基準」第33項）。

□□□ 24：【○】（テキストp．395参照）

　　「連結財務諸表に関する会計基準」第33項

□□□ 1：【×】**収益は必ずしも実現するとは限らない**（テキストp．397参照）

　　会社相互間取引が連結会社以外の企業を通じて行われている場合であっても，その取引が実質的に連結会社間の取引であることが明確であるときは，この取引を連結会社間の取引とみなして処理する（「連結財務諸表に関する会計基準」脚注12）。したがって，この場合に計上されている収益は企業集団全体の観点からは未実現のままである。

□□□ 2：【×】**未実現損失は全額消去されるとは限らない**（テキストp．398参照）

　　連結会社相互間の取引によって取得した棚卸資産に含まれる未実現損益のうち，未実現損失については，売手側の帳簿価額のうち回収不能と認められる部分は，消去しないものとされている（「連結財務諸表に関する会計基準」第36項）。

□□□ 3：【○】（テキストp．398参照）

　　「連結財務諸表に関する会計基準」第36項，第38項

B　□□□　4　連結会社相互間の取引によって取得した減価償却資産に含まれる未実現利益は，その全額を消去するが，未実現利益の消去に伴う減価償却費の修正計算方法については，毎期修正する方法のほかに，毎期修正せずに固定資産の除却時または連結会社以外の会社への売却時に一括して修正する方法も認められている。（平成28年第Ⅰ回本試験）

A　□□□　5　親会社説によれば，アップ・ストリームにおける未実現損益の消去方法は，全額消去・親会社負担方式によるべきとされる。

A　□□□　6　2計算書方式を採用する場合，連結損益計算書上，当期純利益に非支配株主に帰属する当期純利益を加減して，親会社株主に帰属する当期純利益を表示する。1計算書方式を採用する場合，連結損益および包括利益計算書上，当期純利益の直後に親会社株主に帰属する当期純利益および非支配株主に帰属する当期純利益を付記する。

B　□□□　7　連結財務諸表上，親会社株主に帰属する当期純利益を区分して内訳表示または付記するのは，親会社株主に帰属する当期純利益と純資産の連携に配慮したものである。

A　□□□　8　連結損益および包括利益計算書または連結損益計算書の科目の分類は，個別財務諸表における科目の分類を基礎とするが，企業集団の経営成績について誤解を生じさせない限り，科目を集約して表示することができる。

B　□□□　9　主たる営業として製品または商品の販売と役務の給付とがある場合には，売上高および売上原価を製品等の販売に係るものと役務の給付に係るものとに区分ぜず，これらを合算して記載する。

A　□□□　10　経済的単一体説によれば，非支配株主に帰属する当期純利益は，当期純利益を算定する際に控除される。

□□□ 4 :【×】**一括して修正する方法は認められていない**（テキストp. 398参照）

　　　　連結会社相互間の取引によって取得した減価償却資産に含まれる未実現利益は，その全額を消去するが，未実現利益の消去に伴う減価償却費の修正計算方法については，毎期修正する方法によらなければならず，毎期修正せずに固定資産の除却時または連結会社以外の会社への売却時に一括して修正する方法は認められていない（「連結財務諸表に関する会計基準」第69項）。

□□□ 5 :【×】**全額消去ではなく，部分消去である**（テキストp. 398参照）

　　　　親会社説によれば，アップ・ストリームにおける未実現損益の消去方法は，部分消去・親会社負担方式によるべきとされる。

□□□ 6 :【○】（テキストp. 399参照）

　　　　「連結財務諸表に関する会計基準」第39項(3)③

□□□ 7 :【×】**純資産ではなく，株主資本との連携である**（テキストp. 399参照）

　　　　連結財務諸表上，親会社株主に帰属する当期純利益を区分して内訳表示または付記するのは，親会社株主に帰属する当期純利益と株主資本の連携に配慮したものである（「連結財務諸表に関する会計基準」第51-3項）。

□□□ 8 :【○】（テキストp. 399参照）

　　　　「連結財務諸表に関する会計基準」脚注13(1)

□□□ 9 :【×】**区分して記載する**（テキストp. 399参照）

　　　　主たる営業として製品または商品の販売と役務の給付とがある場合には，売上高および売上原価を製品等の販売に係るものと役務の給付に係るものとに区分して記載する（「連結財務諸表に関する会計基準」脚注13(2)）。

□□□ 10 :【×】**当期純利益の内訳項目として取扱われる**（テキストp. 400参照）

　　　　経済的単一体説によれば，当期純利益は，親会社の株主と非支配株主に帰属する利益を表すため，非支配株主に帰属する当期純利益は，親会社株主に帰属する利益と併せて，当期純利益の内訳項目として取扱われる。

　　　　なお，親会社説によれば，当期純利益は，親会社の株主に帰属する利益を表すため，非支配株主に帰属する当期純利益は，当期純利益を算定する際に控除される。

B　□□□ 11　「包括利益の表示に関する会計基準」によれば，包括利益とは，ある企業の特定期間の財務諸表において認識された純資産の変動額のうち，当該企業の純資産に対する持分所有者との直接的な取引によらない部分をいう。当該企業の純資産に対する持分所有者には，当該企業の株主は含まれるが，当該企業の発行する新株予約権の所有者や，連結財務諸表における当該企業の子会社の非支配株主は含まれない。

B　□□□ 12　「包括利益の表示に関する会計基準」においては，包括利益を構成する純資産の変動額は，あくまで財務諸表において認識されたものに限られることを明確にするため，「特定期間の財務諸表において認識された純資産の変動額」としている。

A　□□□ 13　包括利益の表示によって提供される情報は，株主資本と包括利益とのクリーン・サープラス関係を明示することを通じて，財務諸表の理解可能性と比較可能性を高めることになる。（令和4年第Ⅱ回本試験）

A　□□□ 14　わが国における包括利益の表示の導入は，包括利益を企業活動に関する最も重要な指標として位置づけることを意味している。

B　□□□ 15　会計方針の変更及び誤謬の訂正に関する累積的影響額に係る期首の利益剰余金の修正額は，前期以前に帰属する純資産の変動額を当期に表示しているものであるから，当期の包括利益に含まれることになる。（令和4年第Ⅱ回本試験）

B　□□□ 16　連結財務諸表におけるその他の包括利益には，親会社株主に係る部分と非支配株主に係る部分が含まれる。

B　□□□ 17　包括利益の表示は，個別財務諸表と連結財務諸表の双方に適用されている。

□□□ 11：【×】**新株予約権の所有者や子会社の非支配株主も含まれる**（テキストp. 401参照）

包括利益とは，ある企業の特定期間の財務諸表において認識された純資産の変動額のうち，当該企業の純資産に対する持分所有者との直接的な取引によらない部分をいう。当該企業の純資産に対する持分所有者には，当該企業の株主のほか当該企業の発行する新株予約権の所有者が含まれ，連結財務諸表における当該企業の子会社の非支配株主も含まれる（「包括利益の表示に関する会計基準」第4項）。

□□□ 12：【○】（テキストp. 401参照）

「包括利益の表示に関する会計基準」第24項

□□□ 13：【×】**株主資本ではなく，純資産とのクリーン・サープラス関係である**（テキストp. 401参照）

包括利益の表示によって提供される情報は，純資産と包括利益とのクリーン・サープラス関係を明示することを通じて，財務諸表の理解可能性と比較可能性を高めることになる（「包括利益の表示に関する会計基準」第21項）。

□□□ 14：【×】**包括利益を最も重要な指標として位置づけることを意味するものではない**（テキストp. 401参照）

包括利益の表示の導入は，包括利益を企業活動に関する最も重要な指標として位置づけることを意味するものではなく，当期純利益に関する情報と併せて利用することにより，企業活動の成果についての情報の全体的な有用性を高めることを目的とするものである（「包括利益の表示に関する会計基準」第21項）。

□□□ 15：【×】**当期の包括利益には含まれない**（テキストp. 401参照）

会計方針の変更及び誤謬の訂正に関する累積的影響額に係る期首の利益剰余金の修正額は，前期以前に帰属する純資産の変動額を当期に表示しているに過ぎないため，当期の包括利益には含まれない（「包括利益の表示に関する会計基準」第26項）。

□□□ 16：【○】（テキストp. 401参照）

「包括利益の表示に関する会計基準」第5項

□□□ 17：【×】**包括利益の表示は連結財務諸表にのみ適用されている**（テキストp. 401参照）

国際的な会計基準とのコンバージェンスを連結先行で行うという観点から，包括利益の表示は，現在，連結財務諸表にのみ適用されている（「包括利益の表示に関する会計基準」第38項，第39項）。

B □□□ 18 「包括利益の表示に関する会計基準」では，定義に従った計算過程とは異なるが，包括利益の計算は，当期純利益からの調整計算の形で示すこととしている。

A □□□ 19 連結財務諸表における包括利益の計算の表示方法については，「親会社株主に帰属する当期純利益に，親会社株主に係るその他の包括利益を加減して親会社株主に係る包括利益を計算し，これに非支配株主に係る包括利益を加減する方法」が採用されている。

A □□□ 20 その他の包括利益の内訳項目は，その内容に基づいて，その他有価証券評価差額金，繰延ヘッジ損益，為替換算調整勘定，退職給付に係る調整額等に区分して表示する。

B □□□ 21 持分法の適用における被投資会社のその他の包括利益に対する投資会社の持分相当額は，連結包括利益計算書では一括して表示するが，連結貸借対照表のその他の包括利益累計額については，その他有価証券評価差額金，繰延ヘッジ損益，為替換算調整勘定，退職給付に係る調整累計額等の各内訳項目の金額に投資会社の持分相当額を含めて表示する。（平成31年第Ⅰ回本試験）

A □□□ 22 その他の包括利益の内訳項目は，連結包括利益計算書において，原則として，その他の包括利益に関する，法人税その他利益に関連する金額を課税標準とする税金（以下「法人税等」という。）および税効果を控除する前の金額で表示して，それらに関連する法人税等および税効果の金額を一括して加減する方法で記載する。ただし，各内訳項目について法人税等および税効果を控除した後の金額で表示することができる。

A □□□ 23 組替調整額の注記は，その他の包括利益の各内訳項目別の法人税等および税効果の金額の注記とは区別して記載しなければならない。

B □□□ 24 組替調整額は，当期および過去の期間にその他の包括利益に含まれていた項目が当期純利益に含められた金額に基づいて計算される。繰延ヘッジ損益の場合，組替調整額は，ヘッジ対象に係る損益が認識されたこと等に伴って当期純利益に含められた金額に基づいて計算される。（令和4年第Ⅱ回本試験）

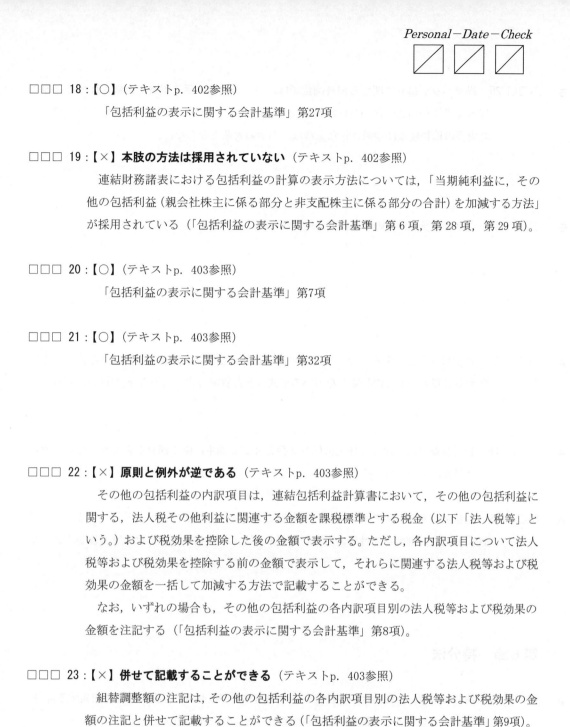

□□□ 18 ：【○】（テキストp. 402参照）

「包括利益の表示に関する会計基準」第27項

□□□ 19 ：【×】**本肢の方法は採用されていない**（テキストp. 402参照）

連結財務諸表における包括利益の計算の表示方法については、「当期純利益に，その他の包括利益（親会社株主に係る部分と非支配株主に係る部分の合計）を加減する方法」が採用されている（「包括利益の表示に関する会計基準」第6項，第28項，第29項）。

□□□ 20 ：【○】（テキストp. 403参照）

「包括利益の表示に関する会計基準」第7項

□□□ 21 ：【○】（テキストp. 403参照）

「包括利益の表示に関する会計基準」第32項

□□□ 22 ：【×】**原則と例外が逆である**（テキストp. 403参照）

その他の包括利益の内訳項目は，連結包括利益計算書において，その他の包括利益に関する，法人税その他利益に関連する金額を課税標準とする税金（以下「法人税等」という。）および税効果を控除した後の金額で表示する。ただし，各内訳項目について法人税等および税効果を控除する前の金額で表示して，それらに関連する法人税等および税効果の金額を一括して加減する方法で記載することができる。

なお，いずれの場合も，その他の包括利益の各内訳項目別の法人税等および税効果の金額を注記する（「包括利益の表示に関する会計基準」第8項）。

□□□ 23 ：【×】**併せて記載することができる**（テキストp. 403参照）

組替調整額の注記は，その他の包括利益の各内訳項目別の法人税等および税効果の金額の注記と併せて記載することができる（「包括利益の表示に関する会計基準」第9項）。

□□□ 24 ：【○】（テキストp. 403参照）

「包括利益の表示に関する会計基準」第31項

B　□□□ 25　繰延ヘッジ損益に関する組替調整額は，ヘッジ対象に係る損益が認識されたこと等に伴って当期純利益に含められた金額によるため，ヘッジ対象とされた予定取引で購入した資産の取得価額に加減された金額は，開示の対象とならない。

B　□□□ 26　土地再評価差額金の取崩額は，組替調整額に該当する。

A　□□□ 27　包括利益を表示する場合，当期純利益を表示する損益計算書と包括利益を表示する包括利益計算書の２つの計算書を用いる形式（２計算書方式）によらなければならない。

A　□□□ 28　包括利益には，親会社株主に係る部分と非支配株主に係る部分が含まれており，連結財務諸表においては，それぞれの金額を付記することが求められている。

A　□□□ 29　包括利益を表示する計算書には２計算書方式と１計算書方式がある。このうち，一覧性，明瞭性，理解可能性等の点で利点があるとして支持されるのは，２計算書方式である。

第６節　持分法

A　□□□ 1　持分法とは，投資会社が被投資会社の資本および損益のうち投資会社に帰属する部分の変動に応じて，その投資額を連結決算日ごとに修正する方法をいう。

B　□□□ 2　関連会社に持分法を適用する場合には部分時価評価法が適用される。また，非連結子会社に持分法を適用する場合にも部分時価評価法が適用される。

□□□ 25：【×】**組替調整額に準じて開示する**（テキストp. 403参照）

繰延ヘッジ損益に関する組替調整額は，ヘッジ対象に係る損益が認識されたこと等に伴って当期純利益に含められた金額による。ヘッジ対象とされた予定取引で購入した資産の取得価額に加減された金額は，組替調整額に準じて開示する（「包括利益の表示に関する会計基準」第31項(2)）。

□□□ 26：【×】**組替調整額に該当しない**（テキストp. 403参照）

土地再評価差額金は，再評価後の金額が土地の取得原価とされることから，売却損益および減損損失等に相当する金額が当期純損益に計上されない取扱いとなっているため，その取崩額は組替調整額に該当せず，株主資本等変動計算書において利益剰余金への振替として表示される（「包括利益の表示に関する会計基準」第31項）。

□□□ 27：【×】**１計算書方式によることも認められる**（テキストp. 404参照）

包括利益を表示する場合の形式としては，１計算書方式と２計算書方式が認められている（「包括利益の表示に関する会計基準」第11項）。

□□□ 28：【○】（テキストp. 404参照）

「包括利益の表示に関する会計基準」第11項

□□□ 29：【×】**２計算書方式ではなく，１計算書方式である**（テキストp. 404参照）

一覧性，明瞭性，理解可能性等の点で利点があるとして支持されるのは，２計算書方式ではなく，１計算書方式である。

なお，当期純利益を重視する観点から，１計算書方式では最終行である包括利益が過度に強調される可能性がある等の理由で，当期純利益と包括利益が明確に区分される２計算書方式が支持される（「包括利益の表示に関する会計基準」第36項）。

□□□ 1：【○】（テキストp. 406参照）

「持分法に関する会計基準」第4項

□□□ 2：【×】**非連結子会社の場合は全面時価評価法が適用される**（テキストp. 406参照）

関連会社に持分法を適用する場合には部分時価評価法が適用されるが，非連結子会社に持分法を適用する場合には全面時価評価法が適用される。

B ☐☐☐ 3　同一環境下で行われた同一の性質の取引について，投資会社および被投資会社が採用する会計処理の原則および手続は，投資会社に統一しなければならない。

A ☐☐☐ 4　持分法の適用に際し，投資会社と被投資会社の決算日の差異が3ヵ月を超える場合には，被投資会社は連結決算日に正規の決算に準ずる合理的な手続により決算を行わなければならない。

A ☐☐☐ 5　持分法の適用に際しては，投資会社の投資日における投資とこれに対応する被投資会社の資本との間に差額がある場合には，当該差額はのれんまたは負ののれんとし，のれんは投資に含めて処理する。

A ☐☐☐ 6　投資会社は，投資の日以降における被投資会社の利益または損失のうち投資会社の持分または負担に見合う額を算定して，投資の額を増額または減額し，当該増減額を当期純利益の計算に含めるが，被投資会社から受け取った配当金の金額は，当該投資の増減額に影響を与えない。

A ☐☐☐ 7　関連会社に対する投資の売却等により被投資会社が関連会社に該当しなくなった場合には，連結財務諸表上，残存する当該被投資会社に対する投資は，個別貸借対照表上の帳簿価額をもって評価する。

B ☐☐☐ 8　持分法を適用する被投資会社に係るのれんの減損処理額と負ののれんについては，特別損益に表示する。

A ☐☐☐ 9　連結財務諸表を作成していない会社の場合，関連会社に対する投資の金額並びに当該投資に対して持分法を適用した場合の投資の金額および投資利益または投資損失の金額を個別財務諸表に注記する。

□□□ 3 :【×】**投資会社に統一するとは限らない**（テキストp. 406参照）

　　　　連結財務諸表の作成上，投資会社の会計処理をその連結子会社の会計処理に合わせている場合には，被投資会社の会計処理についても，当該連結子会社に合わせることになる（「持分法に関する会計基準」第25項）。したがって，同一環境下で行われた同一の性質の取引について，投資会社および被投資会社が採用する会計処理の原則および手続は，投資会社に統一するとは限らない。

□□□ 4 :【×】**正規の決算に準ずる合理的な手続による決算は必要ない**（テキストp. 406参照）

　　　　持分法の適用に際し，投資会社と被投資会社の決算日の差異が3か月を超える場合であっても，投資会社は被投資会社の直近の財務諸表を使用すればよく，連結決算日に正規の決算に準ずる合理的な手続により決算を行う必要はない（「持分法に関する会計基準」第10項）。

□□□ 5 :【○】（テキストp. 407参照）

　　　　「持分法に関する会計基準」第11項

□□□ 6 :【×】**配当金の金額は当該投資の増減額に影響を与える**（テキストp. 407参照）

　　　　被投資会社から配当金を受け取った場合には，当該配当金に相当する額は投資の額から減額するため，投資の増減額に影響を与えることになる（「持分法に関する会計基準」第14項）。

□□□ 7 :【○】（テキストp. 407参照）

　　　　「持分法に関する会計基準」第15項

□□□ 8 :【×】**特別損益ではなく，営業外損益に表示する**（テキストp. 407参照）

　　　　持分法を適用する被投資会社に係るのれんの減損処理額と負ののれんについては，持分法による投資損益に含めて表示するため，特別損益ではなく営業外損益に表示する（「持分法に関する会計基準」第16項，第27項）。

□□□ 9 :【○】（テキストp. 407参照）

　　　　「財務諸表等規則」第8条の9

第7節　一般基準等に係る注記

A　□□□　1　連結の範囲に含めた子会社に関する事項について重要な変更があった場合には，その旨およびその理由を連結財務諸表に注記する。

A　□□□　2　連結財務諸表に注記すべき事項には種々の事項があるが，子会社の資産および負債の評価方法および子会社の決算日については必ず注記する。

B　□□□　3　連結財務諸表には，重要な資産の評価基準および減価償却方法を注記することが要求されているが，のれんの償却方法および償却期間を注記することは要求されていない。

B　□□□　4　重要な後発事象は注記しなければならない。しかし，事業年度の末日が連結決算日と異なる連結子会社で発生した当該子会社に係る開示後発事象であっても，連結決算日以前のものは連結財務諸表に注記する必要はない。（平成20年本試験）

第8節　関連当事者の開示

B　□□□　1　連結財務諸表で関連当事者の開示を行っている場合であっても，個別財務諸表で関連当事者の開示を行うことが必要である。

A　□□□　2　財務諸表作成会社と同一の親会社をもつ会社（兄弟会社）は，関連当事者に該当しない。

A　□□□　3　財務諸表作成会社と当該会社の主要株主との取引は，関連当事者との取引に該当するが，主要株主の近親者との取引は関連当事者との取引には該当しない。

A　□□□　4　従業員のための企業年金（企業年金と会社の間で掛金の拠出以外の重要な取引を行う場合に限る。）は，関連当事者に該当する。

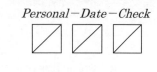

□□□ 1：【○】（テキストp．410参照）
　　　「連結財務諸表に関する会計基準」第43項(1)

□□□ 2：【×】**子会社の決算日については必ずしも注記は要求されない**（テキストp．410参照）
　　　子会社の決算日については必ず注記するわけではなく，連結決算日と異なるときに，当該子会社の決算日の注記が要求されるにすぎない（「連結財務諸表に関する会計基準」第43項(2)）。

□□□ 3：【×】**のれんの償却方法および償却期間も注記が要求されている**（テキストp．410参照）
　　　連結財務諸表に注記する会計処理の原則および手続等には，重要な資産の評価基準および減価償却方法のほか，のれんの償却方法および償却期間が含まれる（「連結財務諸表に関する会計基準」第43項(3)，第73項）。

□□□ 4：【×】**連結財務諸表に注記する**（テキストp．410参照）
　　　事業年度の末日が連結決算日と異なる連結子会社については，当該子会社の決算日後に発生した開示後発事象を連結財務諸表に注記する（「連結財務諸表に関する会計基準」脚注14）。

□□□ 1：【×】**個別財務諸表での開示は不要である**（テキストp．411参照）
　　　連結財務諸表で関連当事者の開示を行っている場合，個別財務諸表で関連当事者の開示を行うことは不要である（「関連当事者の開示に関する会計基準」第4項）。

□□□ 2：【×】**関連当事者に該当する**（テキストp．411参照）
　　　財務諸表作成会社と同一の親会社をもつ会社（兄弟会社）は，関連当事者に該当する（「関連当事者の開示に関する会計基準」第5項(3)③）。

□□□ 3：【×】**関連当事者との取引に該当する**（テキストp．411参照）
　　　関連当事者の範囲には，財務諸表作成会社の主要株主およびその近親者も含まれる。したがって，主要株主の近親者との取引も関連当事者との取引に該当する（「関連当事者の開示に関する会計基準」第5項(3)⑥）。

□□□ 4：【○】（テキストp．411参照）
　　　「関連当事者の開示に関する会計基準」第5項(3)⑪

A　□□□ 5　連結財務諸表上，連結子会社は関連当事者から除かれる。

B　□□□ 6　関連当事者に含まれる主要株主とは，議決権の5%以上を保有している株主をいう。

B　□□□ 7　創業者等で役員を退任した者は関連当事者に該当しない。

B　□□□ 8　重要な子会社の役員は，連結財務諸表上，関連当事者に該当するが，当該子会社の役員
　　　　　が重要であるか否かの判断は，役員の属する子会社の重要性で判断する。

A　□□□ 9　連結子会社と連結財務諸表作成会社の関連会社との取引のうち，重要なものについては
　　　　　関連当事者との取引として，連結財務諸表上，注記が求められる。

A　□□□ 10　連結財務諸表を作成するにあたって相殺消去した取引であっても，連結財務諸表にお
　　　　　いて関連当事者との取引の開示対象となる。

A　□□□ 11　会社と関連当事者との取引のうち，無償取引については，重要性にかかわらず開示対
　　　　　象となる。

□□□ 5 :【〇】(テキストp. 412参照)

　　　「関連当事者の開示に関する会計基準」第5項(3)

□□□ 6 :【×】**5%ではなく，10%以上である**（テキストp. 412参照）

　　　関連当事者に含まれる主要株主とは，議決権の10%以上を保有している株主をいう

（「関連当事者の開示に関する会計基準」第5項(6)）。

□□□ 7 :【×】**関連当事者に該当する場合もある**（テキストp. 412参照）

　　　創業者等で役員を退任した者についても，会社内における地位や職務等からみて実

質的に会社の経営に強い影響を及ぼしていると認められる場合には関連当事者に該当

する。

□□□ 8 :【×】**子会社の重要性ではなく，役員個人の重要性である**（テキストp. 412参照）

　　　重要な子会社の役員は，連結財務諸表上，関連当事者に該当するが，当該子会社の役

員が重要であるか否かの判断は，役員の属する子会社の重要性ではなく，役員個人の重

要性で行う（「関連当事者の開示に関する会計基準」第21項）。

□□□ 9 :【〇】(テキストp. 411, 412参照)

　　　連結財務諸表においては，連結会社（連結財務諸表作成会社および連結子会社）と関

連当事者との取引を開示対象とする（「関連当事者の開示に関する会計基準」第6項）。

関連会社は関連当事者に該当するため，連結子会社と連結財務諸表作成会社の関連会社

との取引のうち，重要なものについては，関連当事者との取引として，連結財務諸表上，

注記が求められる（「関連当事者の開示に関する会計基準」第5項(3)⑤）。

□□□ 10 :【×】**開示対象外とされている**（テキストp. 412参照）

　　　連結財務諸表においては，連結会社と関連当事者との取引を開示対象とし，連結財務

諸表を作成するにあたって相殺消去した取引は開示対象外とされている（「関連当事者

の開示に関する会計基準」第6項）。

□□□ 11 :【×】**重要な取引が開示対象となる**（テキストp. 412参照）

　　　会社と関連当事者との取引のうち，重要な取引が開示対象となる。無償取引について

は，独立第三者間取引であったと仮定した場合の金額を見積った上で，重要性の判断を

行い，開示対象とするかどうかを決定するため，重要性にかかわらず開示対象となるわ

けではない（「関連当事者の開示に関する会計基準」第6項，第7項）。

A　□□□ 12　関連当事者との取引のうち，一般競争入札による取引並びに預金利息および配当の受取りその他取引の性質からみて取引条件が一般の取引と同様であることが明白な取引は開示対象外とする。

A　□□□ 13　財務諸表作成会社の役員は関連当事者に該当するため，役員に対する報酬，賞与および退職慰労金の支払いは，開示対象となる関連当事者との取引に含まれる。

B　□□□ 14　関連当事者に対する貸倒懸念債権および破産更生債権等に係る情報（貸倒引当金繰入額，貸倒損失等）は，個々の関連当事者ごとに記載しなければならない。

A　□□□ 15　親会社または重要な関連会社が存在する場合には，取引の有無にかかわらず，その存在を開示する。

第9節　セグメント情報等の開示

B　□□□ 1　「セグメント情報等の開示に関する会計基準」は連結財務諸表におけるセグメント情報等の開示を要求しているため，連結財務諸表を作成していない有価証券報告書提出会社においては，セグメント情報等の作成は必要とされていない。（平成22年第Ⅱ回本試験）

A　□□□ 2　セグメント情報等の開示は，財務諸表利用者が，企業の過去の業績を理解し，将来のキャッシュ・フローの予測を適切に評価できるように，企業が行う様々な事業活動の内容およびこれを行う経営環境に関して適切な情報を提供するものでなければならない。

A　□□□ 3　マネジメント・アプローチに基づくセグメント情報は，企業間の比較を容易にするという長所を有する。

A　□□□ 4　マネジメント・アプローチに基づくセグメント情報は，開示にあたり企業が必要とする追加的コストが多くなるという短所を有する。

□□□ 12：【○】（テキストp. 412参照）
　　　「関連当事者の開示に関する会計基準」第9項(1)

□□□ 13：【×】**開示対象外とされている**（テキストp. 412参照）
　　　役員に対する報酬，賞与および退職慰労金の支払いは，開示対象外とされている（「関連当事者の開示に関する会計基準」第9項(2)）。

□□□ 14：【×】**関連当事者の種類ごとに合算して記載することもできる**（テキストp. 413参照）
　　　関連当事者に対する貸倒懸念債権および破産更生債権等に係る情報（貸倒引当金繰入額，貸倒損失等）は，関連当事者の種類ごとに合算して記載することもできる（「関連当事者の開示に関する会計基準」第10項(8)）。

□□□ 15：【○】（テキストp. 413参照）
　　　「関連当事者の開示に関する会計基準」第11項

□□□ 1：【×】**連結財務諸表を作成していない会社においても必要である**（テキストp. 414参照）
　　　連結財務諸表を作成していない有価証券報告書提出会社においても，個別財務諸表の注記事項としてセグメント情報等の作成が必要とされる（「セグメント情報等の開示に関する会計基準」第3項）。

□□□ 2：【○】（テキストp. 414参照）
　　　「セグメント情報等の開示に関する会計基準」第4項

□□□ 3：【×】**企業間の比較を困難にするという短所を有する**（テキストp. 415参照）
　　　マネジメント・アプローチに基づくセグメント情報は，企業の組織構造に基づく情報であるため，企業間の比較を困難にし，また，同一企業の年度間の比較が困難になるという短所がある（「セグメント情報等の開示に関する会計基準」第48項）。

□□□ 4：【×】**追加的コストが比較的少なくなるという長所を有する**（テキストp. 415参照）
　　　マネジメント・アプローチに基づくセグメント情報の基礎となる財務情報は，経営者が利用するために既に作成されており，企業が必要とする追加的コストが比較的少なくなるという長所を有する（「セグメント情報等の開示に関する会計基準」第47項）。

B　□□□　5　マネジメント・アプローチに基づくセグメント情報の開示が企業の事業活動上の障害を生じさせると考えられる場合は，マネジメント・アプローチに基づくセグメント情報の開示は免除される。（平成22年第Ⅱ回本試験）

A　□□□　6　企業は，識別された事業セグメントまたは集約された事業セグメントの中から，量的基準に従って，報告セグメントを決定しなければならない。

B　□□□　7　企業の本社または特定の部門のように，収益を稼得していない，または付随的な収益を稼得するに過ぎない構成単位であっても，事業セグメントとして識別する。

B　□□□　8　企業の事業セグメントに資源を配分し，その業績を評価する機能を有する主体を最高経営意思決定機関というが，これは，取締役会，執行役員会議といった会議体であり，最高経営責任者または最高執行責任者といった個人は，ここでいう主体には該当しない。（平成22年第Ⅱ回本試験）

A　□□□　9　企業は，量的基準のいずれかを満たす事業セグメントを報告セグメントとして開示しなければならないが，量的基準は，売上高，利益または損失の絶対値，資産，負債の４項目について適用される。

A　□□□　10　報告セグメントの外部顧客への売上高の合計額が損益計算書の売上高の90％未満である場合には，損益計算書の売上高の90％以上が報告セグメントに含まれるまで，報告セグメントとする事業セグメントを追加して識別しなければならない。

A　□□□　11　マネジメント・アプローチに基づくセグメント情報として開示すべき項目は，各報告セグメントの利益（または損失）および資産の額であるが，負債に関する情報が最高経営意思決定機関に対して定期的に提供され，使用されている場合には，各報告セグメントの負債の額も開示しなければならない。（平成22年第Ⅱ回本試験）

□□□ 5：【×】**免除されない**（テキストp. 415参照）

　　マネジメント・アプローチは企業の経営者が意思決定や業績評価に用いている情報そのものを開示することが財務諸表利用者にとって有用であるとする考え方に基づくものであること等から，企業の事業活動に障害を生じさせると考えられる場合においても，セグメント情報の開示は免除されない（「セグメント情報等の開示に関する会計基準」第54項）。

□□□ 6：【○】（テキストp. 416参照）

　　「セグメント情報等の開示に関する会計基準」第10項

□□□ 7：【×】**事業セグメントとならない**（テキストp. 417参照）

　　企業の本社または特定の部門のように，企業を構成する一部であっても収益を稼得していない，または付随的な収益を稼得するに過ぎない構成単位は，事業セグメントまたは事業セグメントの一部とならない（「セグメント情報等の開示に関する会計基準」第7項）。

□□□ 8：【×】**個人も最高経営意思決定機関に該当する**（テキストp. 417参照）

　　最高経営意思決定機関には，取締役会，執行役員会議といった会議体のみならず，最高経営責任者または最高執行責任者といった個人も，ここでいう主体に該当する（「セグメント情報等の開示に関する会計基準」第8項，第63項）。

□□□ 9：【×】**負債には適用されない**（テキストp. 418参照）

　　企業は，量的基準のいずれかを満たす事業セグメントを報告セグメントとして開示しなければならないが，量的基準は，売上高，利益または損失の絶対値，資産の3項目について適用される（「セグメント情報等の開示に関する会計基準」第12項）。

□□□ 10：【×】**90%ではなく，75%である**（テキストp. 418参照）

　　報告セグメントの外部顧客への売上高の合計額が損益計算書の売上高の75%未満である場合には，損益計算書の売上高の75%以上が報告セグメントに含まれるまで，報告セグメントとする事業セグメントを追加して識別しなければならない（「セグメント情報等の開示に関する会計基準」第14項）。

□□□ 11：【○】（テキストp. 419参照）

　　「セグメント情報等の開示に関する会計基準」第19項，第20項

A　□□□　12　セグメント情報の各項目の測定方法について，財務諸表を作成するために採用される会計処理の原則および手続に準拠することが求められている。

A　□□□　13　企業の組織構造の変更等，企業の管理手法が変更されたために，報告セグメントの区分方法を変更する場合には，その旨およびセグメント情報に与える影響のみを開示すれば足りるのであり，前年度のセグメント情報を当年度の区分方法により作り直した情報を開示する必要はない。

B　□□□　14　企業は，セグメント情報の中で同様の情報が開示されている場合を除き，①製品およびサービスに関する情報，②地域に関する情報および③主要な顧客に関する情報を，セグメント情報の関連情報として開示しなければならない。当該関連情報は，報告すべきセグメントが1つしかなく，セグメント情報を開示しない企業の場合，開示は不要とされる。

A　□□□　15　セグメント情報の関連情報として開示される金額は，事業セグメントに資源を配分する意思決定を行い，その業績を評価する目的で，最高経営意思決定機関に報告される数値による。

A　□□□　16　企業は，損益計算書に固定資産の減損損失を計上している場合には，セグメント情報の中で同様の情報が開示されている場合を除き，当該企業が財務諸表を作成するために採用した会計処理に基づく数値によって，その報告セグメント別の内訳を開示しなければならない。

A　□□□　17　損益計算書にのれんの償却額を計上している場合には，セグメント情報の中で同様の情報が開示されている場合を除き，当該企業が財務諸表を作成するために採用した会計処理に基づく数値によって，その償却額および未償却残高に関する報告セグメント別の内訳をそれぞれ開示しなければならない。

□□□ 12 : 【×】**求められていない**（テキストp. 420参照）

　　セグメント情報の各項目の測定方法について，財務諸表を作成するために採用される
会計処理の原則および手続に準拠することは求められていない（「セグメント情報等の
開示に関する会計基準」第83項）。

□□□ 13 : 【×】**前年度のセグメント情報を当年度の区分方法により作り直した情報を開示する**
（テキストp. 420参照）

　　企業の組織構造の変更等，企業の管理手法が変更されたために，報告セグメントの区
分方法を変更する場合には，その旨および前年度のセグメント情報を当年度の区分方法
により作り直した情報を開示する（「セグメント情報等の開示に関する会計基準」第27
項）。

□□□ 14 : 【×】**セグメント情報を開示しない企業であっても，関連情報の開示が必要とされる**（テ
キストp. 422参照）

　　企業は，セグメント情報の中で同様の情報が開示されている場合を除き，①製品およ
びサービスに関する情報，②地域に関する情報および③主要な顧客に関する情報を，セ
グメント情報の関連情報として開示しなければならない。当該関連情報は，報告すべき
セグメントが1つしかなく，セグメント情報を開示しない企業であっても，開示が必要
とされる（「セグメント情報等の開示に関する会計基準」第29項）。

□□□ 15 : 【×】**財務諸表を作成するために採用した会計処理に基づく数値による**（テキストp.
422参照）

　　セグメント情報の関連情報として開示される金額は，当該企業が財務諸表を作成する
ために採用した会計処理に基づく数値による（「セグメント情報等の開示に関する会計
基準」第29項）。

□□□ 16 : 【○】（テキストp. 423参照）

　　「セグメント情報等の開示に関する会計基準」第33項

□□□ 17 : 【○】（テキストp. 423参照）

　　「セグメント情報等の開示に関する会計基準」第34項

第20章
企業結合と事業分離

第20章　企業結合と事業分離

第1節　企業結合の意義

B　□□□　1　取得とは，ある企業が他の企業（被取得企業）または企業を構成する事業に対する支配を獲得して1つの報告単位となることをいうが，ここにおける支配とは，ある企業または企業を構成する事業の活動から便益を享受するために，その企業または事業の財務および経営方針を左右する能力を有していることをいう。

A　□□□　2　企業結合の会計処理に関して，パーチェス法により会計処理を行うのであれば，被取得企業とともに取得企業についても資産および負債を企業結合時の時価に評価替えすることが求められる。

A　□□□　3　取得に対してパーチェス法を適用する論拠として，企業結合の多くは，実質的にはいずれかの結合当事企業による新規の投資と同じであり，交付する現金および株式等の投資額を取得価額として他の結合当事企業から受け入れる資産および負債を評価することが，現行の一般的な会計処理と整合するという考え方がある。

A　□□□　4　持分プーリング法は，新規の投資の会計処理と整合する。

C　□□□　5　いずれかの結合当事企業において持分の継続が断たれていると判断されるならば，対応する資産および負債を帳簿価額で引き継ぐ持分プーリング法が，企業にとっての投資原価の回収計算すなわち損益計算の観点から優れている。

□□□ 1 ：【○】（テキストp. 426参照）

　　　「企業結合に関する会計基準」第7項，第9項

□□□ 2 ：【×】**取得企業についての評価替えは求められない**（テキストp. 427参照）

　　　パーチェス法とは，被結合企業から受け入れる資産および負債の取得原価を，対価として交付する現金および株式等の時価（公正価値）とする方法（「企業結合に関する会計基準」第63項）であり，取得企業の資産および負債を企業結合時の時価に評価替えすることは求められない。

□□□ 3 ：【○】（テキストp. 427参照）

　　　「企業結合に関する会計基準」第67項

□□□ 4 ：【×】**新規の投資ではなく，非貨幣財同士の交換の会計処理と整合する**（テキストp. 427参照）

　　　持分プーリング法は，ある種の非貨幣財同士の交換（同種資産の交換）の会計処理と整合する。

　　　なお，新規の投資の会計処理と整合するのはパーチェス法である（「企業結合に関する会計基準」第67項，第68項）。

□□□ 5 ：【×】**持分プーリング法ではなく，パーチェス法である**（テキストp. 428参照）

　　　いずれかの結合当事企業において持分の継続が断たれていると判断されるならば，対応する資産および負債を時価で引き継ぐパーチェス法が，企業にとっての投資原価の回収計算すなわち損益計算の観点から優れている。

　　　なお，すべての結合当事企業において持分が継続していると判断されるならば対応する資産および負債を帳簿価額で引き継ぐ持分プーリング法が，企業にとっての投資原価の回収計算すなわち損益計算の観点から優れているという考え方がある（「企業結合に関する会計基準」第75項）。

A 　□□□　6　現行制度上，持分の結合とみなされる企業結合には，持分プーリング法が適用される。

B 　□□□　7　企業結合の実態として，取得と持分の結合が考えられるが，共同支配企業の形成はそのいずれにも該当しない。

A 　□□□　8　A社とB社が消滅してC社を新設する新設合併のケースにおいては，C社の開始貸借対照表の作成にあたり，A社およびB社の資産および負債を時価評価とすることが認められている。（平成20年本試験）

第2節　取得の会計処理

A 　□□□　1　「企業結合に関する会計基準」によれば，共同支配企業の形成および共通支配下の取引以外の企業結合については取得となるものとしている。

A 　□□□　2　取得企業の決定には，「連結財務諸表に関する会計基準」の考え方を用いる。

A 　□□□　3　主な対価の種類として，現金もしくは他の資産を引き渡す場合，通常，当該現金もしくは他の資産を受け取る企業（結合企業）が取得企業となる。

A 　□□□　4　取得とされた企業結合において，主な対価の種類が株式（出資を含む。）である場合，当該株式を交付する企業（結合企業）を取得企業としなければならない。

A 　□□□　5　対価の種類が株式である場合の取得企業の決定にあたっては，総体としての株主が占める相対的な議決権比率の大きさを優先的な判断基準とする。

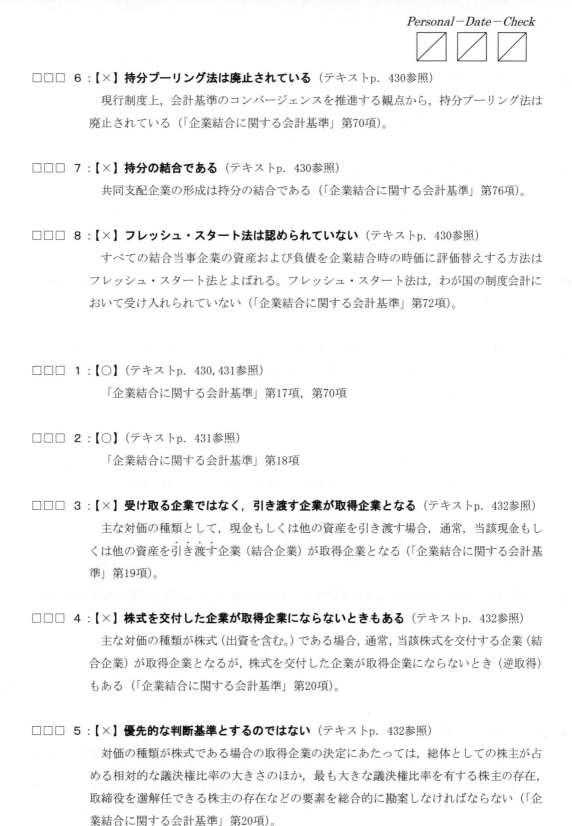

□□□ 6：【×】**持分プーリング法は廃止されている**（テキストp. 430参照）

現行制度上，会計基準のコンバージェンスを推進する観点から，持分プーリング法は廃止されている（「企業結合に関する会計基準」第70項）。

□□□ 7：【×】**持分の結合である**（テキストp. 430参照）

共同支配企業の形成は持分の結合である（「企業結合に関する会計基準」第76項）。

□□□ 8：【×】**フレッシュ・スタート法は認められていない**（テキストp. 430参照）

すべての結合当事企業の資産および負債を企業結合時の時価に評価替えする方法はフレッシュ・スタート法とよばれる。フレッシュ・スタート法は，わが国の制度会計において受け入れられていない（「企業結合に関する会計基準」第72項）。

□□□ 1：【○】（テキストp. 430, 431参照）

「企業結合に関する会計基準」第17項，第70項

□□□ 2：【○】（テキストp. 431参照）

「企業結合に関する会計基準」第18項

□□□ 3：【×】**受け取る企業ではなく，引き渡す企業が取得企業となる**（テキストp. 432参照）

主な対価の種類として，現金もしくは他の資産を引き渡す場合，通常，当該現金もしくは他の資産を引き渡す企業（結合企業）が取得企業となる（「企業結合に関する会計基準」第19項）。

□□□ 4：【×】**株式を交付した企業が取得企業にならないときもある**（テキストp. 432参照）

主な対価の種類が株式（出資を含む。）である場合，通常，当該株式を交付する企業（結合企業）が取得企業となるが，株式を交付した企業が取得企業にならないとき（逆取得）もある（「企業結合に関する会計基準」第20項）。

□□□ 5：【×】**優先的な判断基準とするのではない**（テキストp. 432参照）

対価の種類が株式である場合の取得企業の決定にあたっては，総体としての株主が占める相対的な議決権比率の大きさのほか，最も大きな議決権比率を有する株主の存在，取締役を選解任できる株主の存在などの要素を総合的に勘案しなければならない（「企業結合に関する会計基準」第20項）。

A □□□ 6 結合当事企業のうち，いずれかの企業の相対的な規模（例えば，総資産額，売上高あるいは純利益）が著しく大きい場合には，通常，当該相対的な規模が著しく大きい結合当事企業が取得企業となる。

A □□□ 7 被取得企業または取得した事業の取得原価は，原則として，取得の対価（支払対価）となる財の企業結合日における帳簿価額に基づき算定する。

B □□□ 8 公開企業が自己の株式を交付して非公開企業を取得した場合には，通常，取得原価は公開企業株式の時価を基礎にして算定される。

A □□□ 9 取得の対価として市場価格のある株式を交付する場合，取得原価は，株式の交換比率を含む企業結合の主要条件が合意され，公表された日の株価に交付株式数を乗じた額で算定する。（平成21年本試験）

A □□□ 10 取得が複数の取引により達成された場合には，個別上も連結上も，支配を獲得するに至った個々の取引すべての企業結合日における時価をもって取得原価を算定する方法が採用されている。

B □□□ 11 段階取得の場合，連結財務諸表上，被取得企業の取得原価と，支配を獲得するに至った個々の取引ごとの原価の合計額との差額は，資本剰余金として処理する。

A □□□ 12 「企業結合に関する会計基準」では，国際的な会計基準とのコンバージェンスの観点から，外部のアドバイザー等に支払った特定の報酬・手数料等の取得関連費用は，取得原価に含めて処理する。

□□□ 6：【○】（テキストp．432参照）

　　　　「企業結合に関する会計基準」第21項

□□□ 7：【×】**帳簿価額ではなく，時価に基づき算定する**（テキストp．433参照）

　　　　被取得企業または取得した事業の取得原価は，原則として，取得の対価（支払対価）
となる財の企業結合日における時価に基づき算定する（「企業結合に関する会計基準」第
23項）。

□□□ 8：【○】（テキストp．433参照）

　　　　「企業結合に関する会計基準」第84項

□□□ 9：【×】**合意公表日ではなく，企業結合日の株価である**（テキストp．434参照）

　　　　取得の対価として市場価格のある株式を交付する場合，取得の対価となる財の時価は，
企業結合の主要条件が合意され公表された日の株価ではなく，原則として，企業結合日
における株価を基礎にして算定する（「企業結合に関する会計基準」第24項）。

□□□ 10：【×】**個別上は採用されていない**（テキストp．435参照）

　　　　取得が複数の取引により達成された場合，連結上は支配を獲得するに至った個々の取
引すべての企業結合日における時価をもって取得原価を算定する方法が採用されている
が，個別上は支配を獲得するに至った個々の取引ごとの原価の合計額をもって取得原価
を算定する方法が採用されている（「企業結合に関する会計基準」第25項）。

□□□ 11：【×】**資本剰余金ではなく，当期の段階取得に係る損益として処理する**（テキストp．
435参照）

　　　　段階取得の場合，連結財務諸表上，被取得企業の取得原価と，支配を獲得するに至っ
た個々の取引ごとの原価の合計額との差額は，当期の段階取得に係る損益として処理す
る（「企業結合に関する会計基準」第25項）。

□□□ 12：【×】**取得原価に含めるのではなく，発生時の費用として処理する**（テキストp．437参
照）

　　　　「企業結合に関する会計基準」では，国際的な会計基準とのコンバージェンスの観点
から，外部のアドバイザー等に支払った特定の報酬・手数料等の取得関連費用は，取得
原価に含めて処理するのではなく，発生した事業年度の費用として処理する（「企業結合
に関する会計基準」第26項）。

A □□□ 13 条件付取得対価が企業結合契約締結後の将来の業績に依存する場合において，対価を追加的に交付するまたは引き渡すときには，条件付取得対価を交付または引渡した時点で，支払対価を取得原価として追加的に認識するとともに，のれんを追加的に認識するまたは負ののれんを減額する。

A □□□ 14 条件付取得対価が将来の業績に依存する場合，追加的に認識するまたは減額するのれんまたは負ののれんは，企業結合日時点で認識または減額されたものと仮定して計算し，追加認識または減額する事業年度以前に対応する償却額および減損損失額は資本剰余金として処理する。

A □□□ 15 条件付取得対価が特定の株式の市場価格に依存する場合，条件付取得対価の交付または引渡しが確実となり，その時価が合理的に決定可能となった時点で，追加で交付可能となった条件付取得対価をその時点の時価に基づき認識するとともに，企業結合日現在で交付している株式をその時点の時価に修正する。

A □□□ 16 取得原価は，識別可能資産および負債の企業結合日時点の帳簿価額を基礎として，当該資産および負債に対して企業結合日以後1年以内に配分する。

B □□□ 17 時価が一義的には定まりにくい土地をはじめとした固定資産等が識別可能資産に含まれている場合において，負ののれんが多額に生じることが見込まれるときには，その金額を当該固定資産等に合理的に配分した評価額も，合理的に算定された時価であると認められる。

B □□□ 18 貸借対照表日までに取得原価の配分が完了していない場合には，その旨およびその理由を財務諸表に注記する。

B □□□ 19 企業結合日以後の決算において，取得原価の配分が完了していなかった場合は，その時点では会計処理を行わず，その後追加的に入手した情報等に基づき配分額が確定した時点で会計処理を行う。

□□□ 13：【×】**交付または引渡した時点ではなく，交付または引渡しが確実となり，その時価が合理的に決定可能となった時点である**（テキストp. 438参照）

　　条件付取得対価が企業結合契約締結後の将来の業績に依存する場合において，対価を追加的に交付するまたは引き渡すときには，条件付取得対価の交付または引渡しが確実となり，その時価が合理的に決定可能となった時点で，支払対価を取得原価として追加的に認識するとともに，のれんを追加的に認識するまたは負ののれんを減額する（「企業結合に関する会計基準」第27項(1)）。

□□□ 14：【×】**資本剰余金ではなく，損益として処理する**（テキストp. 438参照）

　　条件付取得対価が将来の業績に依存する場合，追加的に認識するまたは減額するのれんまたは負ののれんは，企業結合日時点で認識または減額されたものと仮定して計算し，追加認識または減額する事業年度以前に対応する償却額および減損損失額は損益として処理する（「企業結合に関する会計基準」脚注4）。

□□□ 15：【○】（テキストp. 438参照）

　　「企業結合に関する会計基準」第27項(2)

□□□ 16：【×】**帳簿価額ではなく，時価を基礎として配分する**（テキストp. 440参照）

　　取得原価は，識別可能資産および負債の企業結合日時点の時価を基礎として，当該資産および負債に対して企業結合日以後1年以内に配分する（「企業結合に関する会計基準」第28項）。

□□□ 17：【○】（テキストp. 440参照）

　　「企業結合に関する会計基準」第103項

□□□ 18：【○】（テキストp. 440参照）

　　「企業結合に関する会計基準」第49項(4)③

□□□ 19：【×】**その時点で暫定的な会計処理を行う**（テキストp. 440参照）

　　企業結合日以後の決算において，取得原価の配分が完了していなかった場合は，その時点で入手可能な合理的な情報等に基づき暫定的な会計処理を行い，その後追加的に入手した情報等に基づき配分額を確定させる（「企業結合に関する会計基準」脚注6）。

A　□□□　20　取得とされた企業結合においては，被取得企業から取得した識別可能資産および負債
は，結合前に被取得企業の貸借対照表に計上されているものに限られる。

A　□□□　21　受け入れた資産に法律上の権利など分離して譲渡可能な無形資産が含まれる場合には，
当該無形資産を識別可能資産として資産計上することが容認されている。

B　□□□　22　ソフトウェア，顧客リスト，特許で保護されていない技術などは，識別可能資産とし
て計上することはできない。

B　□□□　23　取得後に発生することが予測される特定の事象に対応した費用または損失であって，
その発生の可能性が取得の対価の算定に反映されている場合には負債として認識し，当
該負債は流動負債として表示しなければならない。

B　□□□　24　企業結合に係る特定勘定は，企業結合日後5年以内に取り崩す。

A　□□□　25　研究開発活動に係る支出を発生時にすべて費用とする処理と整合させるために，取得企
業が取得対価の一部を研究開発費に配分したときには，当該金額を配分時にすべて費用処
理する。（平成22年第Ⅱ回本試験）

A　□□□　26　取得原価が，受け入れた資産および引き受けた負債に配分された純額を下回る場合には，
その不足額はのれんとして会計処理する。

380

□□□ 20：【×】**貸借対照表に計上されているものに限られない**（テキストp. 441参照）

　　　　被取得企業から取得した識別可能資産および負債は，結合前に被取得企業の貸借対照
表に計上されているものに限られない（「企業結合に関する会計基準」第99項）。

□□□ 21：【×】**原則として資産計上する**（テキストp. 441参照）

　　　　受け入れた資産に法律上の権利など分離して譲渡可能な無形資産が含まれる場合には，
資産計上することが容認されているのではなく，原則として，資産計上する（「企業結合
に関する会計基準」第29項，第100項）。

□□□ 22：【×】**識別可能資産として計上することがある**（テキストp. 441参照）

　　　　ソフトウェア，顧客リスト，特許で保護されていない技術，データベース，研究開発
活動の途中段階の成果等についても分離して譲渡可能なものがあるため，識別可能資産
として計上することがある。

□□□ 23：【×】**原則として，固定負債として表示する**（テキストp. 441参照）

　　　　取得後に発生することが予測される特定の事象に対応した費用または損失であって，
その発生の可能性が取得の対価の算定に反映されている場合には，負債（企業結合に係
る特定勘定）として認識し，当該負債は原則として，固定負債として表示する（「企業
結合に関する会計基準」第30項）。

　　　　なお，認識の対象となった事象が貸借対照表日後1年内に発生することが明らかなも
のは流動負債として表示する。

□□□ 24：【×】**5年以内に取り崩すことは要求されていない**（テキストp. 441参照）

　　　　企業結合に係る特定勘定は，認識の対象となった事象が発生した事業年度または当該
事象が発生しないことが明らかになった事業年度に取り崩すのであり，企業結合日後5
年以内に取り崩すことは要求されていない。

□□□ 25：【×】**費用処理ではなく，資産計上する**（テキストp. 442参照）

　　　　取得企業が取得対価の一部を研究開発費に配分したときには，当該金額を配分時にす
べて費用処理するのではなく，識別可能性の要件を満たす限り，企業結合日における時
価に基づいて資産計上する（「企業結合に関する会計基準」第101項）。

□□□ 26：【×】**のれんではなく，負ののれんである**（テキストp. 443参照）

　　　　取得原価が，受け入れた資産および引き受けた負債に配分された純額を下回る場合に
は，その不足額は負ののれんとして会計処理する（「企業結合に関する会計基準」第31
項）。

A ☐☐☐ 27　企業結合に際してのれんを計上した場合には，原則として連結のれんについては20年以内に，個別のれんについては5年以内に償却しなければならない。

A ☐☐☐ 28　のれんの金額に重要性が乏しい場合には，当該のれんが生じた事業年度の費用として処理することができる。

A ☐☐☐ 29　現行制度上，のれんの会計処理方法として，その効果の及ぶ期間にわたり規則的な償却を行う方法が採用されているが，その論拠として，のれんは投資原価の一部であることに鑑みれば，投資原価を超えて回収された超過額を企業にとっての利益とみる考え方と首尾一貫するという点があげられる。

A ☐☐☐ 30　連結貸借対照表上，当期に発生した「負ののれん」は計上されない。（平成23年第Ⅱ回本試験）

A ☐☐☐ 31　負ののれんが生じると見込まれる場合には，原則として，すべての識別可能資産および負債が把握されているか，また，それらに対する取得原価の配分が適切に行われているかどうかを見直すことが求められている。

A ☐☐☐ 32　「企業結合に関する会計基準」では，国際的な会計基準とのコンバージェンスの観点から，負ののれんの会計処理方法として，想定される負ののれんの発生原因を特定し，その発生原因に対応した会計処理を行う方法を採用している。

A ☐☐☐ 33　吸収合併において消滅会社が取得企業となる場合，存続会社の個別財務諸表では，当該取得企業（消滅会社）の資産および負債を合併直前の適正な帳簿価額により計上する。

A ☐☐☐ 34　株式交換において完全親会社が被取得企業と判定される場合，完全親会社の個別財務諸表上，子会社株式の取得原価は，取得企業と判定される完全子会社の資産および負債を時価評価して算定する。（平成21年本試験）

□□□ 27：【×】**個別のれんについても20年以内の償却となる**（テキストp. 443参照）

のれんは，原則として20年以内のその効果の及ぶ期間にわたって，定額法その他の合理的な方法により規則的に償却する（「企業結合に関する会計基準」第32項）。これは，連結のれんであるか，個別のれんであるかを問わない。

□□□ 28：【○】（テキストp. 443参照）

「企業結合に関する会計基準」第32項

□□□ 29：【○】（テキストp. 443参照）

「企業結合に関する会計基準」第105項

□□□ 30：【○】（テキストp. 444参照）

「負ののれん」は発生した事業年度の利益として処理されるため，連結貸借対照表には計上されない（「連結財務諸表に関する会計基準」第24項，「企業結合に関する会計基準」第33項）。

□□□ 31：【○】（テキストp. 444参照）

「企業結合に関する会計基準」第33項

□□□ 32：【×】**発生事業年度の利益として処理する方法を採用している**（テキストp. 444参照）

「企業結合に関する会計基準」では，国際的な会計基準とのコンバージェンスの観点から，負ののれんの会計処理方法として，発生した事業年度の利益として処理する方法を採用している（「企業結合に関する会計基準」第110項，第111項）。

□□□ 33：【○】（テキストp. 445参照）

「企業結合に関する会計基準」第34項

□□□ 34：【×】**時価ではなく，適正な帳簿価額による株主資本の額による**（テキストp. 445参照）

株式交換において完全親会社が被取得企業と判定される場合（逆取得），完全親会社の個別財務諸表上，取得企業株式（完全子会社株式）の取得原価は，当該完全子会社の株式交換直前における適正な帳簿価額による株主資本の額に基づいて算定する（「企業結合に関する会計基準」第36項）。

第3節　共同支配企業の形成

B　□□□　1　複数の独立した企業により共同で支配される企業を共同支配投資企業という。

A　□□□　2　共同支配企業の形成か否かの判定については，通常，共同支配であることが契約等から明らかであるので，企業結合に際して支払われた対価のすべてが現金であってもその企業結合は共同支配企業の形成と判定される。

A　□□□　3　共同支配企業の形成において，共同支配企業は，共同支配投資企業から移転する資産および負債を，その時点における時価により計上する。

A　□□□　4　共同支配企業に事業を移転した共同支配投資企業の個別財務諸表上，共同支配投資企業が受け取った共同支配企業に対する投資の取得原価は，移転した事業の時価に基づいて算定する。

A　□□□　5　連結財務諸表上，共同支配投資企業は，共同支配企業に対する投資について比例連結を適用する。

第4節　共通支配下の取引等

A　□□□　1　共通支配下の取引により企業集団内を移転する資産および負債を受け入れた企業は，個別財務諸表上，当該資産および負債を移転直前に付されていた適正な帳簿価額により計上し，移転された資産および負債の差額は，純資産として処理する。

A　□□□　2　共通支配下の取引により企業集団内において移転した資産および負債の対価として交付された株式の取得原価は，株式を取得した企業の個別財務諸表上，当該資産および負債の時価に基づいて算定する。

□□□ 1：【×】**共同支配投資企業ではなく，共同支配企業という**（テキストp. 446参照）
　　複数の独立した企業により共同で支配される企業を共同支配企業という。
　　なお，共同支配企業を共同で支配する企業を共同支配投資企業という（「企業結合に関する会計基準」第11項，第12項）。

□□□ 2：【×】**共同支配企業の形成と判定されない**（テキストp. 446参照）
　　ある企業結合を共同支配企業の形成と判定するためには，企業結合に際して支払われた対価のすべてが，原則として，議決権のある株式であることが必要である（「企業結合に関する会計基準」第37項）。したがって，企業結合に際して支払われた対価のすべてが現金である場合，その企業結合は共同支配企業の形成と判定されない。

□□□ 3：【×】**時価ではなく，適正な帳簿価額により計上する**（テキストp. 446参照）
　　共同支配企業の形成において，共同支配企業は，共同支配投資企業から移転する資産および負債を，移転直前に共同支配投資企業において付されていた適正な帳簿価額により計上する（「企業結合に関する会計基準」第38項）。

□□□ 4：【×】**時価ではなく，株主資本相当額に基づいて算定する**（テキストp. 446参照）
　　共同支配企業に事業を移転した共同支配投資企業の個別財務諸表上，共同支配投資企業が受け取った共同支配企業に対する投資の取得原価は，移転した事業に係る株主資本相当額に基づいて算定する（「企業結合に関する会計基準」第39項(1)）。

□□□ 5：【×】**比例連結ではなく，持分法を適用する**（テキストp. 376, 446参照）
　　連結財務諸表上，共同支配投資企業は，共同支配企業に対する投資について持分法を適用する（「企業結合に関する会計基準」第39項(2)）。

□□□ 1：【○】（テキストp. 447参照）
　　「企業結合に関する会計基準」第41項，第42項

□□□ 2：【×】**時価ではなく，適正な帳簿価額に基づき算定する**（テキストp. 447参照）
　　共通支配下の取引により企業集団内において移転した資産および負債の対価として交付された株式の取得原価は，株式を取得した企業の個別財務諸表上，当該資産および負債の適正な帳簿価額に基づいて算定する（「企業結合に関する会計基準」第43項）。

A　□□□　3　共通支配下の取引は，親会社の立場からは企業集団内における純資産等の移転取引として，内部取引と考えられるため，個別財務諸表の作成にあたっても，基本的には，企業結合の前後で当該純資産等の帳簿価額が相違することにならないように，企業集団内における移転先の企業は移転元の適正な帳簿価額により計上する。

B　□□□　4　連結財務諸表上，共通支配下の取引は，内部取引としてすべて消去する。

B　□□□　5　親会社と子会社が企業結合する場合において，子会社の資産および負債の帳簿価額を連結上修正しているときは，親会社が作成する個別財務諸表においては，修正前の帳簿価額により計上する。

B　□□□　6　共通支配下の取引により子会社が法律上消滅する場合には，当該子会社に係る子会社株式（抱合せ株式）の適正な帳簿価額とこれに対応する増加資本との差額は，親会社の資本剰余金とする。

A　□□□　7　株式交換等により非支配株主から子会社株式を受け取る取引は，企業結合に該当する取引であるため，その会計処理は「企業結合に関する会計基準」において規定されている。

A　□□□　8　親会社が子会社株式を非支配株主から追加取得したときは，個別財務諸表上，のれんまたは負ののれんが計上される。

A　□□□　9　非支配株主との取引については，連結財務諸表上，連結会計基準における子会社株式の追加取得および一部売却等の取扱いに準じて処理する。

□□□ 3 :【○】（テキストp. 447参照）

　　　　「企業結合に関する会計基準」第119項

□□□ 4 :【○】（テキストp. 447参照）

　　　　「企業結合に関する会計基準」第44項

□□□ 5 :【×】**修正前ではなく，修正後の帳簿価額により計上する**（テキストp. 447参照）

　　　　親会社と子会社が企業結合する場合において，子会社の資産および負債の帳簿価額を連結上修正しているときは，親会社が作成する個別財務諸表においては，連結財務諸表上の金額である修正後の帳簿価額（のれんを含む。）により計上する（「企業結合に関する会計基準」脚注9）。

□□□ 6 :【×】**資本剰余金ではなく，損益とする**（テキストp. 447参照）

　　　　共通支配下の取引により子会社が法律上消滅する場合には，当該子会社に係る子会社株式（抱合せ株式）の適正な帳簿価額とこれに対応する増加資本との差額は，親会社の損益とする（「企業結合に関する会計基準」脚注10）。

□□□ 7 :【×】**企業結合に該当しない取引である**（テキストp. 448参照）

　　　　株式交換等により非支配株主から子会社株式を受け取る取引（非支配株主との取引）は，企業結合に該当しない取引であるが，「連結財務諸表に関する会計基準」では，連結財務諸表上の取扱いが示されているに留まっているため，個別財務諸表上の取扱いを含めた全般的な会計処理が，「企業結合に関する会計基準」において規定されている（「企業結合に関する会計基準」第118項）。

□□□ 8 :【×】**のれんまたは負ののれんは計上されない**（テキストp. 448参照）

　　　　親会社が子会社株式を非支配株主から追加取得したときは，個別財務諸表上，子会社株式が当該株式の時価またはその対価となる財の時価で測定される（「企業結合に関する会計基準」第45項）。したがって，のれんまたは負ののれんは計上されない。

□□□ 9 :【○】（テキストp. 448参照）

　　　　「企業結合に関する会計基準」第46項

第5節　事業分離等の会計

B　□□□　1　いわゆる分割型の会社分割については，「事業分離等に関する会計基準」上，分割会社の株主に対する現物の分配と同様の1つの取引と考えられている。

B　□□□　2　結合企業（分離先企業）がパーチェス法に基づき取引時点の取得の対価となる財の時価をもって取得原価とする場合でも，必ずしも分離元企業が対価として受け取る分離先企業の株式等の取得原価をその時価とし，移転損益を認識するわけではない。

A　□□□　3　分離元企業が，現金など，移転した事業と明らかに異なる資産を対価として受け取る場合には，原則として，投資が清算されたとみなされ，個別財務諸表上，事業を分離先企業に移転したことにより受け取った対価となる財の時価と，移転した事業に係る株主資本相当額との差額を移転損益として認識するとともに，改めて当該受取対価の時価にて投資を行ったものとする。

B　□□□　4　移転した事業に係る株主資本相当額とは，移転した事業に係る資産および負債の移転直前の適正な帳簿価額による差額から，当該事業に係る株式引受権および新株予約権を控除した額をいうため，当該事業に係る評価・換算差額等は含まれる。

B　□□□　5　移転した事業とは明らかに異なる現金等の財産を受取対価として事業分離を行ったとしても，事業分離後において，分離元企業の継続的関与があり，それが重要であることによって，移転した事業に係る成果の変動性を従来と同様に負っている場合には，投資が清算されたとみなされず，分離元企業の個別財務諸表上，移転損益は認識されない。

B　□□□　6　事業分離にあたり認識した移転損益は，分離元企業の個別財務諸表上，原則として，営業外損益に計上する。

A　□□□　7　事業分離において，子会社株式となる分離先企業の株式のみを対価として受け取る場合には，当該事業に関する投資が継続しているとみなされるが，関連会社株式となる分離先企業の株式のみを対価として受け取る場合には，当該事業に関する投資が継続しているとはみなされない。

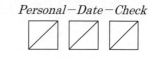

□□□ 1：【×】**2つの取引と考えている**（テキストp．449参照）

　　　　分割型の会社分割について，「事業分離等に関する会計基準」では，会社分割とこれに
　　　より受け取った承継会社または新設会社の株式の分配という2つの取引と考えている
　　　（「事業分離等に関する会計基準」第9項(3)，第63項）。

□□□ 2：【○】（テキストp．449参照）

　　　　「事業分離等に関する会計基準」第72項

□□□ 3：【○】（テキストp．450参照）

　　　　「事業分離等に関する会計基準」第10項(1)

□□□ 4：【×】**評価・換算差額等は含まれない**（テキストp．450参照）

　　　　移転した事業に係る株主資本相当額とは，移転した事業に係る資産および負債の移転
　　　直前の適正な帳簿価額による差額から，当該事業に係る評価・換算差額等，株式引受権
　　　および新株予約権を控除した額をいう（「事業分離等に関する会計基準」第10項(1)）。

□□□ 5：【○】（テキストp．450参照）

　　　　「事業分離等に関する会計基準」第10項(1)

□□□ 6：【×】**営業外損益ではなく，特別損益に計上する**（テキストp．450参照）

　　　　事業分離にあたり認識した移転損益は，分離元企業の個別財務諸表上，原則として，
　　　特別損益に計上する（「事業分離等に関する会計基準」第27項）。

□□□ 7：【×】**関連会社株式の場合も投資が継続しているとみなされる**（テキストp．450参照）

　　　　子会社株式や関連会社株式となる分離先企業の株式のみを対価として受け取る場合に
　　　は，当該株式を通じて，移転した事業に関する事業投資を引き続き行っていると考えら
　　　れることから，当該事業に関する投資が継続しているとみなされる（「事業分離等に関す
　　　る会計基準」第10項(2)）。

A □□□ 8　現金等の財産のみを受取対価とする事業分離において，子会社へ事業分離する場合，分離元企業の個別財務諸表上，共通支配下の取引として，分離元企業が受け取った現金等の財産は，移転前に付された適正な帳簿価額により計上し，移転損益は認識されない。

A □□□ 9　関連会社に対し，移転した事業とは明らかに異なる現金等の財産を受取対価として事業分離を行った場合には，分離元企業の個別財務諸表上，移転損益は認識されない。

A □□□ 10　分離先企業の株式のみを受取対価として事業分離を行う場合において，事業分離前に分離元企業は分離先企業の株式を有していないが，事業分離により分離先企業が新たに分離元企業の子会社となる場合，分離元企業（親会社）の個別財務諸表上，移転損益は認識せず，当該分離元企業が受け取った分離先企業の株式（子会社株式）の取得原価は，移転した事業に係る株主資本相当額に基づいて算定する。

A □□□ 11　分離先企業の株式のみを受取対価として事業分離を行う場合において，事業分離前に分離元企業は分離先企業の株式を有していないが，事業分離により分離先企業が新たに分離元企業の関連会社となる場合には，分離元企業の個別財務諸表上，原則として移転損益が認識される。

A □□□ 12　受取対価が分離先企業の株式のみである事業分離において，新たに子会社や関連会社となる会社へ事業分離する場合（事業分離前において分離先企業の株式を有していないものとする），分離元企業の個別財務諸表上，受け取った分離先企業株式は，移転した事業に係る株主資本相当額により計上するが，当該金額がマイナスの場合，分離元企業が受け取った分離先企業の株式（子会社株式または関連会社株式）の取得原価はゼロとし，当該マイナスの金額は臨時的な利益として特別利益に計上する。

A □□□ 13　分離先企業の株式のみを受取対価とする事業分離により分離先企業が子会社や関連会社以外となる場合（共同支配企業の形成の場合を除く。），分離元企業の個別財務諸表上，原則として，移転損益が認識される。

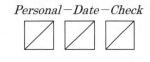

□□□ 8 :【×】**移転損益が認識される**（テキストp. 452参照）

　　　現金等の財産のみを受取対価とする事業分離において，子会社へ事業分離する場合，分離元企業の個別財務諸表上，共通支配下の取引として，分離元企業が受け取った現金等の財産は，移転前に付された適正な帳簿価額により計上し，当該価額と移転した事業に係る株主資本相当額との差額を移転損益として認識する（「事業分離等に関する会計基準」第14項(1)）。

□□□ 9 :【×】**原則として移転損益が認識される**（テキストp. 452参照）

　　　関連会社に対し，移転した事業とは明らかに異なる現金等の財産を受取対価として事業分離を行った場合には，受け取った現金等の財産は原則として時価で計上し，移転した事業に係る株主資本相当額との差額は，原則として移転損益として認識する（「事業分離等に関する会計基準」第15項(1)）。

□□□ 10 :【○】（テキストp. 452参照）

　　　「事業分離等に関する会計基準」第17項(1)

□□□ 11 :【×】**移転損益は認識しない**（テキストp. 452参照）

　　　事業分離を行う場合において，事業分離前に分離元企業は分離先企業の株式を有していないが，事業分離により分離先企業が新たに分離元企業の関連会社となる場合には，移転損益は認識せず，当該分離元企業が受け取った分離先企業の株式（関連会社株式）の取得原価は，移転した事業に係る株主資本相当額に基づいて算定する（「事業分離等に関する会計基準」第20項(1)）。

□□□ 12 :【×】**特別利益ではなく，負債に計上する**（テキストp. 452参照）

　　　移転した事業に係る株主資本相当額がマイナスの場合，分離元企業が受け取った分離先企業の株式（子会社株式または関連会社株式）の取得原価はゼロとし，当該マイナスの金額は臨時的な利益として特別利益に計上するのではなく，株式の評価的な勘定として「組織再編により生じた株式の特別勘定」等，適切な科目をもって負債に計上する。

□□□ 13 :【○】（テキストp. 452参照）

　　　「事業分離等に関する会計基準」第23項

A □□□ 14 現金等の財産と分離先企業の株式を受取対価とする事業分離において，分離先企業が子会社となる場合，分離元企業の個別財務諸表上，取得する分離先企業の株式の取得原価がゼロとなることがある。

A □□□ 15 現金等の財産と分離先企業の株式を受取対価とする事業分離において，分離先企業が関連会社となる場合，分離元企業の個別財務諸表上，分離元企業で受け取った現金等の財産は，原則として，時価により計上する。この結果，当該時価が移転した事業に係る株主資本相当額を上回る場合には，原則として，当該差額を移転利益として認識し，受け取った分離先企業の株式の取得原価は当該株式の時価により算定する。

A □□□ 16 事業分離に要した支出額は，受け取る資産の取得原価に含めて処理する。

A □□□ 17 移転損益を認識する場合の受取対価となる財の時価は，市場価格のある分離先企業の株式が受取対価とされる場合，事業分離の主要条件が合意され公表された時点の株価を基礎に算定する。

A □□□ 18 現金等の財産のみを受取対価とする事業分離において，関連会社へ事業分離する場合，分離元企業の個別財務諸表において計上された移転損益は，連結財務諸表上，その全額を消去する。

A □□□ 19 分離先企業の株式のみを受取対価とする事業分離において，事業分離前に分離元企業は分離先企業の株式を有していないが，事業分離により分離先企業が新たに分離元企業の子会社となる場合，分離元企業（親会社）の連結財務諸表上，分離元企業（親会社）の事業が移転されたとみなされる額と，移転した事業に係る分離元企業（親会社）の持分の減少額との間に生じる差額については，資本剰余金とする。

□□□ 14 :【○】（テキストp. 452参照）
　　　　現金等の財産と子会社となる分離先企業の株式を受取対価とする事業分離において，分離元企業が受け取った現金等の財産に付した価額が移転事業に係る株主資本相当額を上回る場合には，原則として，当該差額を移転利益として認識し，取得する分離先企業の株式の取得原価はゼロとする（「事業分離等に関する会計基準」第24項(1)）。

□□□ 15 :【×】**受け取った株式の取得原価は時価ではなく，ゼロとする**（テキストp. 452参照）
　　　　現金等の財産と分離先企業の株式を受取対価とする事業分離において，分離先企業が関連会社となる場合，分離元企業の個別財務諸表上，分離元企業で受け取った現金等の財産は，原則として，時価により計上する。この結果，当該時価が移転した事業に係る株主資本相当額を上回る場合には，原則として，当該差額を移転利益として認識し，受け取った分離先企業の株式の取得原価はゼロとする（「事業分離等に関する会計基準」第25項(1)）。

□□□ 16 :【×】**資産の取得原価に含めるのではなく，発生時の費用とする**（テキストp. 453参照）
　　　　事業分離に要した支出額は，発生時の事業年度の費用として処理する（「事業分離等に関する会計基準」第11項）。

□□□ 17 :【×】**合意公表時点の株価ではなく，事業分離日の株価による**（テキストp. 453参照）
　　　　移転損益を認識する場合の受取対価となる財の時価は，市場価格のある分離先企業の株式が受取対価とされる場合，事業分離日の株価を基礎に算定する（「事業分離等に関する会計基準」第13項，第81項）。

□□□ 18 :【×】**全額ではなく，投資会社の持分相当額を消去する**（テキストp. 454参照）
　　　　現金等の財産のみを受取対価とする事業分離において，関連会社へ事業分離する場合，分離元企業の個別財務諸表において計上された移転損益は，連結財務諸表上，「持分法に関する会計基準」における未実現損益の消去に準じて，投資会社の持分相当額を消去する（「事業分離等に関する会計基準」第15項(2)）。

□□□ 19 :【○】（テキストp. 454参照）
　　　　「事業分離等に関する会計基準」第17項(2)

A　□□□ 20　分離先企業の株式のみを受取対価とする事業分離において，事業分離前に分離元企業は分離先企業の株式を有していないが，事業分離により分離先企業が新たに分離元企業の関連会社となる場合（共同支配企業の形成の場合は含まれない。），分離元企業の連結財務諸表上，分離先企業に対して投資したとみなされる額と，これに対応する分離先企業の事業分離直前の資本（関連会社に係る分離元企業の持分の増加額）との間に生じる差額については，のれんまたは負ののれんとして処理する。

A　□□□ 21　分離先企業の株式のみを受取対価とする事業分離において，事業分離前に分離元企業は分離先企業の株式を有していないが，事業分離により分離先企業が新たに分離元企業の関連会社となる場合（共同支配企業の形成の場合は含まれない。），分離元企業の連結財務諸表上，分離元企業の事業が移転されたとみなされる額と，移転した事業に係る分離元企業の持分の減少額との間に生じる差額については，資本剰余金として取り扱う。

A　□□□ 22　現物出資により資産を移転し移転先の企業の株式を受け取る移転元の企業の会計処理は，事業分離における分離元企業の会計処理に準じて行われる。

A　□□□ 23　被結合企業の株主は，被結合企業に関する投資が清算されたとみる場合，個別財務諸表上，被結合企業の株式と引き換えに受け取った対価となる財の時価と，被結合企業の株式に係る企業結合直前の適正な帳簿価額との差額を交換損益として認識する。

A　□□□ 24　ある子会社を被結合企業とし他の子会社を結合企業とする企業結合により，子会社株式である被結合企業の株式が，現金等の財産のみと引き換えられた場合，被結合企業の株主の個別財務諸表上，交換損益は認識されない。

A　□□□ 25　子会社を被結合企業とし子会社以外を結合企業とする企業結合により，子会社株式である被結合企業の株式が，現金等の財産のみと引き換えられた場合，被結合企業の株主の個別財務諸表上，原則として，交換損益が認識される。

□□□ 20：【○】（テキストp. 454参照）

　　　　「事業分離等に関する会計基準」第20項(2)①

□□□ 21：【×】**資本剰余金ではなく，持分変動差額として取り扱う**（テキストp. 454参照）

　　　　分離先企業の株式のみを受取対価とする事業分離において，事業分離前に分離元企業は分離先企業の株式を有していないが，事業分離により分離先企業が新たに分離元企業の関連会社となる場合（共同支配企業の形成の場合は含まれない。），分離元企業の連結財務諸表上，分離元企業の事業が移転されたとみなされる額と，移転した事業に係る分離元企業の持分の減少額との間に生じる差額については，持分変動差額として取り扱う（「事業分離等に関する会計基準」第20項(2)②）。

□□□ 22：【○】（テキストp. 457参照）

　　　　「事業分離等に関する会計基準」第31項

□□□ 23：【○】（テキストp. 458参照）

　　　　「事業分離等に関する会計基準」第32項(1)

□□□ 24：【×】**交換損益が認識される**（テキストp. 459参照）

　　　　ある子会社を被結合企業とし他の子会社を結合企業とする企業結合により，子会社株式である被結合企業の株式が，現金等の財産のみと引き換えられた場合，共通支配下の取引として取り扱う。したがって，被結合企業の株主の個別財務諸表上，被結合企業の株主（親会社）が受け取った現金等の財産は，移転前に付された適正な帳簿価額により計上し，当該価額と引き換えられた被結合企業の株式（子会社株式）の帳簿価額との差額が，原則として，交換損益として認識される（「事業分離等に関する会計基準」第35項，第14項）。

□□□ 25：【○】（テキストp. 459参照）

　　　　「事業分離等に関する会計基準」第35項，第15項，第16項

A　□□□ 26　子会社を被結合企業とする企業結合により，子会社株式である被結合企業の株式が結合企業の株式のみと引き換えられ，結合後企業が子会社や関連会社に該当しない場合，被結合企業の株主の個別財務諸表上，交換損益は認識されない。

A　□□□ 27　子会社や関連会社以外の投資先を被結合企業とする企業結合（受取対価は結合企業の株式のみ）により，当該被結合企業の株主にとって結合後企業が，従来どおり，子会社や関連会社に該当しない場合，被結合企業の株主の個別財務諸表上，交換損益が認識される。

A　□□□ 28　「事業分離等に関する会計基準」は，結合企業の株主に係る会計処理を，受取対価が結合企業の株式のみである場合の被結合企業の株主に係る会計処理に準じて考えている。

A　□□□ 29　子会社を結合企業とする企業結合により当該結合企業の株主（親会社）の持分比率が減少し，結合後企業が関連会社に該当することとなった場合には，結合企業の株主の個別財務諸表上，損益が認識される。

A　□□□ 30　結合企業の株主が結合企業を関連会社としていたが，企業結合により当該株主の持分比率が減少し，結合後企業が関連会社に該当しなくなった場合には，当該株主の個別財務諸表上，関連会社株式からその他有価証券に帳簿価額で振り替える。

A　□□□ 31　子会社や関連会社以外の投資先を結合企業とする企業結合により，当該結合企業の株主の持分比率が減少する場合（その他有価証券からその他有価証券），結合企業の株主は何も会計処理しない。

□□□ 26：【×】**交換損益が認識される**（テキストp. 459参照）

　　　子会社を被結合企業とする企業結合により，子会社株式である被結合企業の株式が結合企業の株式のみと引き換えられ，結合後企業が子会社や関連会社に該当しない場合（子会社株式からその他有価証券），被結合企業の株主の個別財務諸表上，原則として，交換損益を認識する（「事業分離等に関する会計基準」第38項，第23項）。

□□□ 27：【×】**交換損益は認識されない**（テキストp. 459参照）

　　　子会社や関連会社以外の投資先を被結合企業とする企業結合（受取対価は結合企業の株式のみ）により，当該被結合企業の株主にとって結合後企業が，従来どおり，子会社や関連会社に該当しない（その他有価証券からその他有価証券）場合，これまでの被結合企業の株式（その他有価証券）への投資の性格が同じと考えられるものとみて，投資の継続にあたるとし，被結合企業の株主の個別財務諸表上，交換損益は認識されない（「事業分離等に関する会計基準」第135項）。

□□□ 28：【○】（テキストp. 461参照）

　　　「事業分離等に関する会計基準」第48項，第140項

□□□ 29：【×】**損益は認識されない**（テキストp. 461参照）

　　　子会社を結合企業とする企業結合により当該結合企業の株主（親会社）の持分比率が減少し，結合後企業が関連会社に該当することとなった場合には，結合企業の株主の個別財務諸表上，子会社株式から関連会社株式に取得原価で振り替え，損益は認識されない（「事業分離等に関する会計基準」第48項）。

□□□ 30：【×】**時価で振り替え，損益を認識する**（テキストp. 461参照）

　　　結合企業の株主が結合企業を関連会社としていたが，企業結合により当該株主の持分比率が減少し，結合後企業が関連会社に該当しなくなった場合には，当該株主の個別財務諸表上，関連会社株式からその他有価証券に時価で振り替え，原則として損益を認識する。

□□□ 31：【○】（テキストp. 461参照）

　　　「事業分離等に関する会計基準」第48項(1)②

第21章

外貨換算

第21章　外貨換算

第 1 節　外貨換算会計の概要

A　□□□ 1　流動・非流動法によると，非流動項目には決算時の為替相場により換算し直したことから生ずる換算差額という未実現損益が生じるが，当該未実現損益はほぼ実現に近い状態に達していると考える。

A　□□□ 2　売掛金と前払金は性格が全く異なる項目であるが，流動・非流動法によれば，これらに対し，等しく取得時または発生時の為替相場が適用される。

A　□□□ 3　貨幣・非貨幣法の基礎には，国内での円建て取引の処理と首尾一貫するという考え方がある。

A　□□□ 4　テンポラル法と貨幣・非貨幣法は，非貨幣性項目に対して常に取得時または発生時の為替相場を適用する点で共通する。

A　□□□ 5　テンポラル法とは,外貨表示の項目を過去の価額で表示されている項目と現在または将来の価額で表示されている項目とに分類し,過去の価額で表示されている項目には取得時または取引発生時の為替相場を適用し,現在または将来の価額で表示されている項目には決算時の為替相場を適用して換算を行う方法であるが,外貨表示財務諸表に対して当該方法を適用すると，換算のパラドックスが生じることがある。

□□□ 1：【×】**非流動項目ではなく，流動項目には決算時の為替相場が適用される**（テキストp. 465参照）

　　流動・非流動法によると，流動項目には決算時の為替相場により換算し直したことから生ずる換算差額という未実現損益が生じるが，当該未実現損益はほぼ実現に近い状態に達していると考える。

□□□ 2：【×】**決算時の為替相場が適用される**（テキストp. 465参照）

　　流動・非流動法によれば，短期（流動項目）に分類される売掛金と前払金は，取得時または発生時の為替相場ではなく，決算時の為替相場が適用される。

□□□ 3：【○】（テキストp. 465参照）

　　国内取引から生じた売掛金や借入金などの貨幣項目の額は，回収または弁済すべき現在の貨幣額を表しており，棚卸資産や有形固定資産などの非貨幣項目の額は，過去の取得時に支出した貨幣額を表すように処理されている。したがって，外貨表示の貨幣項目を決算時の為替相場で換算して，決算日現在の日本円による回収額や弁済額を明らかにし，非貨幣項目を取得時または発生時の為替相場で換算して，取得時または発生時の日本円で測定した支出額を表示することは，国内での円建て取引の処理と首尾一貫する。

□□□ 4：【×】**テンポラル法によれば決算時の為替相場が適用されることがある**（テキストp. 465, 466参照）

　　貨幣・非貨幣法によると，非貨幣性項目には常に取得時または発生時の為替相場が適用される。一方，テンポラル法によると，例えば，棚卸資産の期末における正味売却価額が取得原価よりも下落している場合のように，非貨幣項目であっても決算日の時価で測定されている場合には決算時の為替相場が適用されるため，常に取得時または発生時の為替相場を適用するとは限らない。

□□□ 5：【○】（テキストp. 466参照）

　　為替相場の変動が激しいときに，当期純利益（当期純損失）が計上されている外貨表示財務諸表に対してテンポラル法を適用すると，換算後の財務諸表では当期純損失（当期純利益）が計上されるという換算のパラドックスが生じることがある。

A □□□ 6 決算日レート法は，財務諸表の全体を単一のレートで換算するため，外貨数値の属性を変更するものであってはならないという換算の趣旨から判断して合理的である。

B □□□ 7 「外貨建取引等会計処理基準」が在外子会社の貸借対照表項目の換算方法として採用している決算日レート法は，外貨表示のすべての項目について決算時の為替相場という単一レートで換算するものである。

第2節　一取引基準と二取引基準

A □□□ 1 日本企業が米国企業からドル建で商品を輸入した。輸入代金の決済前に決算日が到来したとする。取引日の為替相場よりも決算日の為替相場が円高となった場合には，一取引基準で処理しても二取引基準で処理しても決算日において当該企業に為替差益は発生しない。（平成17年本試験）

A □□□ 2 「外貨建取引等会計処理基準」によれば，外貨建金銭債権債務について，決済時に実現した損益と決算時における換算による損益とは，損益計算書上，区分して明瞭に表示しなければならない。（平成9年本試験一部改題）

B □□□ 3 「外貨建取引等会計処理基準」では，換算の処理につき二取引基準を採用している。この二取引基準は，資産の取得原価をその取得のために要した支出額によって算定するという支払対価主義の考え方に合致する。

C □□□ 4 わが国では仕入割引は営業外収益として処理される。この考え方を外貨建取引に適用すれば，一取引基準で会計処理を行うことが首尾一貫している。（平成19年本試験）

□□□ 6：【×】**合理的ではない**（テキストp. 467参照）

　　決算日レート法は，過去の取得原価で測定されている項目を決算時の為替相場を適用して換算するため，外貨数値の属性を変更するものであってはならないという換算の趣旨から判断して不合理である。

□□□ 7：【×】**すべての項目を決算時の為替相場で換算するのではない**（テキストp. 467参照）

　　「外貨建取引等会計処理基準」が在外子会社の貸借対照表項目の換算方法として採用している決算日レート法は，外貨表示のすべての項目について決算時の為替相場という単一レートで換算するものではなく，一部の項目（例えば，株主資本に属する項目）については取得時または発生時の為替相場で換算するものである（「外貨建取引等会計処理基準」三2)）。

□□□ 1：【×】**二取引基準で処理すると為替差益が発生する**（テキストp. 468参照）

　　日本企業が米国企業からドル建で商品を輸入し，取引日の為替相場よりも決算日の為替相場が円高となった場合，一取引基準で処理すると取引日の為替相場による円換算額と決算日の為替相場による円換算額との差額は商品の取得原価の修正として処理されるため，為替差益は発生しないが，二取引基準で処理すると，当該差額は為替差益として処理される。

□□□ 2：【×】**損益計算書上，区分しない**（テキストp. 468参照）

　　外貨建金銭債権債務について，決済時に実現した損益と決算時における換算による損益とは，損益計算書上，区分せず共に為替差損益として表示される（「外貨建取引等会計処理基準」一2(2)，3)）。

□□□ 3：【×】**支払対価主義の考え方に合致するのは一取引基準である**（テキストp. 468参照）

　　一取引基準は，決済日に実際に支払った価額をもって資産の取得原価とする。したがって，支払対価主義の考え方に合致するのは，二取引基準ではなく，一取引基準である。

□□□ 4：【×】**一取引基準ではなく，二取引基準が首尾一貫する**（テキストp. 469参照）

　　仕入割引を営業外収益として処理する考え方を外貨建取引に適用すれば，外貨建取引と当該取引に係る代金決済取引を別個の取引として処理する二取引基準で会計処理を行うことが首尾一貫する。

第3節　外貨建取引の換算

B　□□□　1　国内の製造業者等が商社等を通じて輸出入取引を行う場合，当該取引によって商社等に生じる為替差損益を負担するために，実質的に取引価額が外国通貨で表示されている取引であっても，当該取引を製造業者等が外貨建取引とすることはできない。（平成10年本試験）

B　□□□　2　外貨建債権債務および外国通貨の保有状況ならびに決済方法等から，外貨建取引について当該取引発生時の外国通貨により記録することが合理的であると認められる場合には，取引発生時の外国通貨の額をもって記録する方法（多通貨会計）を採用しなければならない。

B　□□□　3　多通貨会計を採用する場合，外国通貨の額をもって記録された外貨建取引は，各月末等一定の時点において，当該時点の直物為替相場または合理的な基礎に基づいて算定された一定期間の平均相場による円換算額を付す。

A　□□□　4　為替予約は，外貨を取引の対象としたデリバティブの一種であるから，金融商品会計基準に従い，原則として期末に時価評価を行い，評価差額は取引が決済されるまで純資産の部において繰り延べる。

A　□□□　5　現行の「外貨建取引等会計処理基準」は，外貨建取引等の換算について，為替予約等により確定する決済時における円貨額により外貨建取引等を換算し直物為替相場との差額を期間配分する方法を，当分の間，認めることとした。（平成19年本試験一部改題）

A　□□□　6　為替予約の振当処理は，金融商品に関する会計基準における「公正価値ヘッジ」と共通する考え方に基づき認められている。

B　□□□　7　為替予約の会計処理について，金融商品会計基準による原則的処理の採用を決定した後で振当処理へ変更した場合，会計方針の変更として処理する。

□□□ 1 :【×】**当該取引は外貨建取引に該当する**（テキストp. 470参照）

　　本肢に示されているような内容をメーカーズ・リスクという。当該取引は外貨建取引に該当する（「外貨建取引等会計処理基準注解」注1）。

□□□ 2 :【×】**強制ではなく，容認である**（テキストp. 471参照）

　　外貨建債権債務および外国通貨の保有状況ならびに決済方法等から，外貨建取引について当該取引発生時の外国通貨により記録することが合理的であると認められる場合には，取引発生時の外国通貨の額をもって記録する方法（多通貨会計）を採用することができる（「外貨建取引等会計処理基準注解」注3）。

□□□ 3 :【〇】（テキストp. 471参照）

　　「外貨建取引等会計処理基準注解」注3

□□□ 4 :【×】**繰り延べるのではなく，当期の損益として処理する**（テキストp. 472参照）

　　為替予約は，外貨を取引の対象としたデリバティブの一種であるから，金融商品会計基準に従い，原則として期末に時価評価を行い，評価差額は損益として処理する（「金融商品に関する会計基準」第25項）。

□□□ 5 :【〇】（テキストp. 472参照）

　　「外貨建取引等会計処理基準注解」注6

□□□ 6 :【×】**公正価値ヘッジではなく，キャッシュ・フロー・ヘッジと共通する考え方である**（テキストp. 472参照）

　　為替予約の振当処理は，金融商品に関する会計基準における「キャッシュ・フロー・ヘッジ」と共通する考え方に基づき認められている（「外貨建取引等会計処理基準の改訂に関する意見書」二2）。

□□□ 7 :【×】**当該変更は認められない**（テキストp. 473参照）

　　振当処理は従来の実務に対する配慮から経過措置としてその採用が認められているものであるため，金融商品に関する会計基準による原則的な処理方法から振当処理へ変更することは認められていない。

A □□□ 8 外貨建金銭債権債務等に係る為替予約等の振当処理（当該為替予約等が取引発生時以前に締結されたものである場合を除く。）においては，当該金銭債権債務等の取得時または発生時の為替相場による円換算額と為替予約等による円貨額との差額は，重要性の乏しいものを除き，当該予約を行った日の属する期から決済日の属する期までの期間にわたって合理的な方法により配分し，各期の損益として処理しなければならない。

B □□□ 9 為替予約等に振当処理を行った結果として各期に配分された外貨建金銭債権債務等に係る為替差額は，為替差損益として表示する必要があり，配分された直先差額を利息の調整項目として処理することはできない。 （平成27年第Ⅰ回本試験）

B □□□ 10 振当処理を適用した場合には，金銭債権債務に振り当てた為替予約等は個別には認識されないこととなる。これは，予定取引をヘッジ対象としている場合でも同様である。

B □□□ 11 為替予約等が物品の売買または役務の授受に係る外貨建金銭債権債務に対して，取引発生時以前に締結されている場合には，外貨建取引および金銭債権債務に為替予約相場による円換算額を付さなければならない。

A □□□ 12 外貨建満期保有目的債券と同様に，外貨建その他有価証券について，ヘッジ会計の要件を充たす場合には為替予約の振当処理が認められる。 （平成22年第Ⅰ回本試験）

C □□□ 13 為替予約の振当処理は合成商品会計の一種であると考えられ，デリバティブを公正価値評価するという原則に反するという問題がある。

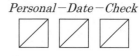

□□□ 8 :【×】**直々差額は期間配分対象に含めない**（テキストp. 472参照）

　　　外貨建金銭債権債務等に係る為替予約等の振当処理において，当該予約を行った日の属する期から決済日の属する期までの期間にわたって合理的な方法により配分し，各期の損益として処理しなければならないのは，当該金銭債権債務等の取得時または発生時の為替相場による円換算額と為替予約等による円貨額との差額のうち，予約等の締結時までに生じている為替相場の変動による額（直々差額）を除いた金額であり，当該差額すべてを期間配分するわけではない（「外貨建取引等会計処理基準注解」注7）。

□□□ 9 :【×】**利息の調整項目として処理することができる**（テキストp. 473参照）

　　　為替予約等に振当処理を行った結果として各期に配分された外貨建金銭債権債務等に係る為替差額は，為替差損益として表示するが，配分された直先差額は利息の調整項目として処理することができる。

□□□ 10 :【×】**予定取引をヘッジ対象としている場合は個別に認識される**（テキストp. 473参照）

　　　振当処理を適用した場合には，金銭債権債務に振り当てた為替予約等は個別には認識されないこととなる。ただし，予定取引をヘッジ対象としている場合には，為替予約等の評価差額は貸借対照表に計上して繰り延べることとなる（「外貨建取引等会計処理基準の改訂に関する意見書」二2）。

□□□ 11 :【×】**強制ではなく，容認である**（テキストp. 473参照）

　　　為替予約等が物品の売買または役務の授受に係る外貨建金銭債権債務に対して，取引発生時以前に締結されている場合には，実務上の煩雑性を勘案し，外貨建取引および金銭債権債務に為替予約相場による円換算額を付すことができる。

□□□ 12 :【×】**為替予約の振当処理は認められない**（テキストp. 474参照）

　　　振当処理の対象となる外貨建金銭債権債務等は，為替予約等を付すことにより将来のキャッシュ・フローが固定されるものに限られる。外貨建その他有価証券については，その売却時期が未確定であること，また，時価の変動により受け取る外貨額が変動することから，たとえヘッジ会計の要件を満たすとしても為替予約によりキャッシュ・フローを固定することは困難であると考えられ，為替予約の振当処理は認められない。

□□□ 13 :【○】（テキストp. 474参照）

　　　為替予約の振当処理は，ヘッジ対象とヘッジ手段を一体として取り扱う合成商品会計の一種であると考えられ，デリバティブを公正価値評価するという原則に反するという問題がある。

第4節　外貨建資産・負債の換算

A　□□□　1　外国通貨については，決算時の為替相場による円換算額を付し，決算時における換算によって生じた換算差額は，当期の為替差損益として処理する。

B　□□□　2　外貨建金銭債権債務等の換算に用いる決算時の直物為替相場については，決算日の直物為替相場のほか，継続適用を条件として，決算日の前後一定期間（おおむね1か月以内）の直物為替相場に基づいて算出された平均相場を用いることができる。（平成28年第Ⅱ回本試験）

A　□□□　3　1年以内に決済期日の到来する短期金銭債務は，決算日レートで換算した金額を負債とするが，1年を超えて決済期日の到来する長期金銭債務は，取引日レートで換算した金額を負債とする。（平成16年本試験）

A　□□□　4　外貨建金銭債権債務は，円貨額では為替相場の変動リスクを負っていることを重視するため，決算時の為替相場により換算し，換算差額は当期の為替差損益として処理する。

A　□□□　5　満期保有目的の債券は，金銭債権との類似性を考慮して，決算時の為替相場により換算し，償却原価法を適用する場合における償却額も，外国通貨による償却額を決算時の為替相場により換算する。

B　□□□　6　満期償還外貨を円転せずに固定資産等に再投資する目的で債券等を保有している場合は，その換算差額を繰り延べて再投資する資産の取得価額の調整に充てなければならない。

A　□□□　7　売買目的有価証券については，外国通貨による時価を決算時の為替相場により円換算した額を付し，換算によって生じた換算差額は，原則として，為替差損益として処理する。

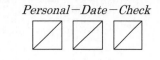
□□□ 1：【○】(テキストp. 475参照)
　　　　「外貨建取引等会計処理基準」一2(1)①，(2)

□□□ 2：【×】**決算日の直物為替相場が異常と認められる場合にのみ用いることができる**（テキストp. 475参照)
　　　決算日の前後一定期間（おおむね１か月以内）の直物為替相場に基づいて算出された平均相場を用いることができるのは，決算日前後の為替相場の変動状況から判断して，決算日の直物為替相場が異常と認められる場合のみであり，継続適用を条件として用いることはできない。

□□□ 3：【×】**長期金銭債務は決算日レートで換算した金額を負債とする**（テキストp. 475参照)
　　　１年を超えて決済期日の到来する長期金銭債務は，取引日レートではなく，決算日レートで換算した金額を負債とする（「外貨建取引等会計処理基準」一2（1）②)。

□□□ 4：【○】(テキストp. 475参照)
　　　　「外貨建取引等会計処理基準の改訂に関する意見書」二1(1)

□□□ 5：【×】**償却原価法による償却額は期中平均相場により換算する**（テキストp. 477参照)
　　　満期保有目的の債券は，金銭債権との類似性を考慮して，決算時の為替相場により換算する（「外貨建取引等会計処理基準の改訂に関する意見書」二1(2)）が，償却原価法を適用する場合における償却額は，事業年度を通じて発生していくととらえられるため，外国通貨による償却額を期中平均相場により換算する（「外貨建取引等会計処理基準注解」注9)。

□□□ 6：【×】**強制ではなく，容認である**（テキストp. 477参照)
　　　満期償還外貨を円転せずに固定資産等に再投資する目的で債券等を保有している場合は，その換算差額を繰り延べて再投資する資産の取得価額の調整に充てることができる（「外貨建取引等会計処理基準の改訂に関する意見書」二1(2))。

□□□ 7：【×】**為替差損益ではなく，有価証券運用損益として処理する**（テキストp. 478参照)
　　　売買目的有価証券については，外国通貨による時価を決算時の為替相場により円換算した額を付し，換算によって生じた換算差額は，原則として，金融商品会計基準の評価差額に関する処理方法に従い，有価証券運用損益として処理する（「外貨建取引等会計処理基準の改訂に関する意見書」二1(3)）。

B　□□□　8　その他有価証券に属する外貨建の株式については，価格変動リスクと為替変動リスクを分解して取り扱い，外国通貨による取得原価に係る換算差額は当期の損益に計上することができる。

A　□□□　9　子会社株式および関連会社株式への投資は，金融投資としての性質を有し，その外貨の属性が取得原価であるため，取得時の為替相場により換算する。

A　□□□　10　外貨建有価証券について実質価額の著しい低下により評価額の引下げが求められる場合には，当該外貨建有価証券の実質価額は，外国通貨による実質価額を取得時の為替相場により円換算した額による。

A　□□□　11　外貨建有価証券について時価の著しい下落により評価額の引下げが求められる場合には，当該外貨建有価証券の時価は，外国通貨による時価を決算時の為替相場により円換算した額による。この場合の換算差額は，為替差損として処理される。

第5節　在外業務活動体の財務諸表項目の換算

A　□□□　1　在外支店の外貨表示財務諸表の換算基準は，在外支店の財務諸表が個別財務諸表の構成要素となるため，本店の外貨建項目の換算基準と整合的に換算できるテンポラル法の考え方を採用している。（平成12年本試験）

A　□□□　2　在外支店における外貨建取引については，原則として，本店と同様に処理する。

A　□□□　3　在外支店の外貨表示財務諸表項目の換算にあたり，収益および費用に属するすべての項目を期中平均相場で換算することも容認されている。

□□□ 8：【×】**株式については，本肢のような会計処理は認められない**（テキストp. 478参照）

　　　価格変動リスクと為替変動リスクを分解して取り扱い，外国通貨による取得原価に係る換算差額を当期の損益に計上することができるのは，その他有価証券に属する外貨建の債券であり，株式についてはそのような処理は認められない（「外貨建取引等会計処理基準注解」注10）。

□□□ 9：【×】**金融投資ではなく，事業投資である**（テキストp. 479参照）

　　　子会社株式および関連会社株式への投資は，事業投資としての性質を有し，その外貨の属性が取得原価であるため，取得時の為替相場により換算する（「外貨建取引等会計処理基準」一2(1)③ハ）。

□□□ 10：【×】**取得時ではなく，決算時の為替相場である**（テキストp. 479参照）

　　　外貨建有価証券について実質価額の著しい低下により評価額の引下げが求められる場合には，当該外貨建有価証券の実質価額は，外国通貨による実質価額を決算時の為替相場により円換算した額による（「外貨建取引等会計処理基準」一2(1)③ニ）。

□□□ 11：【×】**為替差損ではなく，有価証券評価損として処理する**（テキストp. 479参照）

　　　外貨建有価証券について時価の著しい下落により評価額の引下げが求められる場合には，当該外貨建有価証券の時価は，外国通貨による時価を決算時の為替相場により円換算した額による。この場合の換算差額は，有価証券評価損として処理される（「外貨建取引等会計処理基準」一2(1)③ニ，(2)）。

□□□ 1：【○】（テキストp. 482参照）

　　　「外貨建取引等会計処理基準の改訂について」Ⅱ2

□□□ 2：【○】（テキストp. 482参照）

　　　「外貨建取引等会計処理基準」二

□□□ 3：【×】**収益性負債の収益化額および費用性資産の費用化額については認められない**（テキストp. 482参照）

　　　在外支店の外貨表示財務諸表項目の換算にあたり，収益および費用に属するすべての項目ではなく，収益性負債の収益化額および費用性資産の費用化額を除く項目を期中平均相場で換算することが認められている（「外貨建取引等会計処理基準」二1）。

A □□□ 4 　在外支店の非貨幣性項目の金額に重要性がない場合には，すべての貸借対照表項目（支店における本店勘定等を除く。）を決算時の為替相場で換算する方法を採用することができる。この場合においては，損益項目についても，決算時の為替相場で換算しなければならない。

A □□□ 5 　在外支店の財務諸表項目の換算にあたり，本店と異なる方法により換算することによって生じた換算差額は，為替換算調整勘定として処理する。

A □□□ 6 　在外子会社か在外支店かは法的な形式の違いにすぎず，いずれも経済的に単一の組織を構成している点で変わりはないため，現行の会計基準上は換算の方法も同一であることが要求されている。（平成23年第Ⅰ回本試験）

A □□□ 7 　外貨表示財務諸表の換算に際し，在外子会社の自律性を重視するという現地主義の考え方は，支配従属関係にある複数企業を単一の組織体とみなすという連結会計の前提とは相容れないため，現行の会計基準では採用されていない。（平成23年第Ⅰ回本試験）

A □□□ 8 　在外子会社の資産および負債の換算については，原則として決算時の為替相場により換算されるが，期中平均相場により換算することも容認される。

A □□□ 9 　在外子会社の財務諸表項目の換算にあたり，親会社による株式の取得後に生じた株主資本に属する項目については，決算時の為替相場による円換算額を付す。

A □□□ 10 　在外子会社の財務諸表項目の換算にあたり，親会社による株式の取得後に生じた評価・換算差額等に属する項目については，当該項目の発生時の為替相場による円換算額を付す。

A □□□ 11 　在外子会社の財務諸表項目の換算にあたり，新株予約権については，発生時の為替相場による円換算額を付す。

□□□ 4 :【×】損益項目の決算時の為替相場での換算は強制されているわけではない(テキストp. 482参照)

在外支店の非貨幣性項目の金額に重要性がない場合には，すべての貸借対照表項目（支店における本店勘定等を除く。）を決算時の為替相場で換算する方法を採用することができる。この場合においては，損益項目についても，決算時の為替相場で換算することが認められているが，当該換算は強制されているわけではない（「外貨建取引等会計処理基準」二2）。

□□□ 5 :【×】**為替差損益として処理する**（テキストp. 483参照）

本店と異なる方法により換算することによって生じた換算差額は，当期の為替差損益として処理する（「外貨建取引等会計処理基準」二3）。

□□□ 6 :【×】**異なる換算方法が要求されている**（テキストp. 482, 484参照）

現行の会計基準上は，在外子会社と在外支店という法的な形式の違いに基づき，異なる換算方法が要求されている（「外貨建取引等会計処理基準」二，三）。

□□□ 7 :【×】**現地主義の考え方が採用されている**（テキストp. 484参照）

現行の会計基準では，在外子会社の自律性を重視するという現地主義の考え方が採用されている（「外貨建取引等会計処理基準の改訂について」Ⅱ3(1)）。

□□□ 8 :【×】**期中平均相場による換算は認められない**（テキストp. 484参照）

在外子会社の資産および負債については，決算時の為替相場により換算される（「外貨建取引等会計処理基準」三1）。

□□□ 9 :【×】**決算時ではなく，当該項目の発生時の為替相場である**（テキストp. 484参照）

親会社による株式の取得後に生じた株主資本に属する項目については，当該項目の発生時の為替相場による円換算額を付す（「外貨建取引等会計処理基準」三2）。

□□□ 10 :【×】**当該項目の発生時ではなく，決算時の為替相場である**（テキストp. 484参照）

親会社による株式の取得後に生じた評価・換算差額等に属する項目については，決算時の為替相場による円換算額を付す。

□□□ 11 :【○】（テキストp. 484参照）

新株予約権については，発生時の為替相場による円換算額を付す。

なお，新株予約権に係る為替換算調整勘定は，新株予約権に含めて表示する。

A □□□ 12　在外子会社の財務諸表項目の換算にあたり，非支配株主持分については，発生時の為替相場による円換算額を付す。

A □□□ 13　「貸借対照表の純資産の部の表示に関する会計基準」によれば，在外子会社の資産および負債の換算によって生じた換算差額については，為替換算調整勘定として，貸借対照表上，資産の部または負債の部に記載される。

B □□□ 14　子会社に対する持分への投資をヘッジ対象としたヘッジ手段から生じた為替換算差額については，為替換算調整勘定に含めて処理する方法を採用しなければならない。

A □□□ 15　持分変動により親会社の持分比率が減少する場合（支配が喪失されない場合），連結貸借対照表に計上されている為替換算調整勘定のうち持分比率の減少割合相当額を取り崩し，損益に計上する。

A □□□ 16　在外子会社の収益および費用の換算については，当期純利益は決算時に確定されたものであるとする観点からは決算時の為替相場により換算すべきであり，他方，当期純利益は一期間にわたって生じたものであるとする観点からは期中平均相場により換算すべきことになる。「外貨建取引等会計処理基準」では原則として前者の立場によっている。

A □□□ 17　在外子会社の取得により発生したのれんについては，発生時の為替相場で円換算する。

□□□ 12：【×】発生時ではなく，決算時の為替相場である（テキストp. 484参照）

　　　非支配株主持分については，決算時の為替相場による円換算額を付す。

□□□ 13：【×】資産の部または負債の部ではなく，純資産の部である（テキストp. 484参照）

　　　「貸借対照表の純資産の部の表示に関する会計基準」によれば，為替換算調整勘定は，純資産の部に記載することとされている（「貸借対照表の純資産の部の表示に関する会計基準」第8項）。

□□□ 14：【×】強制ではなく，容認である（テキストp. 484参照）

　　　子会社に対する持分への投資をヘッジ対象としたヘッジ手段から生じた為替換算差額については，為替換算調整勘定に含めて処理する方法を採用することができる（「外貨建取引等会計処理基準注解」注13）。

□□□ 15：【×】損益に計上するのではなく，資本剰余金に振り替える（テキストp. 485参照）

　　　持分変動により親会社の持分比率が減少する場合（支配が喪失されない場合），連結貸借対照表に計上されている為替換算調整勘定のうち持分比率の減少割合相当額を取り崩し，資本剰余金に振り替える。

□□□ 16：【×】原則として後者の立場によっている（テキストp. 485参照）

　　　「外貨建取引等会計処理基準」によれば，在外子会社の収益および費用の換算については，期中平均相場によることを原則とし，決算時の為替相場は代替処理とされている（「外貨建取引等会計処理基準」三3）。

□□□ 17：【×】発生時ではなく，決算時の為替相場である（テキストp. 486参照）

　　　在外子会社の取得により発生したのれんについては，決算時の為替相場で円換算する。

第22章

四半期財務諸表

第22章　四半期財務諸表

第1節　四半期財務諸表の概要

B　□□□ 1　四半期連結財務諸表を開示する場合には，併せて四半期個別財務諸表を開示する。

B　□□□ 2　わが国における四半期財務諸表の範囲は，四半期貸借対照表，四半期損益計算書，四半期キャッシュ・フロー計算書であり，株主資本の金額に著しい変動があった場合には，四半期株主資本等変動計算書の作成が求められている。（平成24年第Ⅱ回本試験）

B　□□□ 3　個別ベースの四半期財務諸表については，四半期財務諸表等規則において，四半期貸借対照表，四半期損益計算書，四半期包括利益計算書（1計算書方式の場合には，四半期損益計算書，四半期包括利益計算書に代えて，四半期損益および包括利益計算書）および四半期キャッシュ・フロー計算書の作成方法が規定されている。

B　□□□ 4　四半期財務諸表として四半期キャッシュ・フロー計算書を開示することが求められているが，第1四半期および第3四半期においては，当該四半期キャッシュ・フロー計算書の開示の省略を行うことができる。この場合には，第1四半期より行うものとする。

A　□□□ 5　四半期貸借対照表については，四半期会計期間の末日の四半期貸借対照表および前年度における対応する期間の末日の要約貸借対照表を開示しなければならない。

B　□□□ 6　四半期損益および包括利益計算書または四半期損益計算書および四半期包括利益計算書の開示対象期間は，期首からの累計期間および四半期会計期間，ならびに前年度におけるそれぞれ対応する期間とすることができる。この場合には，第1四半期より行う。

☐☐☐ 1：【×】**四半期個別財務諸表の開示は要しない**（テキストp. 488参照）

　　　四半期連結財務諸表を開示する場合には，四半期個別財務諸表の開示は要しない（「四半期財務諸表に関する会計基準」第6項）。

☐☐☐ 2：【×】**四半期株主資本等変動計算書の作成は求められていない**（テキストp. 488参照）

　　　わが国における四半期財務諸表の範囲は，四半期貸借対照表，四半期損益計算書，四半期キャッシュ・フロー計算書であり，株主資本の金額に著しい変動があった場合には，四半期株主資本等変動計算書の作成ではなく，主な変動事由の注記が求められている（「四半期財務諸表に関する会計基準」第6項，第19項(13)，第25項(11)）。

☐☐☐ 3：【×】**個別ベースの四半期包括利益計算書の作成に関する規定は設けられていない**（テキストp. 488参照）

　　　国際的な会計基準とのコンバージェンスを連結先行で行うという観点から，包括利益の表示は，現在，連結財務諸表において要求されており，「包括利益の表示に関する会計基準」は，当面の間，個別財務諸表には適用しないこととされている（「包括利益の表示に関する会計基準」第16-2項）。このため，個別ベースの四半期財務諸表について，四半期財務諸表等規則上，四半期包括利益計算書の作成に関する規定は設けられていない。

☐☐☐ 4：【○】（テキストp. 488参照）

　　　「四半期財務諸表に関する会計基準」第5-2項，第6-2項

☐☐☐ 5：【×】**前年度における対応する期間の末日ではなく，前年度の末日である**（テキストp. 489参照）

　　　四半期貸借対照表については，四半期会計期間の末日の四半期貸借対照表および前年度の末日の要約貸借対照表を開示する（「四半期財務諸表に関する会計基準」第7項(1)）。

☐☐☐ 6：【○】（テキストp. 489参照）

　　　「四半期財務諸表に関する会計基準」第7-2項，第7-3項

A □□□ 7 四半期キャッシュ・フロー計算書については，四半期会計期間および期首からの累計期間の四半期キャッシュ・フロー計算書ならびに前年度におけるそれぞれ対応する期間の四半期キャッシュ・フロー計算書が開示対象となる。（平成22年第Ⅰ回本試験）

A □□□ 8 四半期損益計算書の開示方法には，期首からの累計期間の情報のみを開示する方法と四半期会計期間の情報のみを開示する方法が考えられるが，前者の方法は，収益動向の変化点を開示するという考え方に基づくものであり，後者の方法は，年間の業績見通しの進捗度を示す情報を開示するという考え方に基づくものである。

A □□□ 9 「四半期財務諸表に関する会計基準」によれば，四半期財務諸表の性格は，当該四半期会計期間を含む年度の業績予測に資する情報を提供するものと考えられる。

A □□□ 10 実績主義とは，四半期会計期間を年度の一構成部分とみた上で，四半期財務諸表を，原則として年度の財務諸表と同じ会計方針を適用して作成するという考え方である。

B □□□ 11 予測主義を採用する場合には，季節的変動等に起因して四半期ごとの発生額がアンバランスな営業費用について，後の四半期への繰延処理や前の四半期への繰上計上を行うことは認められない。

A □□□ 12 「四半期財務諸表に関する会計基準」では，四半期財務諸表の性格として実績主義による場合でも，季節変動性については，十分な定性的情報や前年同期比較を開示することにより，財務諸表利用者を誤った判断に導く可能性を回避できると考えている。

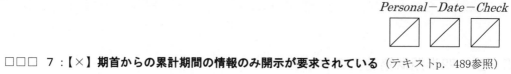

□□□ 7：【×】**期首からの累計期間の情報のみ開示が要求されている**（テキストp. 489参照）

　　　四半期キャッシュ・フロー計算書については，期首からの累計期間の四半期キャッシュ・フロー計算書および前年度における対応する期間の四半期キャッシュ・フロー計算書が開示対象となるのであり，四半期会計期間および前年度における対応する期間の四半期キャッシュ・フロー計算書は開示対象とはならない（「四半期財務諸表に関する会計基準」第7項(3)）。

□□□ 8：【×】**前者と後者の説明が逆である**（テキストp. 490参照）

　　　四半期損益計算書の開示方法には，期首からの累計期間の情報のみを開示する方法と四半期会計期間の情報のみを開示する方法が考えられるが，前者の方法は，年間の業績見通しの進捗度を示す情報を開示するという考え方に基づくものであり，後者の方法は，収益動向の変化点を開示するという考え方に基づくものである（「四半期財務諸表に関する会計基準」第37項）。したがって，本肢は前者と後者の説明が逆である。

□□□ 9：【×】**四半期財務諸表は予測主義による情報を提供するものではない**（テキストp. 491参照）

　　　四半期財務諸表の性格については，実績主義と予測主義とがある。本肢は予測主義の説明であるが，「四半期財務諸表に関する会計基準」では，予測主義ではなく，実績主義の考え方を基本として四半期財務諸表を作成することとしている（「四半期財務諸表に関する会計基準」第39項）。

□□□ 10：【×】**年度の一構成部分ではなく，年度と並ぶ一会計期間とみる**（テキストp. 491参照）

　　　実績主義とは，四半期会計期間を年度と並ぶ一会計期間とみた上で，四半期財務諸表を，原則として年度の財務諸表と同じ会計方針を適用して作成するという考え方である（「四半期財務諸表に関する会計基準」第39項）。

□□□ 11：【×】**繰延処理や繰上計上が必要とされる**（テキストp. 491参照）

　　　予測主義を採用する場合には，季節的変動等に起因して四半期ごとの発生額がアンバランスな営業費用について，後の四半期への繰延処理や前の四半期への繰上計上が必要とされる。

□□□ 12：【○】（テキストp. 491参照）

　　　「四半期財務諸表に関する会計基準」第39項

第2節　四半期財務諸表の作成基準

A　□□□　1　年度の財務諸表では検収基準を採用していたとしても，四半期財務諸表においては，迅速な対応を可能とするために，出荷基準を採用することも認められる。

A　□□□　2　年度の財務諸表では棚卸資産の評価方法として先入先出法を採用している会社であっても，四半期財務諸表においては，簡便的な会計処理として総平均法を採用することも認められる。

A　□□□　3　年度末における有価証券の減損処理は切放し法のみが認められているが，四半期財務諸表では，継続適用を条件として，四半期切放し法と四半期洗替え法の選択が可能である。また，年度末における通常の販売目的で保有する棚卸資産の帳簿価額を切り下げる場合，年度決算において切放し法を採用しているときには，継続適用を条件として，四半期財務諸表では，切放し法と洗替え法の選択が可能である。（平成24年第Ⅱ回本試験）

A　□□□　4　四半期会計期間末における一般債権の貸倒見積高は，開示の迅速性の観点から，前年度の決算において算定した貸倒実績率を使用する。（平成24年第Ⅰ回本試験）

A　□□□　5　四半期財務諸表は実績主義を採用しているため，四半期会計期間末において保有する棚卸資産については，年度決算と同様，実地棚卸が必要である。（平成24年第Ⅰ回本試験）

A　□□□　6　四半期会計期間末における通常の販売目的で保有する棚卸資産の簿価切下げにあたっては，収益性が低下していることが明らかな棚卸資産についてのみ正味売却価額を見積り，簿価切下げを行うことができる。（平成22年第Ⅰ回本試験）

□□□ 1：【×】**認められない**（テキストp. 492参照）

　　年度の財務諸表では検収基準を採用している会社が，四半期財務諸表では迅速な対応を理由に，出荷基準を採用することは認められない（「四半期財務諸表に関する会計基準」第43項）。

□□□ 2：【×】**認められない**（テキストp. 492参照）

　　年度の財務諸表では棚卸資産の評価方法として先入先出法を採用している会社が，四半期財務諸表において簡便的な会計処理として総平均法を採用することは認められない（「四半期財務諸表に関する会計基準」第44項）。

□□□ 3：【○】（テキストp. 492参照）

　　「四半期財務諸表に関する会計基準」第45項

□□□ 4：【×】**本肢の処理は容認されているに過ぎない**（テキストp. 493参照）

　　四半期会計期間末における一般債権の貸倒見積高の算定に際し，前年度の決算において算定した貸倒実績率を使用する方法は，財務諸表利用者の判断を誤らせない限りにおいて，容認されているに過ぎない（「四半期財務諸表に関する会計基準」第47項）。

□□□ 5：【×】**実地棚卸が必要とは限らない**（テキストp. 493参照）

　　四半期会計期間末において保有する棚卸資産については，財務諸表利用者の判断を誤らせない限り，前年度に係る実地棚卸高を基礎として，合理的な方法により算定することができるとされているため，実地棚卸が必要とは限らない（「四半期財務諸表に関する会計基準」第47項）。

□□□ 6：【○】（テキストp. 493参照）

　　四半期会計期間末における通常の販売目的で保有する棚卸資産の簿価切下げにあたっては，収益性が低下していることが明らかな棚卸資産についてのみ正味売却価額を見積り，簿価切下げを行うことができる（「四半期財務諸表に関する会計基準」第47項）。

A　□□□　7　四半期財務諸表の作成にあたって，経過勘定項目は，財務諸表利用者の判断を誤らせない限り，合理的な算定方法による概算額で計上することができる。（平成24年第Ⅰ回本試験）

A　□□□　8　固定資産について，合理的な予算制度に基づく年間償却予定額を期間按分する方法により減価償却費の算定を行うことはできない。

A　□□□　9　四半期財務諸表の作成にあたって，減価償却の方法として定率法を適用する場合には，年度に係る減価償却費の額を期間按分する方法により，四半期会計期間または期首からの累計期間の減価償却費として計上しなければならない。

A　□□□　10　四半期財務諸表の作成では，納付税額の算出等にあたり，加味する加減算項目や税額控除項目を，重要なものに限定することができる。

A　□□□　11　重要な企業結合や事業分離，業績の著しい好転または悪化，その他経営環境の著しい変化が生じておらず，かつ，一時差異等の発生状況について前年度末から大幅な変動がないと認められる場合には，繰延税金資産の回収可能性の判断にあたり，前年度末の検討において使用した将来の業績予測やタックス・プランニングを利用することができる。（平成27年第Ⅰ回本試験）

A　□□□　12　一時差異等の発生状況について前年度末から大幅な変動がある場合，繰延税金資産の回収可能性の判断にあたり，簡便的な方法を用いることはできない。

□□□ 7 :【○】(テキストp. 493参照)

　　四半期財務諸表の作成にあたって，経過勘定項目は，財務諸表利用者の判断を誤らせない限り，合理的な算定方法による概算額で計上することができる（「四半期財務諸表に関する会計基準」第47項）。

□□□ 8 :【×】**本肢の方法も認められている**（テキストp. 493参照）

　　固定資産の年度中の取得，売却または除却等の見積りを考慮した予算を策定している場合，当該予算に基づく年間償却予定額を期間按分する方法により減価償却費の算定を行うことができる。

□□□ 9 :【×】**強制ではなく，容認である**（テキストp. 493参照）

　　四半期財務諸表の作成にあたって，減価償却の方法として定率法を適用する場合には，年度に係る減価償却費の額を期間按分する方法により，四半期会計期間または期首からの累計期間の減価償却費として計上することができる（「四半期財務諸表に関する会計基準」第47項）。

□□□ 10 :【○】(テキストp. 494参照)

　　四半期財務諸表の作成では，簡便的な会計処理として，納付税額の算出等にあたり，加味する加減算項目や税額控除項目を，重要なものに限定することができる。

□□□ 11 :【○】(テキストp. 494参照)

　　重要な企業結合や事業分離，業績の著しい好転または悪化，その他経営環境の著しい変化が生じておらず，かつ，一時差異等の発生状況について前年度末から大幅な変動がないと認められる場合には，繰延税金資産の回収可能性の判断にあたり，簡便的な方法として，前年度末の検討において使用した将来の業績予測やタックス・プランニングを利用することが認められている。

□□□ 12 :【×】**簡便的な方法を用いることができる**（テキストp. 494参照）

　　一時差異等の発生状況について前年度末から大幅な変動がある場合，繰延税金資産の回収可能性の判断にあたり，簡便的な方法として，前年度末の検討において使用した将来の業績予測やタックス・プランニングに，当該変動の影響を加味したものを利用することができる。

A □□□ 13 連結財務諸表における重要性が乏しい連結子会社について一定の要件に該当する場合には、四半期財務諸表における税金費用の計算にあたって、税引前四半期純利益に、前年度の損益計算書における税効果会計適用後の法人税等の負担率を乗じて計算する方法によることができるが、親会社については連結財務諸表における重要性が乏しくてもこのような取扱いは認められていない。

A □□□ 14 連結会社相互間の債権と債務を相殺消去するにあたり、当該債権の額と債務の額に差異が見られる場合には、必ず調整を行った上で債権と債務を相殺消去しなければならない。

A □□□ 15 四半期財務諸表の作成にあたっては、直前の四半期財務諸表を作成するために採用した会計方針との継続性が求められるが、前年度の決算において採用した会計方針との継続性は求められていない。

A □□□ 16 四半期財務諸表では、中間財務諸表よりも売上原価が操業度等により大きく変動し、売上高と売上原価の対応関係が適切に表示されない可能性があるため、四半期会計期間における経済的実態をより適切に表し、財務諸表利用者に対して将来の業績予測に資する情報を提供するという観点から、原価差異の繰延処理が認められている。

A □□□ 17 標準原価計算を採用している場合において、原価差異が操業度等の季節的な変動に起因して発生したものである場合には、原価計算期間末までに当該原価差異が解消すると見込まれるか否かにかかわらず、継続適用を条件として、当該原価差異を繰り延べることができる。（平成22年第Ⅰ回本試験一部改題）

A □□□ 18 税金費用については、四半期会計期間を含む年度の税引前当期純利益に対する税効果会計適用後の実効税率を合理的に見積り、税引前四半期純利益に当該見積実効税率を乗じて計算することができる。この場合には、四半期貸借対照表計上額は未払法人税等その他適当な科目により流動負債として（または繰延税金資産その他適当な科目により投資その他の資産として）表示し、前年度末の繰延税金資産および繰延税金負債については、四半期貸借対照表に計上されない。

□□□ 13 :【×】**親会社についても認められている**（テキストp. 494参照）

　　　連結財務諸表における重要性が乏しい連結会社（親会社および連結子会社）について一定の要件に該当する場合には，四半期財務諸表における税金費用の計算にあたって，税引前四半期純利益に，前年度の損益計算書における税効果会計適用後の法人税等の負担率を乗じて計算する方法によることができる。

□□□ 14 :【×】**合理的な範囲内で調整を行わないこともできる**（テキストp. 494参照）

　　　連結会社相互間の債権と債務を相殺消去するにあたり，当該債権の額と債務の額に差異が見られる場合には，合理的な範囲内で，当該差異の調整を行わないで債権と債務を相殺消去することができる。

□□□ 15 :【×】**年度決算との継続性も求められている**（テキストp. 495参照）

　　　前年度の財務諸表および直前の四半期財務諸表を作成するために採用した会計方針は，これを継続して適用し，みだりに変更してはならない（「四半期財務諸表に関する会計基準」第10項，第21項）。実績主義を基本とする現行の制度会計では，四半期決算どうしの間での継続性のほか，四半期決算と年度決算の継続性も求められている。

□□□ 16 :【○】（テキストp. 495参照）

　　　「四半期財務諸表に関する会計基準」第49項，第50項

□□□ 17 :【×】**原価計算期間末までに解消が見込まれることが必要である**（テキストp. 496参照）

　　　標準原価計算を採用している場合において，原価差異が操業度等の季節的な変動に起因して発生したものであり，かつ，原価計算期間末までにほぼ解消が見込まれるときには，継続適用を条件として，当該原価差異を流動資産または流動負債として繰り延べることができる（「四半期財務諸表に関する会計基準」第12項）。

□□□ 18 :【×】**前年度末の繰延税金資産および繰延税金負債も計上される**（テキストp. 497参照）

　　　税金費用については，四半期会計期間を含む年度の税引前当期純利益に対する税効果会計適用後の実効税率を合理的に見積り，税引前四半期純利益に当該見積実効税率を乗じて計算することができる。この場合には，四半期貸借対照表計上額は未払法人税等その他適当な科目により流動負債として（または繰延税金資産その他適当な科目により投資その他の資産として）表示し，前年度末の繰延税金資産および繰延税金負債については，回収可能性等を検討した上で，四半期貸借対照表に計上する（「四半期財務諸表に関する会計基準」第14項，第22項）。

B　□□□ 19　子会社の四半期会計期間の末日と四半連結決算日との差異が3か月を超えない場合には，子会社の四半期決算を基礎として，四半期連結決算を行うことが認められている。この場合には，決算日が異なることから生ずる連結会社間の取引に係る会計記録の重要な不一致については，必要な整理を行う。

A　□□□ 20　四半期連結財務諸表を作成するにあたり，支配獲得日，株式の取得日または売却日等が子会社の四半期会計期間の末日以外の日である場合には，当該日の前後いずれかの四半期会計期間の末日等に支配獲得，株式取得または売却等が行われたものとみなして処理しなければならない。

A　□□□ 21　四半期財務諸表の表示方法は，年度の財務諸表に準ずるが，四半期財務諸表における個々の表示科目は，財務諸表利用者の判断を誤らせない限り，集約して記載することが認められている。

A　□□□ 22　四半期財務諸表における資産，負債，純資産，収益，費用等の各表示科目および表示区分は，年度の財務諸表における表示との整合性を勘案しなければならない。

A　□□□ 23　年度の財務諸表では注記事項とされているが，四半期財務諸表では注記事項とされていないものとして，1株当たり四半期純損益および1株当たり純資産額があげられる。

A　□□□ 24　四半期特有の会計処理および簡便的な会計処理を採用している場合には，その旨およびその内容を注記することが求められる。

A　□□□ 25　事業の性質により，営業収益または営業費用に著しい季節的変動がある場合には，その状況を注記しなければならない。

A　□□□ 26　四半期連結財務諸表を作成していない会社の四半期個別財務諸表には，関連会社に対して持分法を適用した場合の投資の金額および投資損益の金額を注記する。（平成13年本試験一部改題）

□□□ 19：【○】（テキストp. 498参照）
　　　　「四半期財務諸表に関する会計基準」第15項

□□□ 20：【×】**強制ではなく，容認である**（テキストp. 498参照）
　　　　四半期連結財務諸表を作成するにあたり，支配獲得日，株式の取得日または売却日等が子会社の四半期会計期間の末日以外の日である場合には，当該日の前後いずれかの四半期会計期間の末日等に支配獲得，株式取得または売却等が行われたものとみなして処理することが<u>できる</u>（「四半期財務諸表に関する会計基準」第16項）。

□□□ 21：【○】（テキストp. 498参照）
　　　　「四半期財務諸表に関する会計基準」第17項，第23項

□□□ 22：【○】（テキストp. 498参照）
　　　　「四半期財務諸表に関する会計基準」第18項，第24項

□□□ 23：【×】**1株当たり四半期純損益は，注記事項とされている**（テキストp. 499参照）
　　　　四半期財務諸表において，1株当たり純資産額は注記事項とされていないが，1株当たり四半期純損益は，注記事項とされている（「四半期財務諸表に関する会計基準」第19項(8)，第25項(6)，第55-2項）。

□□□ 24：【×】**簡便的な会計処理には，当該注記は求められていない**（テキストp. 499参照）
　　　　四半期特有の会計処理を採用している場合には，その旨およびその内容を注記することが求められる（「四半期財務諸表に関する会計基準」第19項(6)，第25項(5)）が，簡便的な会計処理については，財務諸表利用者の判断を誤らせないものに限り認められていることから，当該注記は求められていない（「四半期財務諸表に関する会計基準」第55-2項）。

□□□ 25：【○】（テキストp. 499参照）
　　　　「四半期財務諸表に関する会計基準」第19項(15)，第25項(13)

□□□ 26：【○】（テキストp. 499参照）
　　　　「四半期財務諸表に関する会計基準」第25項(14)

収益認識に関する会計基準

第23章　収益認識に関する会計基準

第1節　「収益認識に関する会計基準」の公表

A □□□ 1　「収益認識に関する会計基準」は，顧客との契約から生じる収益に関する会計処理および開示に適用される。ここで，顧客とは，対価と交換に企業の通常の営業活動により生じたアウトプットである財またはサービスを得るために当該企業と契約した当事者をいう。

A □□□ 2　不要となった有形固定資産を売却する取引において，売却額が帳簿価額を上回る場合には売却益が認識されることになる。しかし，これは企業の通常の営業活動により生じたアウトプットを得ることを目的とする顧客との取引ではないため，「収益認識に関する会計基準」の適用範囲には含まれない。（令和5年第Ⅰ回本試験）

A □□□ 3　収益を認識する場合，まず，所定の要件を満たす顧客との契約を識別する。ここで契約とは，法的な強制力のある権利および義務を生じさせる複数の当事者間における取決めをいう。

A □□□ 4　「金融商品に関する会計基準」の範囲に含まれる金融商品に係る取引は「収益認識に関する会計基準」の適用範囲に含まれるが，「リース取引に関する会計基準」の範囲に含まれるリース取引は「収益認識に関する会計基準」の適用範囲に含まれない。

第2節　会計処理

A □□□ 1　契約の識別にあたっては，当事者が，書面により契約を承認し，それぞれの義務の履行を約束していることが求められる。

A □□□ 2　顧客との契約を識別するにあたっては，顧客に移転する財またはサービスと交換に企業が権利を得ることとなる対価の回収可能性について考慮する必要はない。

□□□ 1：【○】（テキストp. 502参照）
　　　「収益認識に関する会計基準」第3項，第6項

□□□ 2：【○】（テキストp. 502参照）
　　　不要となった有形固定資産を売却する取引は，企業の通常の営業活動により生じたアウトプットを得ることを目的とする顧客との取引ではないため，「収益認識に関する会計基準」の適用範囲には含まれない（「収益認識に関する会計基準」第6項，第102項，第108項）。

□□□ 3：【○】（テキストp. 502, 503参照）
　　　「収益認識に関する会計基準」第5項，第19項，第20項

□□□ 4：【×】**いずれも適用範囲に含まれない**（テキストp. 502参照）
　　　「金融商品に関する会計基準」の範囲に含まれる金融商品に係る取引や「リース取引に関する会計基準」の範囲に含まれるリース取引は「収益認識に関する会計基準」の適用範囲に含まれない（「収益認識に関する会計基準」第3項(1)，(2)）。

□□□ 1：【×】**書面だけでなく，口頭，取引慣行等も含まれる**（テキストp. 505参照）
　　　契約の識別にあたっては，当事者が，書面，口頭，取引慣行等により契約を承認し，それぞれの義務の履行を約束していることが求められる（「収益認識に関する会計基準」第19項(1)，第20項）。

□□□ 2：【×】**考慮する必要がある**（テキストp. 505参照）
　　　顧客との契約を識別するにあたっては，顧客に移転する財またはサービスと交換に企業が権利を得ることとなる対価を回収する可能性が高いという要件を満たすことが必要である（「収益認識に関する会計基準」第19項）。

A　□□□ 3　顧客との契約が契約における取引開始日において識別要件を満たす場合には，その後，毎期継続的に要件を満たすかどうかについて見直しを行う必要がある。

B　□□□ 4　契約の当事者のそれぞれが，他の当事者に補償することなく完全に未履行の契約を解約する一方的で強制力のある権利を有している場合には，当該契約に「収益認識に関する会計基準」を適用する。

B　□□□ 5　契約の識別における対価を回収する可能性の評価にあたっては，対価の支払期限到来時における顧客が支払う能力のみを考慮すればよい。

A　□□□ 6　顧客との契約が識別要件を満たさない場合において，契約が解約されており，顧客から受け取った対価の返金が不要であるときには，受け取った対価を負債として認識する。

A　□□□ 7　複数の契約は，区分して処理するか単一の契約として処理するかにより収益認識の時期および金額が異なる可能性があるため，同一の顧客と同時またはほぼ同時に締結した複数の契約を結合して単一の契約として処理することは認められない。

A　□□□ 8　契約変更について，①別個の財またはサービスの追加により，契約の範囲が拡大されること，または②変更される契約の価格が，追加的に約束した財またはサービスに対する独立販売価格に特定の契約の状況に基づく適切な調整を加えた金額分だけ増額されることという要件のいずれか一方を満たす場合には，当該契約変更を独立した契約として処理する。

□□□ **3 :【×】重要な変化の兆候がない限り，見直しを行う必要はない** (テキストp. 505参照)

　　顧客との契約が契約における取引開始日において識別要件を満たす場合には，事実および状況の重要な変化の兆候がない限り，当該要件を満たすかどうかについて見直しを行わない（「収益認識に関する会計基準」第23項）。

□□□ **4 :【×】適用しない** (テキストp. 505参照)

　　契約の当事者のそれぞれが，他の当事者に補償することなく完全に未履行の契約を解約する一方的で強制力のある権利を有している場合には，当該契約に「収益認識に関する会計基準」を適用しない（「収益認識に関する会計基準」第22項）。

□□□ **5 :【×】支払う意思も考慮する** (テキストp. 505参照)

　　対価を回収する可能性の評価にあたっては，対価の支払期限到来時における顧客が支払う意思と能力を考慮する（「収益認識に関する会計基準」第19項(5)）。

□□□ **6 :【×】負債ではなく，収益として認識する** (テキストp. 506参照)

　　顧客との契約が識別要件を満たさない場合において，契約が解約されており，顧客から受け取った対価の返金が不要であるときには，受け取った対価を収益として認識する（「収益認識に関する会計基準」第25項）。

□□□ **7 :【×】複数の契約を結合する場合もある** (テキストp. 506参照)

　　同一の顧客と同時またはほぼ同時に締結した複数の契約について，当該複数の契約を結合し，単一の契約とみなして処理する場合もある（「収益認識に関する会計基準」第27項）。

　　なお，①当該複数の契約が同一の商業的目的を有するものとして交渉されたこと，②1つの契約において支払われる対価の額が，他の契約の価格または履行により影響を受けること，③当該複数の契約において約束した財またはサービスが，単一の履行義務となることのいずれかに該当する場合には，当該複数の契約を結合し，単一の契約とみなして処理する。

□□□ **8 :【×】①と②の要件のいずれも満たす場合である** (テキストp. 506参照)

　　契約変更について，①別個の財またはサービスの追加により，契約の範囲が拡大されること，および②変更される契約の価格が，追加的に約束した財またはサービスに対する独立販売価格に特定の契約の状況に基づく適切な調整を加えた金額分だけ増額されることという要件のいずれも満たす場合には，当該契約変更を独立した契約として処理する（「収益認識に関する会計基準」第30項）。

A □□□ 9 契約変更が独立した契約として処理されない場合，未だ移転していない財またはサービスが契約変更日以前に移転した財またはサービスと別個のものではなく，契約変更日において部分的に充足されている単一の履行義務の一部を構成する場合には，契約変更を既存の契約を解約して新しい契約を締結したものと仮定して処理する。

A □□□ 10 契約変更を既存の契約を解約して新しい契約を締結したものと仮定して処理する場合，①顧客が約束した対価（顧客から既に受け取った額を含む）のうち，取引価格の見積りに含まれているが収益として認識されていない額，および②契約変更の一部として約束された対価の合計額をもって，残存履行義務に配分すべき対価の額とする。

A □□□ 11 履行義務とは，顧客との契約において，①別個の財またはサービス（あるいは別個の財またはサービスの束），または，②一連の別個の財またはサービス（特性が実質的に同じであり，顧客への移転のパターンが同じである複数の財またはサービス）のいずれかを顧客に移転する約束をいう。

A □□□ 12 契約において顧客への移転を約束した財またはサービスが，①当該財またはサービスから単独で顧客が便益を享受することができること（あるいは，当該財またはサービスと顧客が容易に利用できる他の資源を組み合わせて顧客が便益を享受することができること）と，②当該財またはサービスを顧客に移転する約束が，契約に含まれる他の約束と区分して識別できることのいずれか一方の要件を満たす場合には，別個のものとして扱い，当該約束を履行義務として識別する。

B □□□ 13 収益として認識される金額の基礎となる取引価格とは，財またはサービスの顧客への移転と交換に企業が権利を得ると見込む対価の額をいう。顧客からの徴収が義務付けられている消費税もその対価に含まれることから，収益は消費税を含んだ金額で計上する。
（平成31年第Ⅱ回本試験）

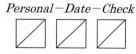
□□□ 9 ：【×】**既存の契約の一部であると仮定して処理する**（テキストp. 507参照）

　　　契約変更が独立した契約として処理されない場合，未だ移転していない財またはサービスが契約変更日以前に移転した財またはサービスと別個のものではなく，契約変更日において部分的に充足されている単一の履行義務の一部を構成する場合には，契約変更を既存の契約の一部であると仮定して処理する（「収益認識に関する会計基準」第31項(2)）。

　　　なお，未だ移転していない財またはサービスが契約変更日以前に移転した財またはサービスと別個のものである場合には，契約変更を既存の契約を解約して新しい契約を締結したものと仮定して処理する（「収益認識に関する会計基準」第31項(1)）。

□□□ 10 ：【○】（テキストp. 507参照）

　　　「収益認識に関する会計基準」第31項(1)

□□□ 11 ：【○】（テキストp. 508参照）

　　　「収益認識に関する会計基準」第7項，第32項

□□□ 12 ：【×】**①と②の要件のいずれも満たす場合である**（テキストp. 509参照）

　　　契約において顧客への移転を約束した財またはサービスが，①当該財またはサービスから単独で顧客が便益を享受することができること（あるいは，当該財またはサービスと顧客が容易に利用できる他の資源を組み合わせて顧客が便益を享受することができること）と，②当該財またはサービスを顧客に移転する約束が，契約に含まれる他の約束と区分して識別できることという要件のいずれも満たす場合には，別個のものとして扱い，当該約束を履行義務として識別する（「収益認識に関する会計基準」第34項）。

□□□ 13 ：【×】**消費税を除いた金額で計上する**（テキストp. 510参照）

　　　収益として認識される金額の基礎となる取引価格とは，財またはサービスの顧客への移転と交換に企業が権利を得ると見込む対価の額をいい，第三者のために回収する額を除くものとされている（「収益認識に関する会計基準」第47項）。消費税は，第三者に支払うために顧客から回収する金額に該当することから，収益は消費税を除いた金額で計上する。

A □□□ 14　顧客と約束した対価のうち変動する可能性のある部分を変動対価というが，当該変動対価の額の見積りにあたっては，発生し得ると考えられる対価の額における最も可能性の高い単一の金額による方法を用いて算定しなければならない。

A □□□ 15　見積られた変動対価の額については，変動対価の額に関する不確実性が事後的に解消される際に，解消される時点までに計上された収益の著しい減額が発生する可能性が高い部分に限り，取引価格に含める。

A □□□ 16　企業が商品または製品を返品権付きで販売する場合，顧客から受け取ったまたは受け取る対価の額で収益を認識し，予想される返品部分に関しては，返品調整引当金を計上する。

A □□□ 17　顧客から受け取ったまたは受け取る対価の一部あるいは全部を顧客に返金すると見込む場合，受け取ったまたは受け取る対価の額のうち，企業が権利を得ると見込まない額について，返金負債を認識するが，返金負債の額は，各決算日に見直すことは要しない。
（令和4年第Ⅰ回本試験）

A □□□ 18　支払時期により，財またはサービスの顧客への移転に係る信用供与についての重要な便益が顧客または企業に提供される場合には，顧客との契約は重要な金融要素を含むものとされる。この場合，約束した財またはサービスが顧客に移転した時点で（または移転するにつれて），顧客が支払うと約束した対価の金額で収益を認識する。

A □□□ 19　契約における対価が現金以外の場合に取引価格を算定するにあたっては，当該対価を時価により算定する。

438

□□□ 14：【×】**期待値による方法もある**（テキストp. 510参照）

変動対価の額の見積りにあたっては，発生し得ると考えられる対価の額における最も
可能性の高い単一の金額（最頻値）による方法または発生し得ると考えられる対価の額
を確率で加重平均した金額（期待値）による方法のいずれかのうち，企業が権利を得る
こととなる対価の額をより適切に予測できる方法を用いる（「収益認識に関する会計基
準」第50項，第51項）。

□□□ 15：【×】**発生する可能性ではなく，発生しない可能性である**（テキストp. 510参照）

見積られた変動対価の額については，変動対価の額に関する不確実性が事後的に解消
される際に，解消される時点までに計上された収益の著しい減額が発生しない可能性が
高い部分に限り，取引価格に含める（「収益認識に関する会計基準」第54項）。

□□□ 16：【×】**予想される返品部分に関しては，販売時に収益を認識せず，返金負債を認識する**
（テキストp. 510参照）

企業が商品または製品を返品権付きで販売する場合，顧客から受け取ったまたは受け
取る対価の額のうち，企業が権利を得ると見込まない額（予想される返品部分）に関し
ては，販売時に収益を認識せず，返金負債を認識する（「収益認識に関する会計基準」第
53項）。

□□□ 17：【×】**返金負債の額は，各決算日に見直す**（テキストp. 510参照）

返金負債の額は，各決算日に見直すことが必要である（「収益認識に関する会計基準」
第53項）。

□□□ 18：【×】**現金販売価格を反映する金額で収益を認識する**（テキストp. 512参照）

顧客との契約に重要な金融要素が含まれる場合，取引価格の算定にあたっては，約束
した対価の額に含まれる金利相当分の影響を調整する。収益は，約束した財またはサー
ビスが顧客に移転した時点で（または移転するにつれて），約束した財またはサービスに
対して顧客が支払うと見込まれる現金販売価格を反映する金額で認識する（「収益認識に
関する会計基準」第56項，第57項）。

□□□ 19：【○】（テキストp. 512参照）

「収益認識に関する会計基準」第59項

B □□□ 20　顧客に支払われる対価は，顧客から受領する別個の財またはサービスと交換に支払われるものである場合を除き，取引価格から減額する。この場合，①関連する財またはサービスの移転に対する収益を認識する時と，②企業が対価を支払うかまたは支払を約束する時のいずれか早い方が発生した時点で，収益を減額する。

A □□□ 21　複数の財またはサービスをセットで販売した場合には，識別した各履行義務に対して，それぞれの独立販売価格の比率で取引価格を配分する。ここで独立販売価格とは，財またはサービスを独立して企業が顧客に販売する場合の価格をいう。なお，独立販売価格を直接観察できない場合には，観察可能な入力数値を最大限利用して，独立販売価格を見積もる。（平成31年第Ⅱ回本試験）

A □□□ 22　契約における約束した財またはサービスの独立販売価格の合計額が当該契約の取引価格を超える場合には，契約における財またはサービスの束について顧客に値引きを行っているものと考えられるため，契約における履行義務のうち1つまたは複数（ただし，すべてではない）に値引きを配分することは認められない。

A □□□ 23　取引価格の事後的な変動（契約変更を除く。）については，契約における取引開始日と同じ基礎により契約における履行義務に配分する。取引価格の事後的な変動のうち，すでに充足した履行義務に配分された額については，収益の額を修正する必要はない。

A □□□ 24　企業は約束した財またはサービスを顧客に移転することにより履行義務を充足した時にまたは充足するにつれて，収益を認識する。財またはサービスが移転する時点は，企業が当該財またはサービスに対する支配を喪失したか否かによって判断しなければならない。（平成31年第Ⅱ回本試験）

B □□□ 25　資産に対する支配とは，当該資産の使用を指図し，当該資産からの残りの便益のほとんどすべてを享受する能力をいう。

⬚⬚⬚ 20：【×】**早い方ではなく，遅い方が発生した時点で認識する**（テキストp. 512参照）

①関連する財またはサービスの移転に対する収益を認識する時と，②企業が対価を支払うかまたは支払を約束する時のいずれか遅い方が発生した時点で，収益を減額する（「収益認識に関する会計基準」第63項，第64項）。

⬚⬚⬚ 21：【○】（テキストp. 513参照）

「収益認識に関する会計基準」第9項，第68項，第69項

⬚⬚⬚ 22：【×】**1つまたは複数の履行義務に配分することもある**（テキストp. 513, 514参照）

契約における約束した財またはサービスの独立販売価格の合計額が当該契約の取引価格を超える場合には，契約における財またはサービスの束について顧客に値引きを行っているものとして，当該値引きについて，契約におけるすべての履行義務に対して比例的に配分する。ただし，一定の要件を満たす場合には，契約における履行義務のうち1つまたは複数に値引きを配分する（「収益認識に関する会計基準」第70項，第71項）。

⬚⬚⬚ 23：【×】**取引価格が変動した期の収益の額を修正する**（テキストp. 516参照）

取引価格の事後的な変動（契約変更を除く。）については，契約における取引開始日と同じ基礎により契約における履行義務に配分する。取引価格の事後的な変動のうち，すでに充足した履行義務に配分された額については，取引価格が変動した期の収益の額を修正する（「収益認識に関する会計基準」第74項）。

⬚⬚⬚ 24：【×】**顧客が支配を獲得したか否かによって判断する**（テキストp. 516参照）

財またはサービスが移転する時点は，企業が当該財またはサービスに対する支配を喪失したか否かではなく，顧客が支配を獲得したか否かによって判断する（「収益認識に関する会計基準」第35項，第37項，第132項）。

⬚⬚⬚ 25：【○】（テキストp. 516参照）

「収益認識に関する会計基準」第37項

A □□□ 26　企業が顧客との契約における義務を履行することにより,資産が生じるまたは資産の価値が増加し,当該資産が生じるまたは当該資産の価値が増加するにつれて,顧客が当該資産を支配する場合,一時点で充足される履行義務と判定される。

A □□□ 27　一定の期間にわたり充足される履行義務については,履行義務の充足に係る進捗度を見積り,当該進捗度に基づき収益を一定の期間にわたり認識する。履行義務の充足に係る進捗度は,各決算日に見直し,当該進捗度の見積りを変更する場合には,会計方針の変更として処理する。

B □□□ 28　一定の期間にわたり充足される履行義務については,履行義務の充足に係る進捗度を合理的に見積ることができる場合にのみ,当該進捗度に基づき収益を認識する。したがって,原価回収基準により収益を認識することは,履行義務の充足による進捗度を合理的に見積ることができる場合に限られる。(令和4年第Ⅰ回本試験)

A □□□ 29　一時点で充足される履行義務について,支配の移転を検討する際には,例えば,「企業が顧客に提供した資産に関する対価を収受する現在の権利を有していること」「顧客が資産に対する法的所有権を有していること」「企業が資産の物理的占有を移転したこと」「顧客が資産の所有に伴う重大なリスクを負い,経済価値を享受していること」「顧客が資産を検収したこと」などの指標を考慮する。

A □□□ 30　財またはサービスを顧客に移転する企業の義務に対して,企業が顧客から対価を受け取ったものまたは対価を受け取る期限が到来しているものを契約資産という。

A □□□ 31　契約資産には,顧客との契約から生じた債権(対価に対する法的な請求権)が含まれる。

□□□ 26：【×】**一時点ではなく，一定期間にわたり充足される履行義務である**（テキストp. 516 参照）

　　　企業が顧客との契約における義務を履行することにより，資産が生じるまたは資産の価値が増加し，当該資産が生じるまたは当該資産の価値が増加するにつれて，顧客が当該資産を支配する場合，一定の期間にわたり充足される履行義務と判定される（「収益認識に関する会計基準」第38項(2)）。

□□□ 27：【×】**会計上の見積りの変更として処理する**（テキストp. 517参照）

　　　履行義務の充足に係る進捗度の見積りを変更する場合には，会計方針の変更ではなく，会計上の見積りの変更として処理する（「収益認識に関する会計基準」第41項，第43項）。

□□□ 28：【×】**原価回収基準による収益認識は，進捗度を合理的に見積ることができない場合に限られる**（テキストp. 517参照）

　　　一定の期間にわたり充足される履行義務については，履行義務の充足に係る進捗度を合理的に見積ることができる場合にのみ，当該進捗度に基づき収益を認識する。当該進捗度を合理的に見積ることができないが，当該履行義務を充足する際に発生する費用を回収することが見込まれる場合には，履行義務の充足に係る進捗度を合理的に見積ることができる時まで，一定の期間にわたり充足される履行義務について原価回収基準により処理する（「収益認識に関する会計基準」第44項，第45項）。

□□□ 29：【○】（テキストp. 517参照）

　　　「収益認識に関する会計基準」第40項

□□□ 30：【×】**契約資産ではなく，契約負債である**（テキストp. 518参照）

　　　財またはサービスを顧客に移転する企業の義務に対して，企業が顧客から対価を受け取ったものまたは対価を受け取る期限が到来しているものを契約負債という（「収益認識に関する会計基準」第11項）。

□□□ 31：【×】**顧客との契約から生じた債権は含まれない**（テキストp. 518参照）

　　　契約資産とは，企業が顧客に移転した財またはサービスと交換に受け取る対価に対する企業の権利（ただし，顧客との契約から生じた債権を除く。）をいう（「収益認識に関する会計基準」第10項）。

B □□□ 32　顧客との契約から生じた債権とは，企業が顧客に移転した財またはサービスと交換に受け取る対価に対する企業の権利のうち無条件のものをいう。対価に対する企業の権利が無条件であるとは，当該対価を受け取る期限が到来する前に必要となるのが時の経過のみであるものをいう。

A □□□ 33　財またはサービスを顧客に移転する前に顧客から対価を受け取る場合，顧客から対価を受け取った時または対価を受け取る期限が到来した時のいずれか遅い時点で，顧客から受け取る対価について契約負債を貸借対照表に計上する。

第3節　開示

A □□□ 1　顧客との契約に重要な金融要素が含まれる場合，顧客との契約から生じる収益と金融要素の影響を損益計算書において合算して表示する。

A □□□ 2　契約負債を貸借対照表において他の負債と区分して表示しない場合には，契約負債の残高を注記する。

A □□□ 3　顧客との契約から生じる収益に関する重要な会計方針として，①企業の主要な事業における主な履行義務の内容，および②企業が当該履行義務を充足する通常の時点を注記する。

A □□□ 4　当期に認識した顧客との契約から生じる収益を，収益およびキャッシュ・フローの性質，金額，時期および不確実性に影響を及ぼすすべての要因に基づく区分に分解して注記する。

□□□ 32 :【○】（テキストp．518参照）

「収益認識に関する会計基準」第12項，第150項

□□□ 33 :【×】**いずれか遅い時点ではなく，早い時点で計上する**（テキストp．518参照）

　　財またはサービスを顧客に移転する前に顧客から対価を受け取る場合，顧客から対価を受け取った時または対価を受け取る期限が到来した時のいずれか早い時点で，顧客から受け取る対価について契約負債を貸借対照表に計上する（「収益認識に関する会計基準」第11項，第78項）。

□□□ 1 :【×】**区分して表示する**（テキストp．519参照）

　　顧客との契約に重要な金融要素が含まれる場合，顧客との契約から生じる収益と金融要素の影響（受取利息または支払利息）を損益計算書において区分して表示する（「収益認識に関する会計基準」第78-3項）。

□□□ 2 :【○】（テキストp．519参照）

「収益認識に関する会計基準」第79項

□□□ 3 :【○】（テキストp．520参照）

「収益認識に関する会計基準」第80-2項

□□□ 4 :【×】**主要な要因に基づく区分である**（テキストp．520参照）

　　当期に認識した顧客との契約から生じる収益を，収益およびキャッシュ・フローの性質，金額，時期および不確実性に影響を及ぼすすべての要因ではなく，主要な要因に基づく区分に分解して注記する（「収益認識に関する会計基準」第80-10項）。

第4節　特定の状況または取引における取扱い

A □□□ 1　約束した財またはサービスに対する保証が，当該財またはサービスが合意された仕様に従っているという保証のみである場合，当該保証を履行義務として識別しなければならない。

A □□□ 2　約束した財またはサービスに対する保証またはその一部が，当該財またはサービスが合意された仕様に従っているという保証に加えて，顧客にサービスを提供する保証を含む場合には，取引価格を財またはサービスと当該保証サービスに配分する。

A □□□ 3　顧客への財またはサービスの提供に他の当事者が関与している場合，財またはサービスが顧客に提供される前に企業が当該財またはサービスを支配していないときには，企業は本人に該当する。

A □□□ 4　企業が代理人に該当する場合，他の当事者により財またはサービスが顧客に提供されるように手配することと交換に企業が権利を得ると見込む報酬または手数料の金額（あるいは他の当事者が提供する財またはサービスと交換に受け取る額から当該他の当事者に支払う額を控除した純額）を収益として認識する。

第5節　その他の論点

A □□□ 1　工事契約について，工事原価総額等が工事収益総額を超過する可能性が高く，かつ，その金額を合理的に見積ることができる場合には，その超過すると見込まれる額（工事損失）を，工事損失が見込まれた期の損失として処理し，工事損失引当金を計上する。

□□□ 1 :【×】**引当金として処理する**（テキストp. 522参照）

　　約束した財またはサービスに対する保証が，当該財またはサービスが合意された仕様に従っているという保証のみである場合，当該保証について，「企業会計原則注解」（注18）に定める引当金として処理する。

□□□ 2 :【○】（テキストp. 522参照）

　　約束した財またはサービスに対する保証またはその一部が，当該財またはサービスが合意された仕様に従っているという保証に加えて，顧客にサービスを提供する保証を含む場合には，当該追加分の保証（保証サービス）は履行義務であり，取引価格を財またはサービスと当該保証サービスに配分する。

□□□ 3 :【×】**支配していないではなく，支配しているときである**（テキストp. 523参照）

　　顧客への財またはサービスの提供に他の当事者が関与している場合，財またはサービスが顧客に提供される前に企業が当該財またはサービスを支配しているときには，企業は本人に該当する。

　　なお，他の当事者が提供する財またはサービスが顧客に提供される前に企業が当該財またはサービスを支配していないときには，企業は代理人に該当する。

□□□ 4 :【○】（テキストp. 523参照）

　　企業が代理人に該当する場合，他の当事者により財またはサービスが顧客に提供されるように手配することと交換に企業が権利を得ると見込む報酬または手数料の金額（あるいは他の当事者が提供する財またはサービスと交換に受け取る額から当該他の当事者に支払う額を控除した純額）を収益として認識する。

　　なお，企業が本人に該当する場合には，財またはサービスの提供と交換に企業が権利を得ると見込む対価の総額を収益として認識する。

□□□ 1 :【×】**工事損失のうち，すでに計上された損益の額を控除した残額を計上する**（テキストp. 524参照）

　　工事契約について，工事原価総額等が工事収益総額を超過する可能性が高く，かつ，その金額を合理的に見積ることができる場合には，その超過すると見込まれる額（工事損失）のうち，当該工事契約に関してすでに計上された損益の額を控除した残額を，工事損失が見込まれた期の損失として処理し，工事損失引当金を計上する。

B　□□□　2　工事損失引当金の繰入額は販売費および一般管理費に含め，工事損失引当金の残高は，流動負債として計上する。

B　□□□　3　同一の工事契約に関する棚卸資産と工事損失引当金がともに計上されることとなる場合には，貸借対照表の表示上，これを相殺して表示しなければならない。

A　□□□　4　工事契約について，契約における取引開始日から完全に履行義務を充足すると見込まれる時点までの期間がごく短い場合であっても，一定の期間にわたり収益を認識しなければならない。

A　□□□　5　「収益認識に関する会計基準」では，一時点で充足される履行義務については，資産に対する支配を顧客に移転することにより当該履行義務が充足される時に収益を認識することとしている。したがって，商品または製品の国内の販売において出荷時から当該商品または製品の支配が顧客に移転される時までの期間が通常の期間であったとしても，出荷時に収益を認識することは認められない。

A　□□□　6　商品または製品を販売した際に顧客に対して自社ポイントを付与し，当該ポイントと交換に自社の商品または製品を無料で購入できる権利を顧客に提供している場合，商品または製品の支配が顧客に移転した時点で当初の販売価格により収益を認識するとともに，顧客に付与するポイントについてポイント引当金を設定して負債に計上する。

A　□□□　7　割賦販売は，代金が分割して回収されるという点を除いて，通常の信用販売（掛売り）と本質的に異なるところはない。そのため，「収益認識に関する会計基準」では，通常の販売と同様に，割賦販売についても販売基準が原則的方法とされているが，会計基準の国際的コンバージェンスの観点から，回収基準や回収期限到来基準も認められている。
（平成31年第Ⅰ回本試験）

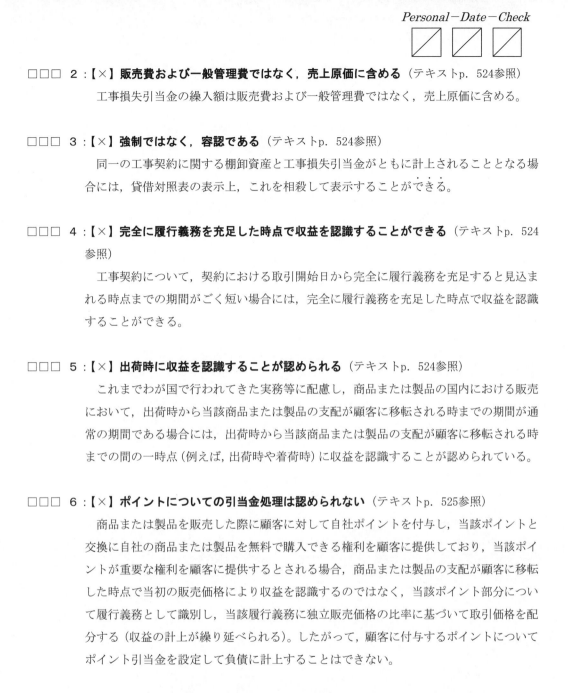

□□□ 2：【×】**販売費および一般管理費ではなく，売上原価に含める**（テキストp. 524参照）

　　工事損失引当金の繰入額は販売費および一般管理費ではなく，売上原価に含める。

□□□ 3：【×】**強制ではなく，容認である**（テキストp. 524参照）

　　同一の工事契約に関する棚卸資産と工事損失引当金がともに計上されることとなる場合には，貸借対照表の表示上，これを相殺して表示することができる。

□□□ 4：【×】**完全に履行義務を充足した時点で収益を認識することができる**（テキストp. 524参照）

　　工事契約について，契約における取引開始日から完全に履行義務を充足すると見込まれる時点までの期間がごく短い場合には，完全に履行義務を充足した時点で収益を認識することができる。

□□□ 5：【×】**出荷時に収益を認識することが認められる**（テキストp. 524参照）

　　これまでわが国で行われてきた実務等に配慮し，商品または製品の国内における販売において，出荷時から当該商品または製品の支配が顧客に移転される時までの期間が通常の期間である場合には，出荷時から当該商品または製品の支配が顧客に移転される時までの間の一時点（例えば，出荷時や着荷時）に収益を認識することが認められている。

□□□ 6：【×】**ポイントについての引当金処理は認められない**（テキストp. 525参照）

　　商品または製品を販売した際に顧客に対して自社ポイントを付与し，当該ポイントと交換に自社の商品または製品を無料で購入できる権利を顧客に提供しており，当該ポイントが重要な権利を顧客に提供するとされる場合，商品または製品の支配が顧客に移転した時点で当初の販売価格により収益を認識するのではなく，当該ポイント部分について履行義務として識別し，当該履行義務に独立販売価格の比率に基づいて取引価格を配分する（収益の計上が繰り延べられる）。したがって，顧客に付与するポイントについてポイント引当金を設定して負債に計上することはできない。

□□□ 7：【×】**回収基準や回収期限到来基準は認められない**（テキストp. 525参照）

　　「収益認識に関する会計基準」では，一定の期間にわたり収益を認識する要件に該当しない場合，財またはサービスを顧客に移転し，履行義務が充足された一時点で収益を認識する（「収益認識に関する会計基準」第38項，第39項）。したがって，割賦販売について回収基準や回収期限到来基準は認められない。

Personal－Date－Check

正誤・法改正に伴う修正について

　本書掲載内容に関する正誤・法改正に伴う修正及び、シラバスの変更による情報については「資格の大原書籍販売サイト　大原ブックストア」の「正誤・改正情報」よりご確認ください。

https://www.o-harabook.jp/
資格の大原書籍販売サイト　大原ブックストア

内容に関する解説指導・ご質問対応等は行っておりません。
予めご了承ください。

2025年対策　大原の公認会計士受験シリーズ　短答式対策　財務会計論（理論）肢別チェック問題集

2024年3月1日　初版発行

■著　　　者──資格の大原 公認会計士講座
■発　行　所──大原出版株式会社

　　　　　　〒101-0065
　　　　　　東京都千代田区西神田1-2-10
　　　　　　TEL 03-3292-6654

■印刷・製本──セザックス株式会社

落丁本、乱丁本はお取り替えいたします。定価はカバーに表示してあります。
ISBN978-4-86783-088-8　　C3033